Python desde el laboratorio

Estructuras de datos

Teodoro Córdova Neri y Sara Arana Torres

Python desde el laboratorio
Estructuras de datos

© Teodoro Córdova Neri y Sara Arana Torres

Derechos reservados © Empresa Editora Macro EIRL, Lima – Perú
Primera edición: Empresa Editora Macro EIRL, Lima – Perú, julio de 2023

Primera edición: MARCOMBO, S.L. 2024

© 2024 MARCOMBO, S.L.
www.marcombo.com

Ilustración de cubierta: Jotaká

ISBN: 978-84-267-3767-0
D.L.: B 4802-2024

Impreso en Servicepoint
Printed in Spain

Libro ecológico
Impreso con papel procedente de bosques gestionados
de manera eficiente, libre de cloro.

Teodoro Córdova Neri, MSc

Director del Instituto de Ingeniería de Software (IISOFT) y del Departamento Académico de Ingeniería de Sistemas y del Instituto de Sistemas UNI (FIIS). Doctorado en la especialidad de Ingeniería de Sistemas por la Universidad Nacional de Ingeniería. Posgrado en Ingeniería de Sistemas y docente investigador en la Facultad de Ingeniería Industrial y de Sistemas de la Universidad Nacional de Ingeniería desde el año 1984.

Es consultor en tecnologías de la información en entidades públicas y privadas y ha sido jefe de proyectos públicos en el Banco de la Nación y en la Municipalidad Metropolitana de Lima. También es autor de textos sobre programación de nivel universitario, como *Lenguaje de programación estructurada y sus aplicaciones en Borland C++5.02, Lenguaje interpretado Python, Sistemas operativos* y *Modelamiento dinámico en Stella*.

Ha participado como conferenciante en eventos académicos realizados en importantes universidades como la Universidad de Buenos Aires (UBA) de Argentina, Universidad de Santiago de Chile (Chile), Universidad de Sao Paulo (Brasil) y el Instituto Tecnológico y de Estudios Superiores de Monterrey, campus Puebla (México). En Perú, ha sido conferenciante en la Universidad Peruana Unión, Universidad Los Ángeles de Chimbote y Universidad Femenina del Sagrado Corazón. Se ha desempeñado como catedrático en las siguientes universidades: Universidad Nacional de Ingeniería, Universidad Católica del Perú, Universidad San Martín de Porres, Universidad Femenina del Sagrado Corazón, Universidad Peruana Unión y Universidad Santiago Antúnez de Mayolo.

Dra. Sara Arana Torres

Docente universitaria y doctora en Ingeniería de Sistemas por la Universidad Nacional Federico Villarreal. Posgrado en Gerencia en Estadística e Informática y licenciada en Estadística por la Universidad Nacional de Trujillo. Actualmente es vicedecana de Investigación, directora de posgrado y de la Escuela Profesional de Economía Internacional en la Facultad de Ciencias Económicas de la Universidad Nacional Mayor de San Marcos. Asimismo, es asesora de trabajos de investigación y cuenta con una diversa producción intelectual y científica, como "Estadística en el quehacer cotidiano de profesionales y hombres de a pie" y "Modelo estadístico para determinar la demanda de textos escolares en la ciudad de Trujillo". Actualmente, ejerce la labor de enseñanza en diversas instituciones, como la Universidad Nacional de Ingeniería, Universidad Nacional Mayor de San Marcos, Universidad Ricardo Palma, entre otras.

Índice

CAPÍTULO 3: Tuplas   217

Generalidades

Prólogo

"Caminante, no hay camino, se hace camino al andar", dice el poeta. Aquí entregamos un deseo hecho realidad: mostrar un lenguaje de programación muy popular que crece sin límites y de código abierto, casi gratis, porque hay que trabajar programando de una forma elegante y fácil. Hoy se puede decir, hablando de sistemas, que existe una bifurcación (*fork*), pues hay dos caminos: Python 2.x y Python 3.x. Esto no debe desanimarnos, pues ambos nos llevan al mismo destino para poner nuestros prototipos a trabajar lo más pronto posible. Para facilitar este proceso, junto con Python 3 se ha publicado una herramienta automática llamada 2to3. No hay divergencia y estamos en las manos del Dictador Benévolo de por Vida, su inventor Guido van Rossum.

Resumiendo, Python ofrece una gran base de código abierto, bibliotecas y marcos que facilitan el trabajo. Esto se debe al resultado de años de impulso, en los que ha sido seleccionado una y otra vez para nuevos proyectos.

Este libro es producto de un arduo trabajo de Teodoro L. Córdova Neri, MSc, mi exalumno en el máster, que cuenta con estudios de Doctorado en Ingeniería de Sistemas en la Universidad Nacional de Ingeniería, quien hace realidad el sueño de un viejo profesor y es pionero en informática en dicha casa de estudios.

Para no cansar más, repetiré lo que los usuarios refieren sobre la filosofía Python, que es casi análoga a la de Unix. Se dice que el código que sigue los principios de legibilidad y transparencia de Python es "pythonico". Contrariamente, el código opaco es bautizado como "no pythonico" (*unpythonic* en inglés). Estos principios fueron famosamente descritos por Tim Peters, desarrollador de este lenguaje de programación, en el zen de Python:

a. Complejo es mejor que complicado.

b. Plano es mejor que anidado.

c. Los casos especiales no son tan especiales como para quebrantar las reglas.

d. Lo práctico gana a lo puro.

e. Frente a la ambigüedad, rechaza la tentación de adivinar.

José Portillo Campbell, MSc, PhD

Introducción

Actualmente se usan las estructuras de datos para procesar grandes volúmenes de estos y de diferentes tipos. Por ejemplo, cuando se procesa la información de los empleados de una empresa, se tienen que registrar todos sus datos, que son de diferentes tipos, y se les puede buscar ordenar o eliminar sin dificultades.

Las estructuras de datos se denominan unidimensionales o vectores; los arreglos bidimensionales, matrices; y los arreglos tridimensionales, cubos. Hasta este nivel de estructuras se puede interpretar y contrastar con la realidad. Las estructuras múltiples de cuatro o más dimensiones se pueden procesar, pero no contrastar con la realidad. Solo serán factibles cuando se conozca el comportamiento de la cuarta dimensión.

En Python, se tiene que expresar el equivalente de las estructuras mencionadas, tales como listas o diccionarios, para diseñar tablas que representan a los registros con diferentes tipos de datos.

El diseño de las listas es muy legible y didáctico; por ejemplo, si se desea una lista para almacenar cinco notas, sería Notas=[0]*5, donde * significa repetición. Asimismo, si se quiere procesar datos de un almacén, se recurre a una matriz para estructurar dos listas; es decir, Lista=[0]*4, de donde Matriz=[Lista]*4. Finalmente, se afirma que en este tipo de estructuras no existen barreras para procesar volúmenes de datos y sus tipos, solo se debe definir correctamente cada estructura respecto a los rangos, si no siempre se tendrá el mensaje "Fuera de rango".

Responsable principal

tcordova@uni.edu.pe

Córdova Neri, Teodoro L.

Universidad Nacional de Ingeniería (UNI)

Acceda a www.marcombo.info
para descargar gratis
el regalo que hemos preparado para usted

Código: PYTHON46

Listas

Una lista es un tipo de estructura de datos muy flexible que guarda, de forma ordenada, un conjunto de datos. Es equivalente a otros lenguajes de programación estructurados, a los que se les conoce como arreglos; por ejemplo, vector, matriz y arreglo tridimensional. En el lenguaje de programación C++ se conoce como struct y sus elementos pueden ser: enteros, booleanos, cadenas de texto, flotantes o inclusive sublistas. Los elementos de una lista van encerrados entre corchetes ([ ]) y separados por comas.

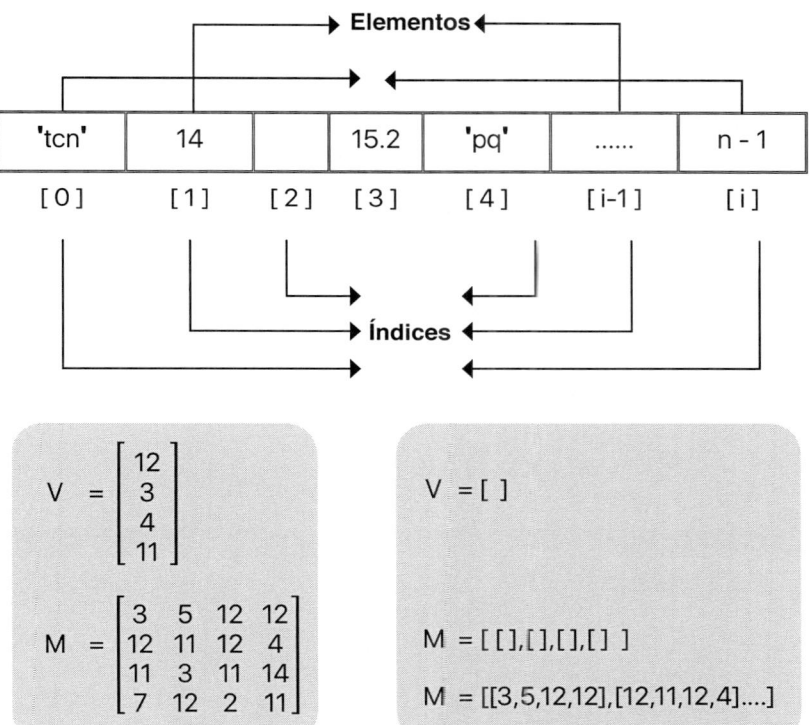

Lenguajes C   Lenguaje Python

Sintaxis:

Lista = [dato1, dato2, dato3...,datoN]

Donde dato1...datoN son tipos de datos. Una propiedad importante de las listas es que los elementos se pueden modificar después de haberlas creado.

Dato2	Dato3	------------		DatoN
[1]	[2]			[n - 1]

Lista vacía([ ]) puede usarse mediante la definición o inicializada por usuarios.

Lista=list()

Lista=[ ]

Las celdas están numeradas desde cero. El primer componente o primera celda tiene un índice 0. El segundo componente o segunda celda tiene un índice 1, índice 2 y así sucesivamente.

Ejemplo:

Inicializar una lista con los datos de un vehículo.

Solución:

Lista_vehic=[c1c-123,"rop", "toyota",modelo,["EU"],123423.6]

1.1. Acceso a un elemento de la lista

Sintaxis:

Lista_vehic [indice]

Se puede acceder a los componentes de una lista mediante un índice entre corchetes. Se puede acceder a varios elementos o componentes mediante un rango y usar índices.

Ejemplo:

Diseñar un programa que permita inicializar una lista con seis elementos de diferentes tipos, después mostrar cada elemento. Hacer las consultas desde la interfaz shell.

Lista = ['tcn',14, 15.2,'pq', 11]

En notación lista, se tiene:

'tcn'	14	15.2	'pq'	11
[0]	[1]	[2]	[3]	[4]

Solución:

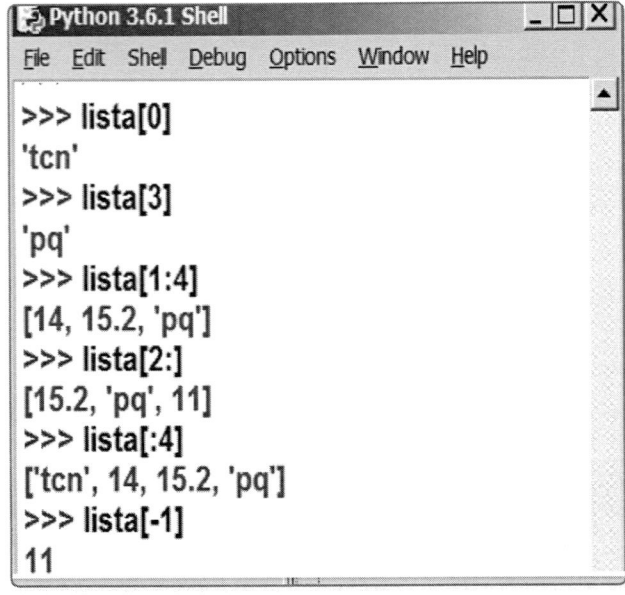

```
>>> lista[0]
'tcn'
>>> lista[3]
'pq'
>>> lista[1:4]
[14, 15.2, 'pq']
>>> lista[2:]
[15.2, 'pq', 11]
>>> lista[:4]
['tcn', 14, 15.2, 'pq']
>>> lista[-1]
11
```

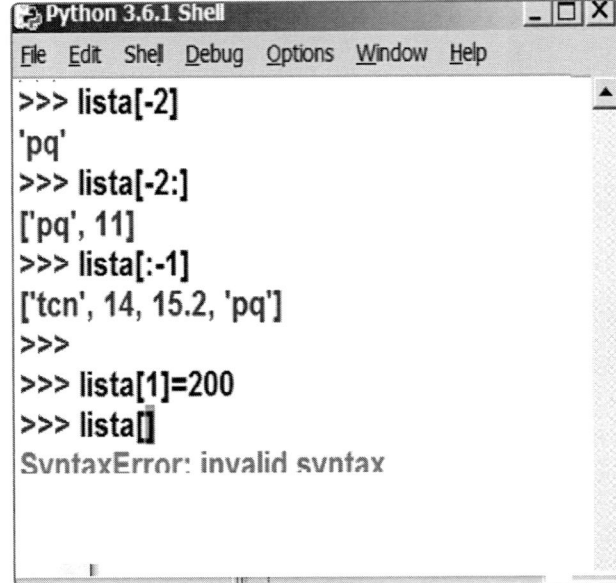

```
>>> lista[-2]
'pq'
>>> lista[-2:]
['pq', 11]
>>> lista[:-1]
['tcn', 14, 15.2, 'pq']
>>>
>>> lista[1]=200
>>> lista[]
SyntaxError: invalid syntax
```

1.2. Sublistas

Permite acceder a los elementos de una lista que están dentro de otra.

Lista = [[11,12],[1,3],[6,5],[14,11]]

Cada sublista está usando un índice
de la lista.

Aquí, los elementos de la lista son sublistas y cada una contiene notas.

Ejemplo:

Diseñar un programa que permita inicializar una lista con diferentes tipos de datos: simples y sublistas. Después, mostrar lo siguiente:

a. Primer y tercer elemento.

b. Segundo elemento de la sublista.

c. Último elemento de la lista.

Solución:

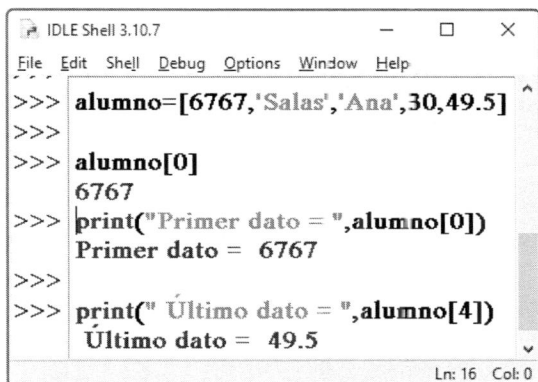

```
>>> alumno=[6767,'Salas','Ana',30,49.5]
>>>
>>> alumno[0]
    6767
>>> print("Primer dato = ",alumno[0])
    Primer dato =  6767
>>>
>>> print(" Último dato = ",alumno[4])
    Último dato =  49.5
```

Ejemplo:

Diseñar un programa que permita inicializar una lista con elementos de diferentes tipos de datos y sublistas, después:

a. Listar segundo elemento.

b. Listar elementos de la primera sublista.

c. Listar primer elemento de la segunda sublista.

d. En la segunda sublista, cambiar el valor de "pqr" por "tcn".

Solución:

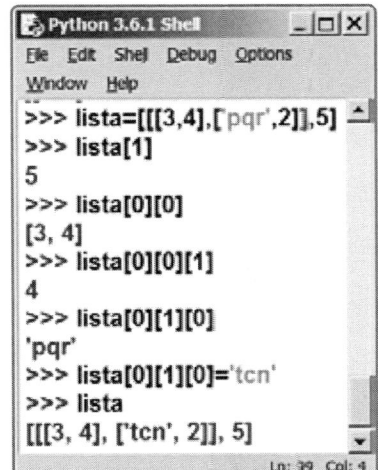

```
>>> lista=[[[3,4],['pqr',2]],5]
>>> lista[1]
5
>>> lista[0][0]
[3, 4]
>>> lista[0][0][1]
4
>>> lista[0][1][0]
'pqr'
>>> lista[0][1][0]='tcn'
>>> lista
[[[3, 4], ['tcn', 2]], 5]
```

1.3. Partir una lista [:]

Cuando se realiza un informe, se puede solicitar una parte de la lista; entonces, usar dos puntos ":".

Sintaxis:

[inicio : fin]

Ejemplo:

Diseñar un programa que permita inicializar la siguiente estructura:

lista = [12,'doce', false, [15,' hola']]

Diseñar un programa que permita hacer los siguientes informes:

a. Mostrar el cuarto elemento hasta el tercer elemento.

b. Mostrar solo el segundo elemento de la lista como sublista.

c. Mostrar los dos últimos elementos de la lista.

El programa debe ser interactivo con el usuario. Se pueden hacer consultas de la lista las k veces que lo requiera sin salir del modo compilación. Basta con definir un bucle de tipo pretest y leer dentro de este con la variable resp= S. Para iniciar el bucle, se debe inicializar la variable resp=='S' o resp=='s'.

Si se desea conocer el número de consultas, usar un contador nv = nv + 1 dentro del bucle.

Solución:

```
Python 3.6.4 Shell
File  Edit  Shell  Debug  Options  Window  Help
PROCESANDO LISTA

Lista = [12,'doce','false',[15,'hola']]

Consulta 1 = [12, 'doce', 'false']
Consulta 1 = [12, 'doce', 'false']

Consulta 2 = ['doce']

Consulta 3 = ['false', [15, 'hola']]

Sr. desea continuar..?(S/N)==> N
 hasta luego...
                                  Ln: 14  Col: 0
```

```
*6.py - C:/Users/Administrador/Desktop/libro_python10Julio/...
File  Edit  Format  Run  Options  Window  Help
print(" PROCESANDO LISTA")
resp='S'
while (resp=='S'):
    lista=[12,'doce','false',[15,'hola']]
    print("Lista=[12,'doce','false',[15,'hola']]")
    print("Consulta 1 = ",lista[0:3])
    print("Consulta 1 = ",lista[:3])
    print("Consulta 2 = ",lista[1:2])
    print("")
    print("Consulta 3 = ",lista[2:5])
    resp=input("Desea continuar..?(S/N)==> ")
    if resp=='N':
        print(" hasta luego...")
                                          Ln: 10  Col: 41
```

1.4. Saltos en una lista

Se puede imprimir elementos con saltos al definir subrangos mediante sus índices.

Ejemplo:

Diseñar un programa que permita inicializar lo siguiente:

Lista=[12,'doce','false',[15,'hola']]

Despúes realizar los siguientes informes:

a. Listar el primer y tercer elemento.

b. Listar el segundo elemento como sublista.

c. Listar el tercer elemento como sublista.

Solución:

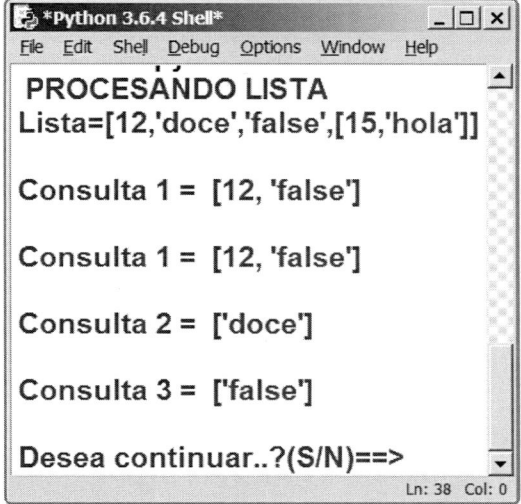

1.5. Métodos de una lista

Los métodos proporcionados por Python permiten realizar una operación rápida, debido a que solo se ejecuta el método y no se desarrollan sus instrucciones.

Por ejemplo, si se desea ordenar una lista, se debe escribir lo siguiente:

lista.sort(),

Se ilustran algunos métodos en la siguiente interfaz:

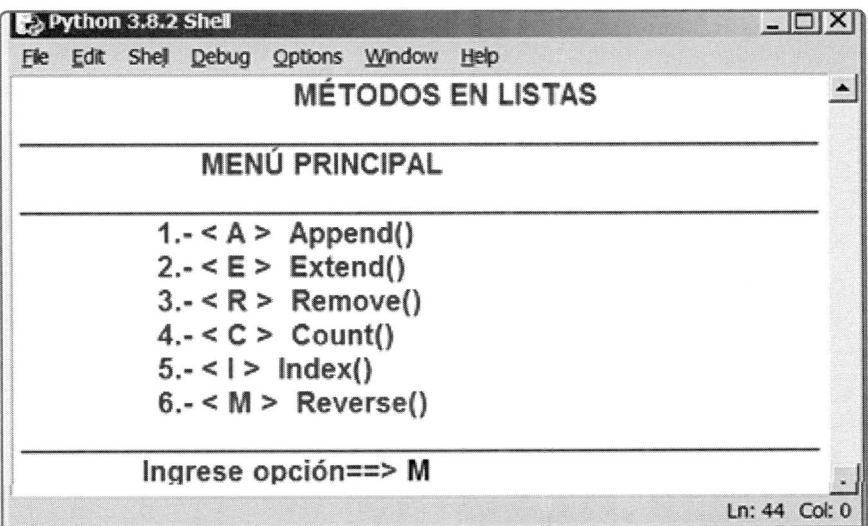

1.6. Eliminar elementos

Para eliminar un elemento de una lista, se utiliza el método remove(). Sintaxis:

Nombre_lista.remove(elemento)

Ejemplo:

Diseñar un programa que permita inicializar lo siguiente:

Lista=[12,'doce','false',[15,'hola']],

Después eliminar los elementos: 12, **'false'**. El programa debe ser interactivo con el usuario; es decir, usar la consulta **"Sr. Desea continuar...? (S/N)→"**.

Solución:

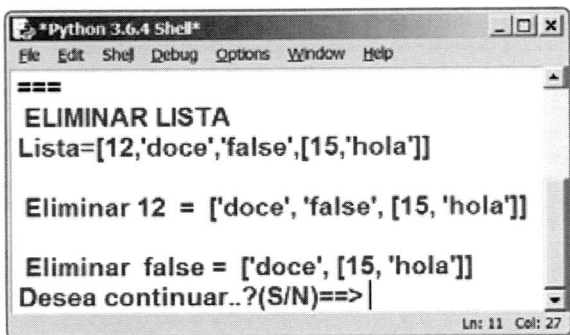

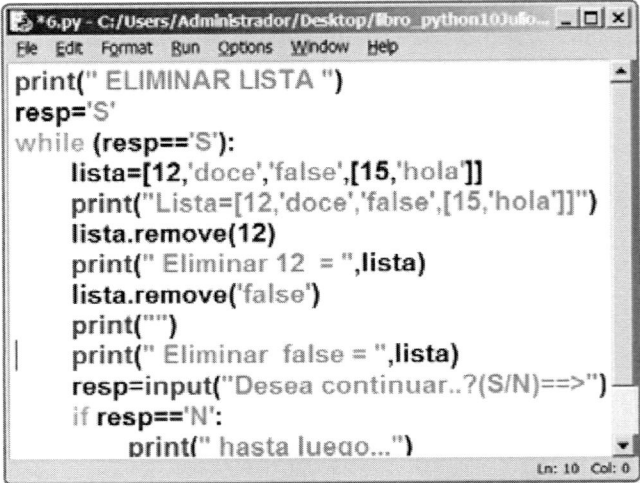

```python
print(" ELIMINAR LISTA ")
resp='S'
while (resp=='S'):
    lista=[12,'doce','false',[15,'hola']]
    print("Lista=[12,'doce','false',[15,'hola']]")
    lista.remove(12)
    print(" Eliminar 12 = ",lista)
    lista.remove('false')
    print("")
    print(" Eliminar  false = ",lista)
    resp=input("Desea continuar..?(S/N)==>")
    if resp=='N':
        print(" hasta luego...")
```

Ejemplo:

Diseñar un programa que permita inicializar lo siguiente:

Lista=[12,'doce','false',[15,'hola']],

Después eliminar por índice. El usuario lo lee y el programa debe ser interactivo.

Solución:

```
ELIMINAR POR INDICE
Lista=[12,'doce','false',[15,'hola']]

Ingrese índice = 1

Eliminado en índice = 1

Nueva Lista  = [12, 'false', [15, 'hola']]

Desea continuar..?(S/N)==>S
Lista=[12,'doce','false',[15,'hola']]

Ingrese índice = 3

Eliminado en índice = 3

Nueva Lista  = [12, 'doce', 'false']

Desea continuar..?(S/N)==>
```

```python
print(" ELIMINAR POR ÍNDICE ")
resp='S'
while (resp=='S'):
    lista=[12,'doce','false',[15,'hola']]
    print("Lista=[12,'doce','false',[15,'hola']]")
    print("")
    eli=int(input(" Ingrese índice = "))
    lista.remove(lista[eli])
    print("")
    print(" Eliminado en índice = ",eli )
    print("")
    print(" Nueva Lista  = ",lista)
    print("")
```

Ejemplo:

Diseñar un programa que permita crear una lista con elementos generados de forma aleatoria. Después, eliminar un elemento, para lo cual se debe leer el índice. El programa debe estar compuesto por las siguientes funciones:

a. **crearLista()**.- Crea una lista con cinco elementos enteros de forma aleatoria.

b. **eliminar(arg1,arg2)**.- Elimina listas por índice. Usar función del.

c. **reporteLista(arg1,arg2)**.- Genera un informe (reporte) de elementos de la lista.

Solución:

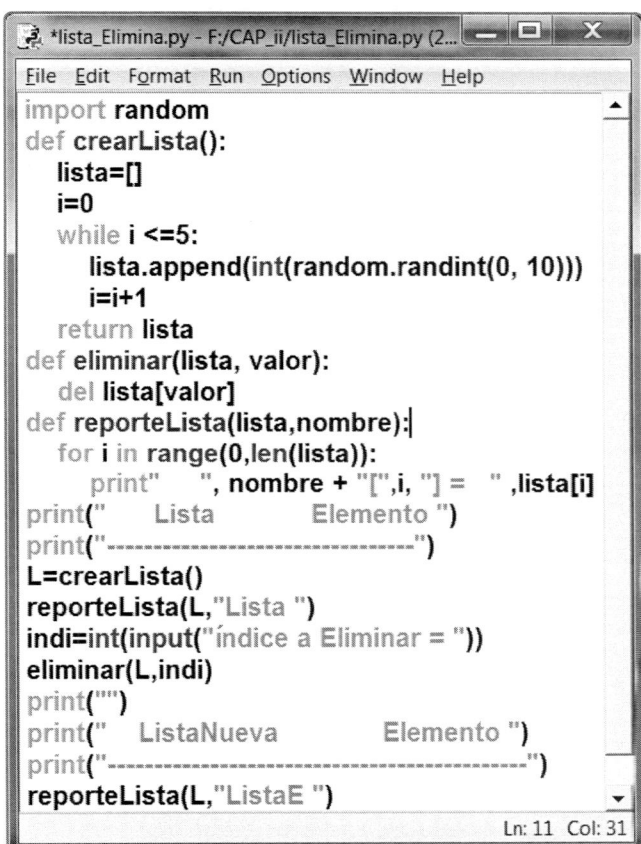

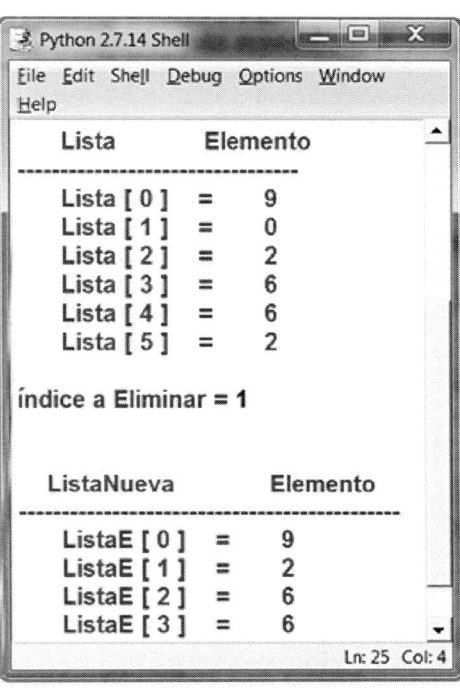

Se deja como tarea, y para una mejor funcionalidad del programa, implementarlo usando el siguiente conjunto de opciones mostradas en la interfaz:

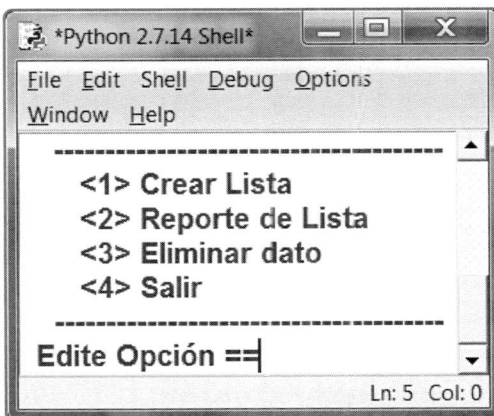

Ejemplo:

Diseñar un programa que permita leer el elemento a eliminar en una lista inicializada con datos enteros. Usar el método remove.

Solución:

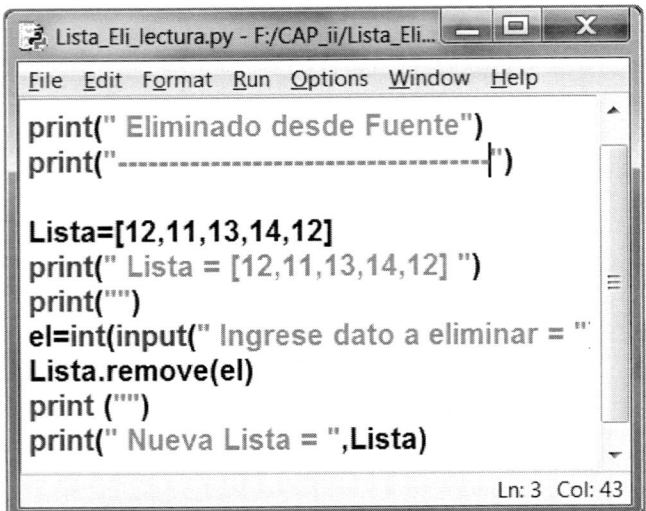

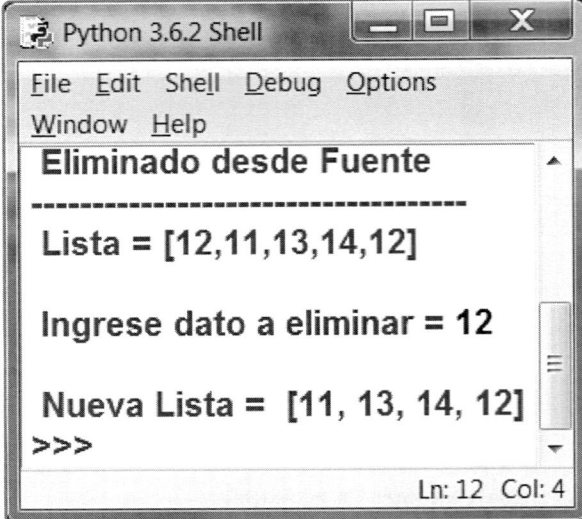

1.7. Eliminar toda la lista

Ejemplo:

Usar el método del para eliminar toda la lista. Recordar que esta función también permite eliminar elementos de la lista por índice.

Solución:

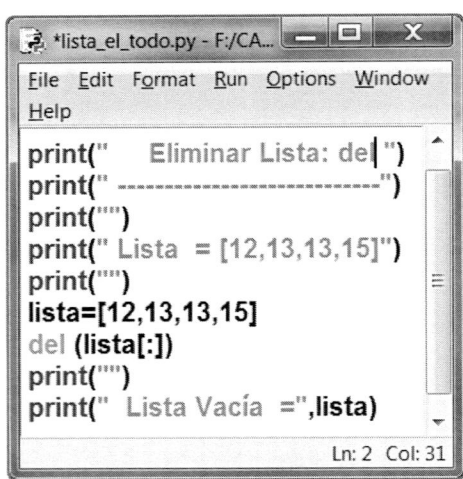

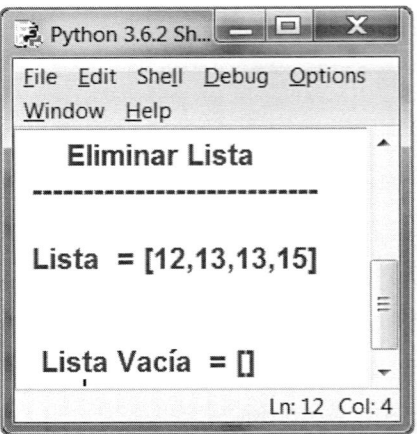

Observación:

No devuelve el valor eliminado, a diferencia de la función pop(), que devuelve lo eliminado.

1.8. Eliminar datos mediante el index

El método pop() es el método estándar de Python que permite eliminar un elemento pasando por argumento el valor "index" que este tiene dentro de la lista.

Ejemplo:

Usando la lista del ejemplo anterior, aplicar eliminar elementos.

Solución:

Como el programa es interactivo, se debe ir comprobando si todavía existen elementos a eliminar.

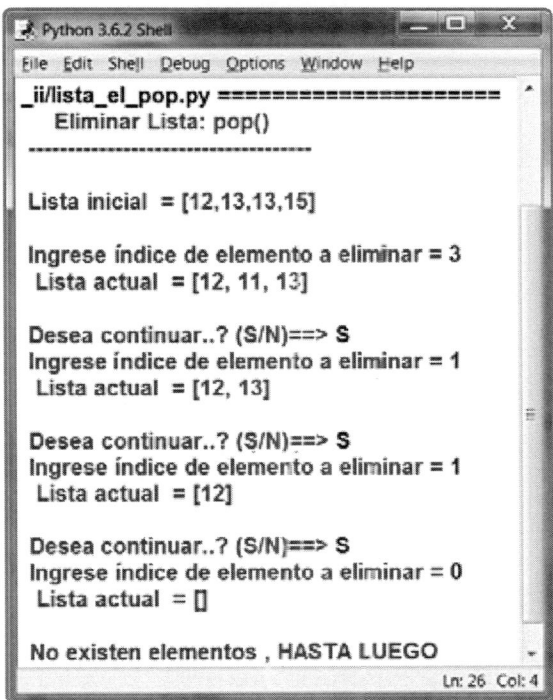

```python
print("      Eliminar Lista: pop() ")
print(" ----------------------------------")
print("")
print(" Lista Inicial  = [12,13,13,15]")
print("")
resp='S'
lista=[12,11,13,15]
while(resp=='S' ):
    n=int(input(" Ingrese indice de elemento a eliminar = "))
    lista.pop(n)
    lista1=lista
    lon=len(lista1)
    print(" Lista actual  =",lista1)
    print("")
    if(lon!=0):
        resp=str(input(" Desea continuar..? (S/N)==> "))
    else:
        print(" No existe elementos , HASTA LUEGO")
        break
```

```
_ii/lista_el_pop.py =====================
    Eliminar Lista: pop()
------------------------------------

Lista inicial  = [12,13,13,15]

Ingrese índice de elemento a eliminar = 3
 Lista actual  = [12, 11, 13]

Desea continuar..? (S/N)==> S
Ingrese índice de elemento a eliminar = 1
 Lista actual  = [12, 13]

Desea continuar..? (S/N)==> S
Ingrese índice de elemento a eliminar = 1
 Lista actual  = [12]

Desea continuar..? (S/N)==> S
Ingrese índice de elemento a eliminar = 0
 Lista actual  = []

No existen elementos , HASTA LUEGO
```

1.9. Copia de lista

Se pueden hacer copias de una lista inicializada al utilizar [:]. Sintaxis:

Nueva_lista=Nombre_Lista_actual[:]

Ejemplo:

Dada la siguiente lista = [12, 11, 13, 14], diseñar un programa que permita obtener una nueva lista (copia).

Solución:

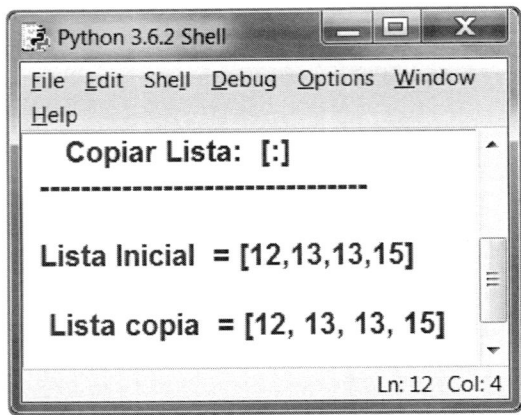
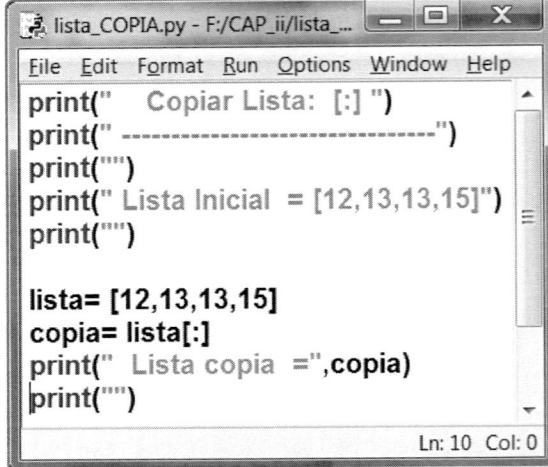

1.10. Buscar elementos en la lista

Usar el operador in para recorrer la lista/elementos para imprimir o para otro proceso que defina.

Ejemplo:

Diseñar un programa que permita buscar un elemento introducido por el usuario. La lista es inicializada con elementos de diferentes tipos. Si existe elemento(s), se debe enviar el mensaje True. En otro caso, se debe enviar False. Ejecutar el programa en la interfaz de shell.

Solución:

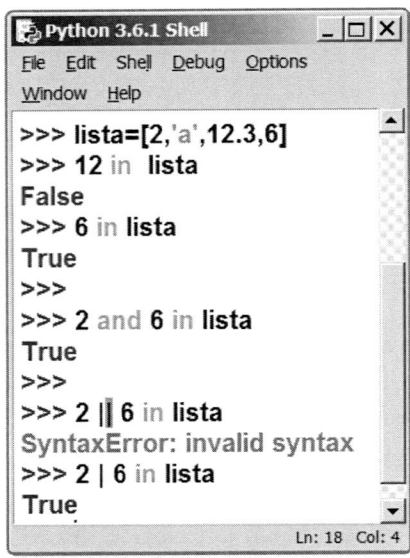

Ejemplo:

Diseñar un programa que permita leer el número n de elementos para crear una lista con los apellidos de los alumnos. Usar la función o método append().

Solución:

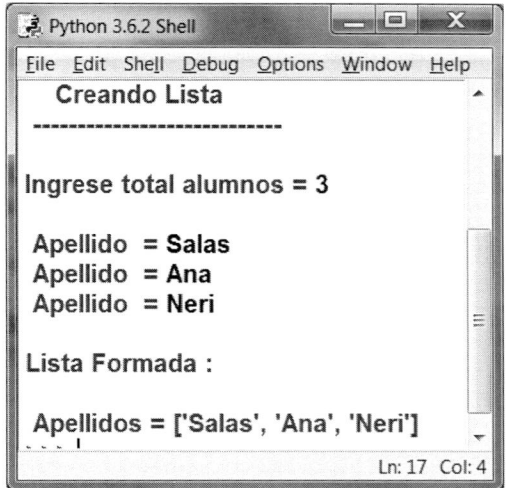

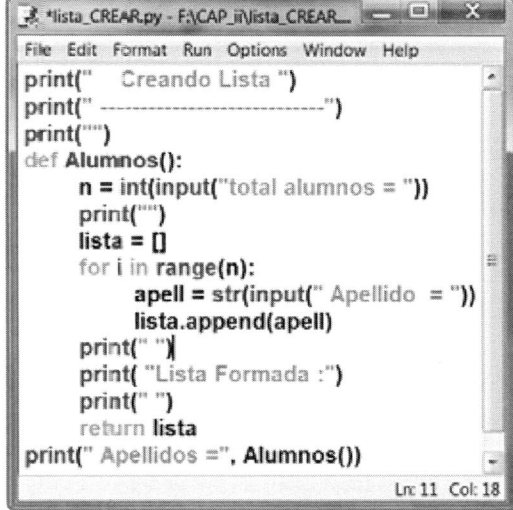

Ejemplo:

Considerar lo siguiente:

Lista = [[1, 2,3], [4,5,6], [7,8,9]],

Diseñar un programa que permita hacer las siguientes consultas (búsquedas). Ver código fuente.

Solución:

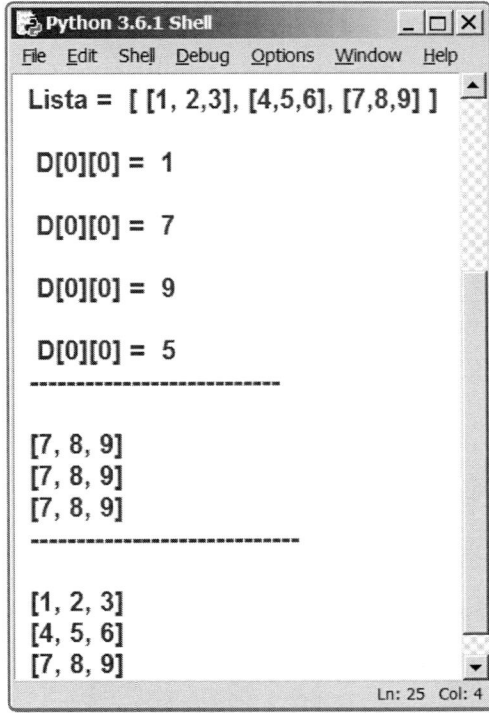

Ejemplo:

Diseñar un programa que permita calcular la media de los elementos en una lista inicializada:

Lista = [[1,2,3],[4,5,6],[7,8,9]]

Solución:

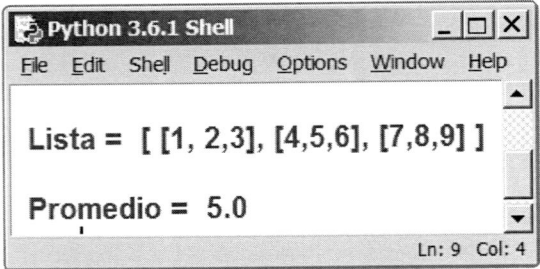

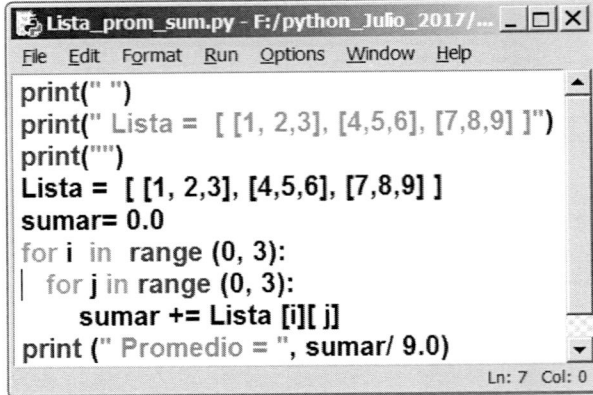

```
print(" ")
print(" Lista =  [ [1, 2,3], [4,5,6], [7,8,9] ]")
print("")
Lista =  [ [1, 2,3], [4,5,6], [7,8,9] ]
sumar= 0.0
for i  in  range (0, 3):
   for j in range (0, 3):
      sumar += Lista [i][ j]
print (" Promedio = ", sumar/ 9.0)
```

Ejemplo:

Considerar la siguiente información:

Datos1= "Universidad", Datos2= range(8)

Diseñar un programa que permita convertir cada información en una lista.

Solución:

```
Creando listas: función list()

datos = Universidad
Lista1 = ['U', 'n', 'i', 'v', 'e', 'r', 's', 'i', 'd', 'a', 'd']

datos= range(8)

Lista2 =  [0, 1, 2, 3, 4, 5, 6, 7]
```

```
print(" Creando listas: función list()")
print("")
print(" datos = Universidad")
print ("Lista1 = ",list('Universidad'))
print("")
print("datos= range(8)")
print("")
print(" Lista2 = ",list(range(8)))
print("")
```

Ejemplo:

Considerar la siguiente lista=[6,4,3,8]. Diseñar un programa que permita ordenar de forma ascendente.

Solución:

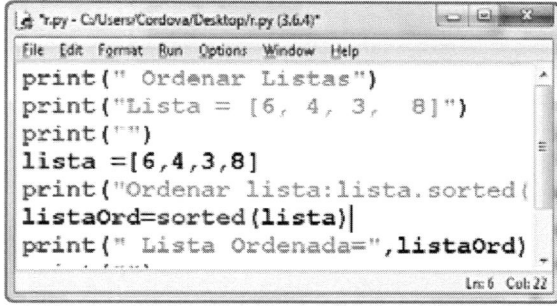

```
Creando listas: funcion list()

datos = Universidad
Lista1 = ['U', 'n', 'i', 'v', 'e', 'r', 's', 'i', 'd', 'a', 'd']

datos= range(8)

Lista2 = [0, 1, 2, 3, 4, 5, 6, 7]
```

```
print(" Ordenar Listas")
print("Lista = [6, 4, 3,  8]")
print("")
lista =[6,4,3,8]
print("Ordenar lista:lista.sorted(
listaOrd=sorted(lista)
print(" Lista Ordenada=",listaOrd)
```

Ejemplo:

Diseñar un programa que permita leer el total de números enteros(n) a introducir (ingresar) o guardar en una lista, después leer los números. A continuación, el programa debe:

a. Mostrar la lista formada.

b. Mostrar los números menor y mayor respectivamente.

Solución:

```
lista=[]
def CrearL():
    global n
    n=int(input(" Ingrese total de datos = "))
    for i in range(n):
        n=int(input(" Ingrese dato  = "))
        lista.append(n)
    print (" ")
    print (" Lista Actual = ",lista)
    return lista
print("-----------------------------------------")
def ordenar(lista):
        mayor=lista[0]
        menor=lista[0]
        for i in range(n):
                if lista[i]>mayor:
                        mayor=lista[i]
                else:
                        if lista[i]<menor:
                                menor=lista[i]
        tupla=(mayor, menor)
        return tupla
print("")
print(" Módulo : Mayor - Menor Números ")
print("-----------------------------------------")
datos=CrearL()
mayor, menor = ordenar(datos)
print("")
print()
print(" Número Mayor es  = ",mayor)
print("")
print (" Número Menor  es = ",menor)
print("")
```

```
Módulo : Mayor - Menor Números
----------------------------------------
Ingrese total de datos = 6
Ingrese dato  = 22
Ingrese dato  = 12
Ingrese dato  = 13
Ingrese dato  = 12
Ingrese dato  = 1
Ingrese dato  = 4

Lista Actual =  [22, 12, 13, 12, 1, 4]


Número Mayor es  =  22

Número Menor  es =  12
```

Ejemplo:

Diseñar un programa que permita inicializar una lista=[1,3,2,5,4,7,6,9,8,3,5,5] con elementos de tipo enteros, después:

a. Buscar elementos en la lista.

b. Mostrar la longitud o total de elementos.

Solución:

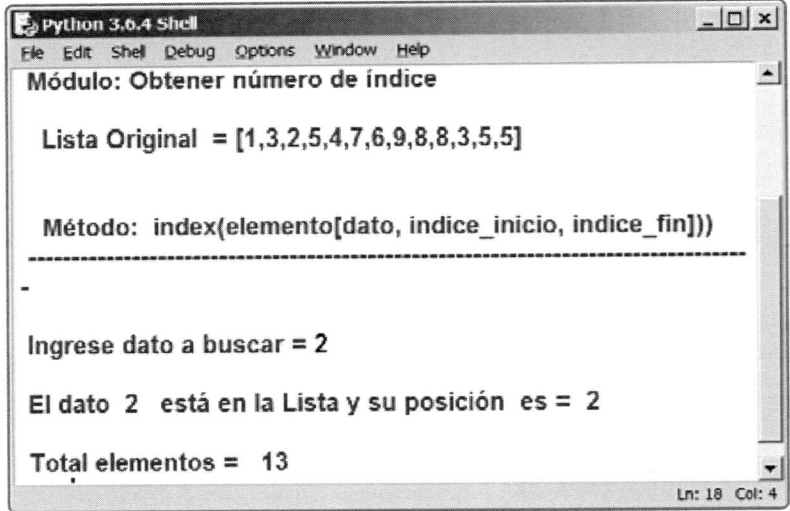

Ejemplo:

Diseñar un programa que permita inicializar una lista con elementos de tipo enteros. Después mostrarlo, de forma modificada, con respecto al cuadrado de cada elemento.

Solución:

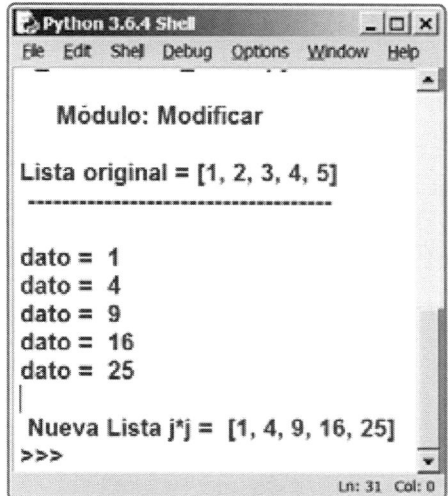

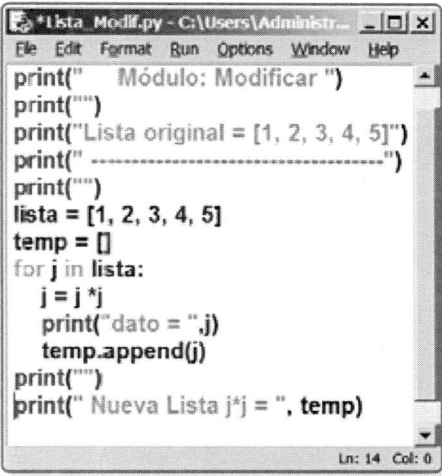

Ejemplo:

Diseñar un programa que permita inicializar una lista con elementos de tipo enteros. Después, mostrar lo siguiente:

a. Segundo elemento de la lista.

b. Primera sublista de la lista.

c. Segundo elemento de la primera sublista.

Solución:

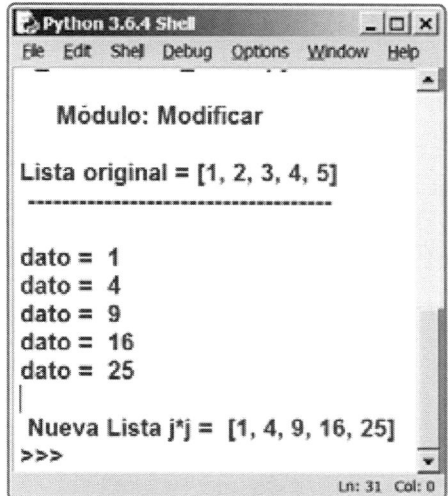

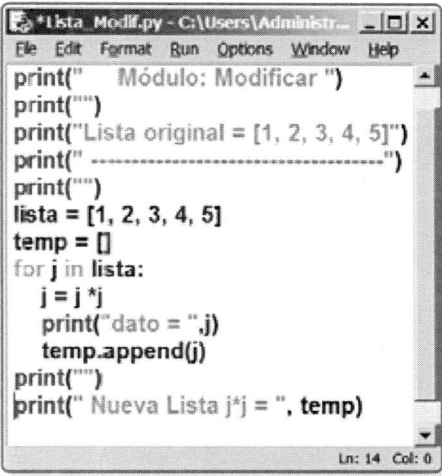

Ejemplo:

Diseñar un programa que permita leer n personas por nombre y su fecha de nacimiento. Después, encontrar su número mágico, ordenar de forma ascendente y hacer un informe considerando también la posición original.

Solución:

```
Python 3.6.4 Shell
File Edit Shell Debug Options Window Help
NÚMERO MÁGICO

Ingrese total de personas para jugar = 3
I.  Datos de entrada y Número mágico

      Nro        Nombre            Nacimiento          Nro.Mágico
----------------------------------------------------------------
--
       1         Luisa          12 / 11 / 1997            4
       2         César          16 / 11 / 2010            3
       3         Carlín         11 / 11 / 2015            3
  II.  Nombres y números Mágicos ordenados en forma Ascendente

      Nro        Nombre      Nro.Mágico      Posición original
----------------------------------------------------------------
       1         César           3                2
       2         Carlín          3                3
       3         Luisa           4                1
Nombre de la persona con mayor número mágico =   Luisa
Mayor número mágico =   4
Posición inicial=   1
                                                         Ln: 18 Col: 0
```

```python
*Lista_CASO 1.py - G:\cap_IV_Listas\Lista_CASO 1.py (3.6.4)*
File Edit Format Run Options Window Help
n=int(input("Ingrese total de personas para jugar = "))
nomb=[0]*n; mag=[0]*n; suma=[0]*n; dd=[0]*n; mm=[0]*n
yy=[0]*n; sumag=[0]*n; aux=[0]*n; pos=[0]*n
for i in range (n):
    nomb[i]=str(input("  Nombre = "))
    print("  Ingrese fecha de nacimiento de: ",nomb[i]," ")
    dd[i]=int(input(" Dia = "))
    mm[i]=int(input(" Mes = "))
    yy[i]=int(input(" Año = "))
    suma[i]=dd[i]+mm[i]+yy[i]
    pos[i]=i+1;    j=0
    while True:
            if j==4:
                print("Número mágico =",sumag[i])
                print("-------------------------")
                break
            else:
                aux[i]=suma[i]; a=aux[i]%10;        b=aux[i]//1000
                c=aux[i]%100;    d=c//10  ;        e=aux[i]%1000
                f=e//100;        sumag[i]=a+f+b+d; suma[i]=sumag[i]
                j=j+1
```

```
print("I.   Datos de entrada y Número mágico")
print("      Nro        Nombre              Nacimiento        Nro.Mágico   ")
print("---------------------------------------------------------------------
for i in range(n):
        for j in range(n-1):
            if sumag[i]<sumag[j]:
                aux3=nomb[i];     nomb[i]=nomb[j];     nomb[j]=aux3
                aux2=sumag[i];    sumag[i]=sumag[j];   sumag[j]=aux2
                aux4=pos[i];      pos[i]=pos[j];       pos[j]=aux4
print(" II.  Nombres y números Mágicos ordenados en forma Ascendente")
print("     Nro        Nombre       Nro.Mágico      Posición original ")
print("  ------------------------------------------------------------------")
for i in range(n):
    print("        ",i+1,"          ",nomb[i],"      ",sumag[i],"    ",pos[i]," ")
print(" Nombre de la persona con mayor número mágico = ",nomb[n-1])
print(" Mayor número mágico = ",sumag[n-1])
print(" Posición inicial= ",pos[n-1])
```

Ejemplo:

Diseñar un programa que permita crear una lista con las notas de n cursos como elementos. Estos se deben registrar en la interfaz del nivel Tkinter.

Solución:

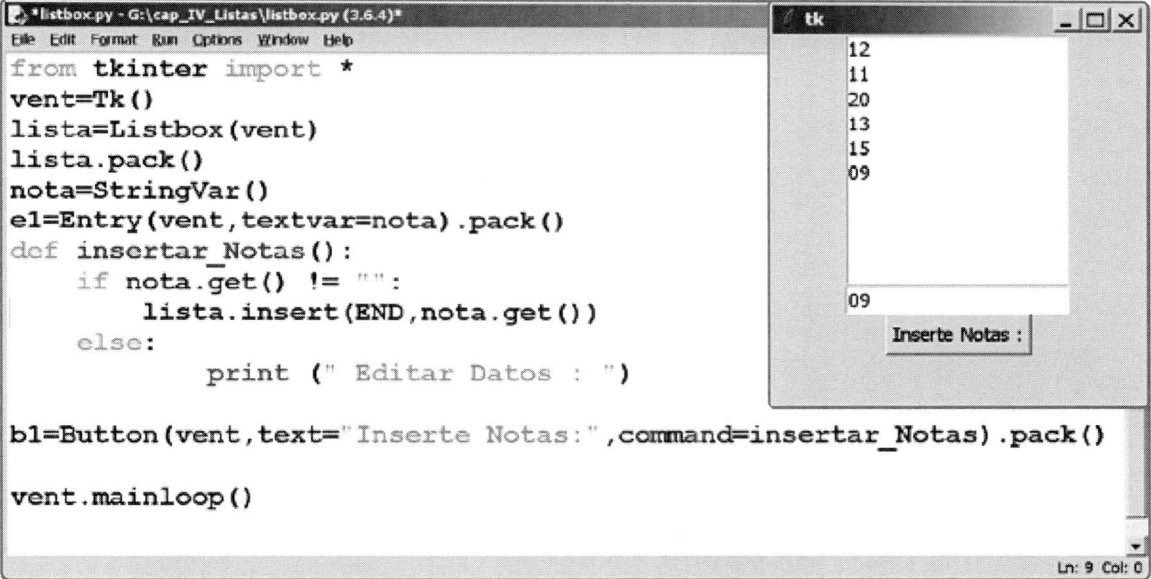

Ejemplo:

Diseñar un programa que permita inicializar una matriz y después mostrar el último elemento de la segunda fila.

Solución:

```
*Lista_Matriz.py - G:\cap_IV_Listas\Lista_Matriz.py (3.6.4)*
File Edit Format Run Options Window Help

print("    ")
print("        Modulo: Matriz -  Listas")
print(" ----------------------------------------")
print("")
print(" Matriz = [[23,45,63],[72,81,91],[56,64,37],[34,75,26]]")
print("")
Mat=[[23, 45, 63], [72, 81, 91], [56, 64, 37], [34, 75, 26]]
print("")
print("")
print(" Lista(Fila 2) =",Mat[1] )
print("")
print(" Fila2, columna 2 = ",Mat[1][2])
print("")

                                                            Ln: 12 Col: 39
```

```
Python 3.6.4 Shell
File Edit Shell Debug Options Window Help

        Módulo: Iterar Lista
    ------------------------------------

 Lista = [100, Juan ,25,200, Ana ,35,300, Luis,20]

   Dato[ 1 ] =  100
   Dato[ 2 ] =  Juan
   Dato[ 3 ] =  25
   Dato[ 4 ] =  200
   Dato[ 5 ] =  Ana
   Dato[ 6 ] =  35
   Dato[ 7 ] =  300
   Dato[ 8 ] =  Luis
   Dato[ 9 ] =  20

 Total elementos en la lista =  9

 Total alumnos =  3

                                                            Ln: 18 Col: 0
```

Ejemplo:

Diseñar un programa que permita inicializar una lista con tres alumnos identificados por nombre y edad. Después, mostrar lo siguiente:

a. Listado de alumnos.

b. Total de valores entre todos los alumnos.

c. Total de alumnos.

Solución:

```
Python 3.6.4 Shell                                                    _ □ ×
File  Edit  Shell  Debug  Options  Window  Help

        Módulo: Matriz -  Listas
   -----------------------------------------------

Matriz = [[23, 45, 63], [72, 81, 91], [56, 64, 37], [34, 75, 26]]


Lista(Fila 2) = [72, 81, 91]

Fila2, columna 2 =  91
                                                            Ln: 13 Col: 0
```

```
t.py - G:/cap_IV_Listas/t.py (3.6.4)                                  _ □ ×
File  Edit  Format  Run  Options  Window  Help
print("")
print(" Módulos: Invertir, Ordenar ")
print("")
print(" LISTA ORIGINAL = {1,3,2,5,4,7,6,9,8,6,3,6]")
print("")
datos = [1,1,3,2,5,4,7,6,8,6,3,6]
datos.reverse()
print("")
print("Lista Invertida = ",datos)
print("")
datos.sort()
print("Lista ordenada  = ", datos)
print("")
datos.reverse()
print("Lista Invertida = ",datos)
                                                            Ln: 13 Col: 9
```

Ejemplo:

Diseñar un programa que permita inicializar una lista con elementos de tipo enteros y después realizar lo siguiente:

a. Invertir la lista original.

b. Ordenar de forma ascendente.

c. Invertir la lista ordenada.

Solución:

```
Python 3.6.4 Shell
File  Edit  Shell  Debug  Options  Window  Help

 Módulos: Invertir, Ordenar

 LISTA ORIGINAL = {1,3,2,5,4,7,6,9,8,6,3,6]


Lista Invertida =  [6, 3, 6, 8, 6, 7, 4, 5, 2, 3, 1, 1]

Lista ordenada  =  [1, 1, 2, 3, 3, 4, 5, 6, 6, 6, 7, 8]

Lista Invertida =  [8, 7, 6, 6, 6, 5, 4, 3, 3, 2, 1, 1]
>>>
                                                    Ln: 8 Col: 0
```

```
t.py - G:/cap_IV_Listas/t.py (3.6.4)
File  Edit  Format  Run  Options  Window  Help
print("")
print(" Módulos: Invertir, Ordenar ")
print("")
print(" LISTA ORIGINAL = {1,3,2,5,4,7,6,9,8,6,3,6]")
print("")
datos = [1,1,3,2,5,4,7,6,8,6,3,6]
datos.reverse()
print("")
print("Lista Invertida = ",datos)
print("")
datos.sort()
print("Lista ordenada  = ", datos)
print("")
datos.reverse()
print("Lista Invertida = ",datos)
                                                    Ln: 13 Col: 9
```

Ejemplo:

Diseñar un programa que permita inicializar una lista = [1, 2, 9, 1, 4, 3, 6, 5, 10] con elementos de tipo enteros. Después, hacer las siguientes consultas:

a. Penúltimos elementos: = ",Lista[-2]).

b. Tercer elemento: = ", Lista[2]).

c. Desde el segundo hasta el cuarto elemento: =",Lista[1:4]).

d. Todos los elementos menos el último: = ", Lista[:-1]).

e. Todos los elementos menos el primero: = ", Lista[1:]).

f. Todos los elementos menos los dos primeros: = ",Lista[2:]).

g. Duplicar la lista.

Solución:

```
                Módulo : Consultas
----------------------------------------

Lista =[1,2,9,1,4,3,6,5,10]

1.- Penúltimo elemento =    5

 2.-   Tercer elemento   =   9

 3.-   Desde el segundo hasta el cuarto  elemento = [2, 9, 1]

 4.-   Todos los elementos menos el último =  [1, 2, 9, 1, 4, 3, 6, 5]

 5.-   Todos los elementos menos el Primero=  [2, 9, 1, 4, 3, 6, 5, 10]

 6.-   Todos los elementos menos los 2 primeros = [9, 1, 4, 3, 6, 5, 10]

 7.-   Duplicar Lista =  [1, 2, 9, 1, 4, 3, 6, 5, 10, 1, 2, 9, 1, 4, 3, 6, 5, 10]
```

```python
print("          Módulo : Consultas")
print(" ----------------------------------------")
print("")
print("Lista =[1,2,9,1,4,3,6,5,10]")
print("")
Lista =[1,2,9,1,4,3,6,5,10]

print("1.- Penúltimo elemento =  ",Lista[-2])
print("")
print(" 2.-   Tercer elemento   = ", Lista[2]  )
print("")
print(" 3.-   Desde el segundo hasta el cuarto  elemento =",Lista[1:4])
print("")
print(" 4.-   Todos los elementos menos el último = ", Lista[:-1] )
print("")
print(" 5.-   Todos los elementos menos el Primero= ", Lista[1:] )
print("")
print(" 6.-   Todos los elementos menos los 2 primeros = ",Lista[2:] )
print("")
print(" 7.-   Duplicar Lista = ", [1,2,9,1,4,3,6,5,10] *2  )
print("")
```

Ejemplo:

Diseñar un programa que permita inicializar una lista con elementos de tipos enteros y cadenas. Después, hacer las siguientes consultas:

a. Segundo elemento.

b. Primera sublista.

c. Segundo elemento de la primera sublista.

Solución:

```
Python 3.6.4 Shell                                           _ □ ×
File  Edit  Shell  Debug  Options  Window  Help
_posss.py
             Módulo  :  Consultas

 Lista Original = [123,Fisica',[50,100],[5, 73]]


 Segundo elemento:
 Dato =    Fisica

 Primera sublista :
 Sublista =   [50, 100]

 Segundo elemento de primera sublista =   100
                                           Ln: 30 Col: 0
```

```
*lista_posss.py - G:/cap_IV_Listas/lista_posss.py (3.6.4)*       _ □ ×
File  Edit  Format  Run  Options  Window  Help
print("         Módulo : Consultas")
print("")
print(" Lista Original = [123,Fisica',[50,100],[5, 73]]")
print("")
lista = [123,"Física",[50,100],[5, 73]]
print("  ")
print(" Segundo elemento:   ")
print(" Dato = ",lista[1])
print("")
print(" Primera sublista : ")
print(" Sublista = ",lista[2])
print("")
print(" Segundo elemento de primera sublista = ", lista[2][1])
print("")
                                               Ln: 10 Col: 29
```

Ejemplo:

Diseñar un programa que permita multiplicar dos números enteros:

a. 47 por 52.

b. 981 por 1234.

Usar los siguientes métodos:

a. Método clásico.

b. Multiplicación "à la russe".

c. Divide y vencerás.

Solución:

a. Método clásico

47 x 52 = ...?

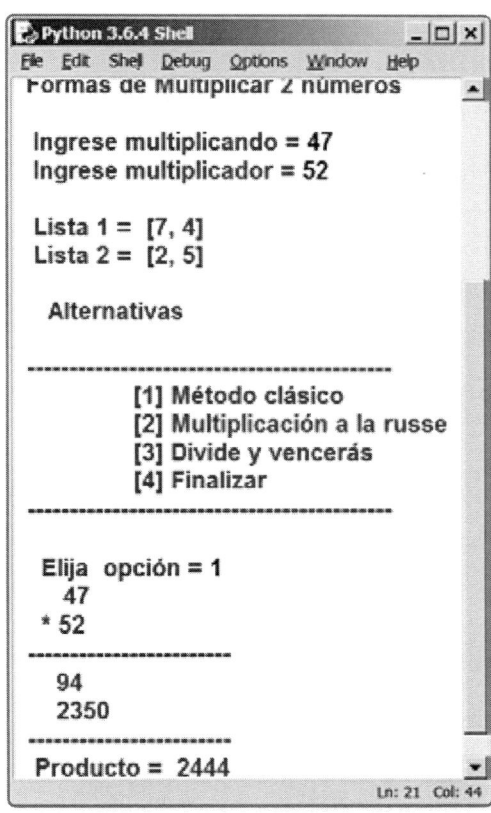

b. Multiplicar

981 por 1234

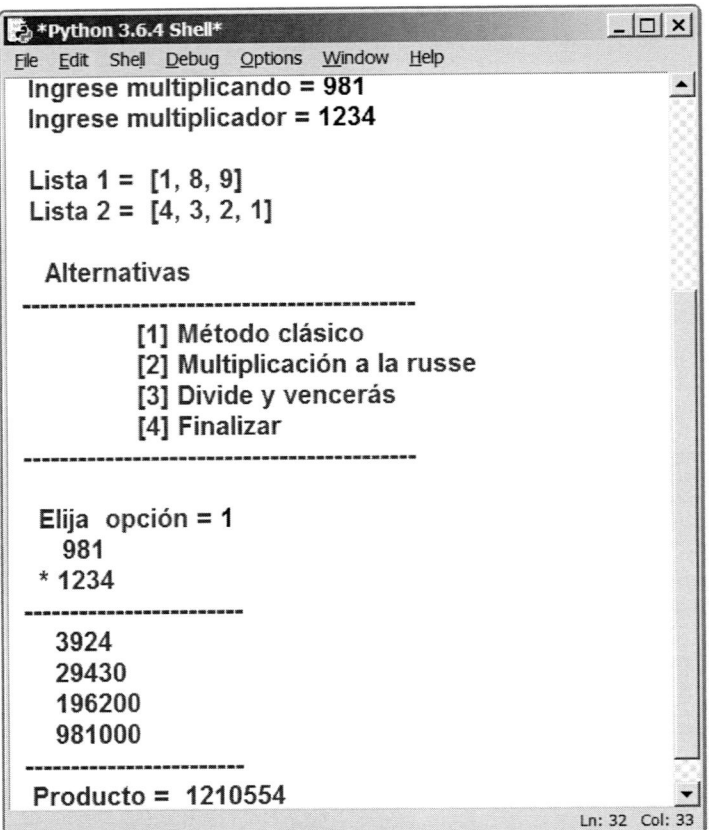

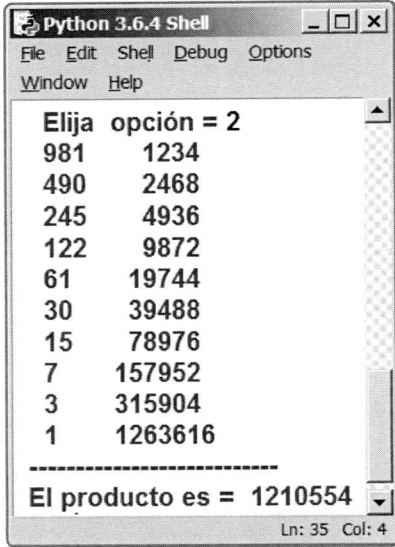

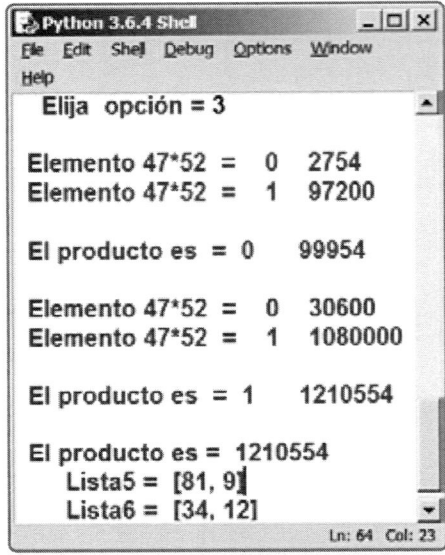

c. Método tradicional

981	981
1234	1234
3924	981
2943	1962
1962	2943
981	3924
1210554	1210554

d. Multiplicación "à la russe"

Se escriben el multiplicando y el multiplicador al comienzo de dos columnas. Se obtienen los siguientes elementos de las columnas, hasta que quede un 1 en la columna de la izquierda. La columna de la izquierda se divide entre dos, ignorando el resto. La columna de la derecha se multiplica por dos y el resultado se obtiene al sumar los números de la columna de la derecha cuyo número correspondiente de la columna izquierda sea impar. Solo es necesario saber sumar, multiplicar por 2 y dividir entre 2.

981	1234
490	2468
245	4936
122	
61	19744
30	39488
15	78976
7	315904
3	631808
1	

Suma = 1210554

e. Divide y vencerás

    a. Números con precisión par.

    b. Se dividen por la mitad ambos operandos.

    c. Se realizan las cuatro multiplicaciones cruzadas.

    d. Se suman los resultados, desplazando previamente hacia la izquierda.

Divide y vencerás

	Multiplicar	Desplazar	Resultado
	09 * 12	4	108--
0981	09 * 34	2	306--
1234	81 * 12	2	972--
	81 * 34	0	2754
	Suma		1210554

```
*formaas_multipl.py - F:\cap_IV_Listas\formaas_multipl.py (3.6...   _ □ x
File  Edit  Format  Run  Options  Window  Help
print(" Formas de Multiplicar 2 números ")
a=int(input(" Ingrese multiplicando = "))
m=a; na=0; nb=0;
lista=[]; listb=[]
while a!=0:
    r=a%10;   a=a//10;   na=na+1
    lista.append(r)
b=int(input(" Ingrese multiplicador = "))
n=b
while b!=0:
    r=b%10;   b=b//10;   nb=nb+1
    listb.append(r)
a=m; b=n
print(" Lista 1 = ",lista)
print( " Lista 2 = ",listb)
print("")
print("    Alternativas   ")
print(" -------------------------------------")
print("\t [1] Método clásico ")
print("\t [2] Multiplicación a la russe")
print("\t [3] Divide y vencerás")
print("\t [4] Finalizar ")
print(" -------------------------------------")
print("")
opc=int(input("  Elija  opción = "))
resp=1
while resp==1:
    if opc < 4 and opc > 0:
        resp=0
        if opc == 1:
            print("    ",m)
            print("  *",n)
            sum=0
            print(" ----------------------")
            for i in range(0,nb):
                print("   ",m*listb[i]*(10**i))
                sum=sum+m*listb[i]*(10**i)
            print(" ----------------------")
            print(" Producto = ",sum)
        if opc == 2:
            list3=[n];  list4=[m]; k=0; pro=0
            while m!=1:
                m=m//2
                list4.append(m)
                n=2*n;  list3.append(n); k=k+1
            for i in range(0,k):
                print("  ",list4[i],"     ",list3[i])
            print("   1     ",2*n)
            list4.append(1)
            list3.append(2*n)
```
```
Ln: 39  Col: 46
```

```
*formaas_multipl.py - F:\cap_IV_Listas\formaas_multipl.py (3.6...  _ □ ×
File  Edit  Format  Run  Options  Window  Help
            list3.append(2*n)
            for i in range(0,k+1):
                if list4[i]%2==1:
                    pro = pro + list3[i]
            print(" ---------------------------")
            print(" El producto es = ",pro)
            m=a
            n=a
        if opc == 3:
            nm=0
            nn=0
            list5=[]
            list6=[]
            prod=0
            while m!=0:
                r=m%100
                nm=nm+1
                list5.append(r)
                m=m//100
            while n!=0:
                r=n%100
                nn=nn+1
                list6.append(r)
                n=n//100
            for i in range(0,nm):
                print("")
                for j in range(0,nn):
                    elem=list5[i]*list6[j]*(10**(2*(i+j)))
                    print(" Elemento 47*52  =   ",j," ",elem)
                    prod = prod + elem
                print("")
                print(" El producto es  = ", i,"    ",prod)

            print("")
            print(" El producto es = ", prod)
            print("      Lista5 = ",list5)
            print("      Lista6 = ",list6)
    else:
        resp=1
        print(" Ingrese opción válida")
                                            Ln: 39  Col: 46
```

Ejemplo:

Diseñar un programa para corregir un texto introducido con errores.

Solución:

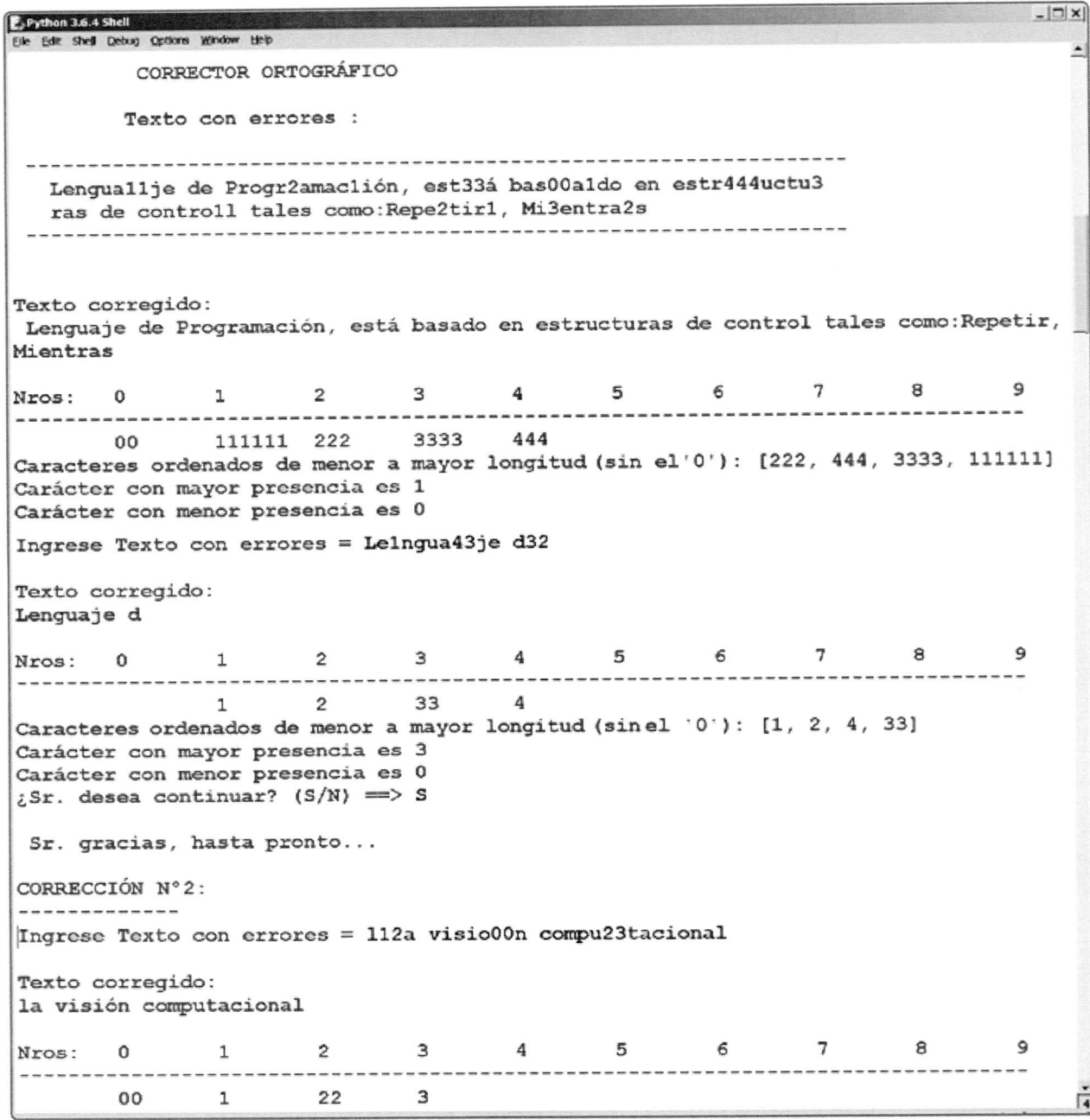

```
CORRECTOR ORTOGRÁFICO

      Texto con errores :

----------------------------------------------------------
   Lengua11je de Progr2amac1ión, est33á bas00a1do en estr444uctu3
   ras de contro11 tales como:Repe2tir1, Mi3entra2s
----------------------------------------------------------


Texto corregido:
 Lenguaje de Programación, está basado en estructuras de control tales como:Repetir,
Mientras

Nros:   0       1       2       3       4       5       6       7       8       9
-----------------------------------------------------------------------------------
        00      111111  222     3333    444
Caracteres ordenados de menor a mayor longitud (sin el'0'): [222, 444, 3333, 111111]
Carácter con mayor presencia es 1
Carácter con menor presencia es 0

Ingrese Texto con errores = Le1ngua43je d32

Texto corregido:
Lenguaje d

Nros:   0       1       2       3       4       5       6       7       8       9
-----------------------------------------------------------------------------------
                1       2       33      4
Caracteres ordenados de menor a mayor longitud (sinel '0'): [1, 2, 4, 33]
Carácter con mayor presencia es 3
Carácter con menor presencia es 0
¿Sr. desea continuar? (S/N) ==> S

 Sr. gracias, hasta pronto...

CORRECCIÓN N°2:
-------------
Ingrese Texto con errores = 112a visio00n compu23tacional

Texto corregido:
la visión computacional

Nros:   0       1       2       3       4       5       6       7       8       9
-----------------------------------------------------------------------------------
        00      1       22      3
```

```
*lista_Error.py - F:\cap_IV_Listas\lista_Error.py (3.6.4)*              _ □ ×
File  Edit  Format  Run  Options  Window  Help

print("\t  CORRECTOR ORTOGRÁFICO ")
print("")
print("\t Texto con errores : ")
print("")
print(" ----------------------------------------------------------------")
print("   Lengua11je de Progr2amac1ión, est33á bas00a1do en estr444uctu3")
print("   ras de contro1l tales como:Repe2tir1, Mi3entra2s")
print(" ----------------------------------------------------------------")
print("")
texto=" Lengua11je de Progr2amac1ión, est33á bas00a1do en estr444uctu3ras
        de contro1l tales como:Repe2tir1, Mi3entra2s"
lista=list(texto)
c0=0; s0="";c1=0;s1=0;c2=0;s2=0;c3=0;s3=0;c4=0;s4=0;c5=0;s5=0;c6=0;s6=0
c7=0;s7=0;c8=0;s8=0;c9=0;s9=0
for i in texto:
    if i=='0':
        lista.remove(i)
        c0=c0+1
        s0=s0+"0"
    if i=='1':
        lista.remove(i)
        c1=c1+1
        s1=s1*10+1
    elif i=='2':
        lista.remove(i)
        c2=c2+1
        s2=s2*10+2
    elif i=='3':
        lista.remove(i)
        c3=c3+1
        s3=s3*10+3
    elif i=='4':
        lista.remove(i)
        c4=c4+1
        s4=s4*10+4
    elif i=='5':
        lista.remove(i)
        c5=c5+1
        s5=s5*10+5
    elif i=='6':
        lista.remove(i)
        c6=c6+1
        s6=s6*10+6
```
Ln: 21 Col: 0

```
    elif i=='7':
       lista.remove(i)
       c7=c7+1
       s7=s7*10+7
    elif i=='8':
       lista.remove(i)
       c8=c8+1
       s8=s8*10+8
    elif i=='9':
       lista.remove(i)
       c9=c9+1
       s9=s9*10+9
print(f"\nTexto corregido:")
cad=""
for i in lista:
    cad=cad+i
print(cad)
print("\nNros:\t0\t1\t2\t3\t4\t5\t6\t7\t8\t9")
print("-----------------------------------------------------------------")
print(f"   \t{'0'*c0}\t{'1'*c1}\t{'2'*c2}\t{'3'*c3}\t{'4'*c4}\t{'5'*c5}\t{'6'*c6}\t{'7'*c7}\t{'8'*c8}\t{'9'*c9}")
ncar=[s1,s2,s3,s4,s5,s6,s7,s8,s9]
conj=set(ncar)
ncar=list(conj)
j=1
for i in range(len(ncar)):
    for j in range(len(ncar)):
       if ncar[i]<ncar[j]:
          menor=ncar[i]
          ncar[i]=ncar[j]
          ncar[j]=menor
if ncar[0]==0:
    del ncar[0]
print(f"Caracteres ordenados de menor a mayor longitud(sin el '0'): {ncar}")
s0=len("0"*c0)
mayor1=ncar[len(ncar)-1]
k=0
while mayor1>0:
    mayor1=int((mayor1)/10)
    k=k+1
if s0>k:
    print(f"Carácter con mayor presencia es 0")
else:
    print(f"Carácter con mayor presencia es {ncar[len(ncar)-1]%10}")
menor1=ncar[0]
k=0
```

```
*lista_Error.py - F:\cap_IV_Listas\lista_Error.py (3.6.4)*                    _|□|x|
File  Edit  Format  Run  Options  Window  Help
while menor1>0:
    menor1=int((menor1)/10)
    k=k+1
if s0<k:
    print(f"Carácter con menor presencia es 0")
else:
    print(f"Carácter con menor presencia es {ncar[0]%10} ")
c=0
resp="s"
while resp=="s" or resp=="S":
    c=c+1
    print(f"\nCORRECCIÓN N°{c}:")
    print("-------------")
    cadena=input("Ingrese Texto con errores = ")
    lista=list(cadena)
    c0=0;s0=""; c1=0;s1=0;c2=0;s2=0; c3=0; s3=0; c4=0; s4=0; c5=0
    s5=0;c6=0;s6=0;c7=0;s7=0;c8=0;s8=0; c9=0;s9=0
    for i in cadena:
        if i=='0':
            lista.remove(i)
            c0=c0+1
            s0=s0+"0"
        elif i=='1':
            lista.remove(i)
            c1=c1+1
            s1=s1*10+1
        elif i=='2':
            lista.remove(i)
            c2=c2+1
            s2=s2*10+2
        elif i=='3':
            lista.remove(i)
            c3=c3+1
            s3=s3*10+3
        elif i=='4':
            lista.remove(i)
            c4=c4+1
            s4=s4*10+4
        elif i=='5':
            lista.remove(i)
            c5=c5+1
            s5=s5*10+5
        elif i=='6':
            lista.remove(i)
            c6=c6+1
            s6=s6*10+6
        elif i=='7':
            lista.remove(i)
                                                          Ln: 94  Col: 8
```

```
🗐 *lista_Error.py - F:\cap_IV_Listas\lista_Error.py (3.6.4)*                    _ □ ×
File  Edit  Format  Run  Options  Window  Help
            c7=c7+1
            s7=s7*10+7
        elif i=='8':
            lista.remove(i)
            c8=c8+1
            s8=s8*10+8
        elif i=='9':
            lista.remove(i)
            c9=c9+1
            s9=s9*10+9
print(f"\nTexto corregido:")
cad=""
for i in lista:
    cad=cad+i
print(cad)

print("\nNros:\t0\t1\t2\t3\t4\t5\t6\t7\t8\t9")
print("--------------------------------------------------------------------------")
print(f"\t{'0'*c0}\t{'1'*c1}\t{'2'*c2}\t{'3'*c3}\t{'4'*c4}\t{'5'*c5}\t{'6'*c6}\t{'7'*c7}\t{'8'*c8}\t{'9'*c9}")
ncar=[s1,s2,s3,s4,s5,s6,s7,s8,s9]
conj=set(ncar)
ncar=list(conj)
j=1
  for i in range(len(ncar)):
      for j in range(len(ncar)):
          if ncar[i]<ncar[j]:
              menor=ncar[i];  ncar[i]=ncar[j];   ncar[j]=menor
  if ncar[0]==0:
      del ncar[0]
  print(f"Caracteres ordenados de menor a mayor longitud(sin el '0'): {ncar}")
  s0=len("0"*c0)
  mayor1=ncar[len(ncar)-1]
  k=0
  while mayor1>0:
      mayor1=int((mayor1)/10)
      k=k+1
  if s0>k:
      print(f"Carácter con mayor presencia es 0")
  else:
      print(f"Carácter con mayor presencia es {ncar[len(ncar)-1]%10}")
  menor1=ncar[0]
  k=0
  while menor1>0:
      menor1=int((menor1)/10)
      k=k+1
  if s0<k:
  else:
      print(f"Carácter con menor presencia es {ncar[0]%10} ")
  resp=input("¿Sr. desea continuar? (S/N) ==> ")
  if resp!="s" or resp!="S":
      print("\n Sr. gracias, hasta pronto...")
                                                              Ln: 165  Col: 48
```

Ejemplo:

Diseñar un programa mediante las siguientes funciones, mostradas en el programa fuente:

Validar(user, pasw): permite validar datos introducidos en el sistema informático, donde user = 100 y pasw = 123. Solo acepta tres errores; en otro caso, finaliza. Si los datos son correctos, el sistema genera la siguiente interfaz:

```
---------------------------------------------
        <1> Juego Ranas
        <2> Relación
        <3> Primos Gemelos
        <4> Finalizar
---------------------------------------------
        <Edite opción 4>→
```

Donde cada opción, mediante un subprograma, debe realizar las siguientes tareas:

<1> Subprograma que simule el siguiente juego entre tres ranas que están al comienzo de una pista de 10 m. Por turnos, cada rana realiza un salto que es aleatorio y puede darse de la siguiente forma:

a. Brinca y cae en el mismo lugar.

b. Salta 0.5 m en la dirección correcta.

c. Salta 1 m en la dirección correcta.

d. Salta 0.5 m retrocediendo.

Determinar cuál de las tres ranas llega primero a la meta.

<2> Subprograma que, dado un valor entero positivo n, compruebe que se cumpla la siguiente relación:

$$1^3 + 2^3 + 3^3 + \dots + n^3 = (1 + 2 + 3 + \dots n)^2$$

<3> Subprograma que genere n parejas de números primos gemelos. Además de ser primos, la distancia entre ellos es 2; por ejemplo, 3 y 5, 5 y 7, 11 y 13, 17 y 19, etc. Mostrar también la distancia en forma de secuencia y su posición respectiva.

Secuencia = 2222

Índices = 1234

Solución:

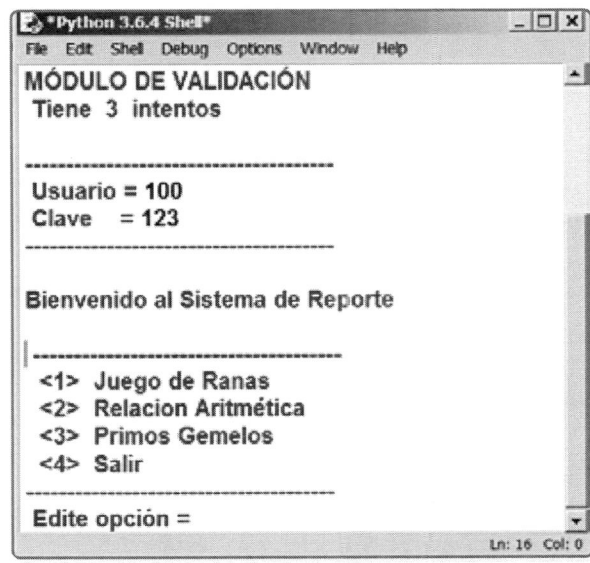

```
┌──────────────────────────────────────────────────────────────┐
│ 🐍 *Python 3.6.4 Shell*                              _ □ ✕    │
├──────────────────────────────────────────────────────────────┤
│ File  Edit  Shell  Debug  Options  Window  Help               │
├──────────────────────────────────────────────────────────────┤

Edite opción = 1

Ranas en juego: rana1( r1),Rana(r2),Rana3(r3)
----------------------------------------------------------
Resultados :

        Rana1 =  10.0  Rana2 =   9.0   Rana3 = 9.5

La Rana1 llegó primero : 10.0
----------------------------------------------------------

MÓDULO DE VALIDACIÓN
 Tiene  3  intentos


----------------------------------------
Usuario =
Edite opción =  2
Validación de la relación :
Ingrese un total de datos = 5

 Relación :  1^3+2^3+3^3+…+n^3 = (1+2+3+…n)^2

 Parte A : 1^3+2^3+3^3+…+n^3 =   225
 Parte B : (1+2+3+…n)^2        =   225

Conclusión: según parte A y B, se cumple la relación
--------------------------------------------------------------

MÓDULO DE VALIDACIÓN
 Tiene  3  intentos


----------------------------------------
Usuario =
----------------------------------------
 Edite opción =  3
Cantidad de primos gemelos: 8
[(3, 5), (5, 7), (11, 13), (17, 19), (29, 31), (41, 43), (59, 61), (71, 73)]
22222222
12345678

MÓDULO DE VALIDACIÓN
 Tiene  3  intentos


----------------------------------------
Usuario = |
```

$$1^3+2^3+3^3+\dots+n^3 = (1+2+3+\dots n)^2$$

Ln: 168 Col: 11

```
listas_sust_2018_II.py - F:/cap_IV_Listas/listas_sust_2018_II.py (3.6.4)          _□×
File  Edit  Format  Run  Options  Window  Help
from random import*
from random import randint
def JuegodeRanas():
  print("")
  print(" Ranas en juego: rana1( r1),Rana(r2),Rana3(r3) ")
  print("--------------------------------------------------------")
  r1=0
  r2=0
  r3=0
  while (r1<10):
    r1= r1 + 0.5*randint(-2,3)
  while (r2<10):
    r2= r2 + 0.5*randint(-2,3)
  while (r3<10):
    r3= r3 + 0.5*randint(-2,3)
  r1= r1 + 0.5*randint(-2,3)
  r2= r2 + 0.5*randint(-2,3)
  r3= r3 + 0.5*randint(-2,3)
  print(" Resultados : ")
  print("          Rana1 = ", r1," Rana2 =   ", r2,"  Rana3 = ",r3)
  if (r1>=10):
    print(" La Rana1 llegó primero :",r1)
    print("--------------------------------------------------------")
  elif (r2>=10):
    print(" La Rana2 llegó primero: ",r2)
    print("--------------------------------------------------------")
  elif (r3>=10):
    print(" La Rana3 llegó primero : ",r3)
    print("--------------------------------------------------------")
def Relación():
  print(" Validación de la relación : ")
  while(True):
    n=int(input(" Ingrese un total de datos = "))
    if n>0:
      break
    else:
      print("Error...Ingrese números positivos")
  num1=0
  num2=0
  num11=0
  print("")
  print(" Relación :  1^3+2^3+3^3+...+n^3 = (1+2+3+...n)^2 ")
  print("")
  for i in range(n):
    num1=num1+((i+1)*(i+1)*(i+1))
    num2=num2+i+1
```

```python
    if num1==(num2*num2):
        print("  Parte A : 1^3+2^3+3^3+...+n^3 = ",num1)
        print("  Parte B : (1+2+3+...n)^2        = ",num1)
        print(" ")
        print(" Conclusión: según parte A y B, se cumple la relación ")
        print("----------------------------------------------------------")
    else:
        print("no se cumple")
def PrimosGemelos():
    n=int(input("Cantidad de primos gemelos: "))
    s=3; t=0; primos=[2,3]; PG=[]
    while(True):
        s=s+1
        for i in range(s-2):
            if s%(i+2)==0:
                break
            else:
                if i==s-3:
                    primos.append(s)
                    t=t+1
                    if primos[t]-primos[t-1]==2:
                        PG.append((primos[t-1],primos[t]))
        if len(PG)==n:
            break

    print(PG)
    print("2"*n)
    ind=""
    for i in range(n):
        ind=ind+str(i+1)
    print(ind)
usuarios=100
claves=123
intentos=3
continuar1=True
continuar2=False
while continuar1:
    print("")
    print("MÓDULO DE VALIDACIÓN \n Tiene ",intentos," intentos")
    print("")
    print("-----------------------------------")
    usuario=int(input(" Usuario = "))
    clave   = int(input(" Clave    = "))
    print("-----------------------------------")
    if (usuario==100):
            if (clave==123):
                continuar2=True

    if continuar2==True:
        print("")
```

```python
if continuar2==True:
    print("")
    print("Bienvenido al Sistema de Reporte")
    print("")
    print(" -------------------------------------")
    print("  <1>  Juego de Ranas")
    print("  <2>  Relación Aritmética ")
    print("  <3>  Primos Gemelos")
    print("  <4>  Salir ")
    print("-------------------------------------")
    numero = int(input(" Edite opción =  "))
    if numero == 1:
        JuegodeRanas()
    elif numero == 2:
        Relacion()
    elif numero== 3:
        PrimosGemelos()
    elif numero == 4:
        print("Saliendo del sistema, gracias por su visita")
        continuar1 = False
    else:
        print("No ha elegido una opción disponible, inténtelo de nu
else:
    intentos-=1
    if intentos==0:
        print("Usuario o Clave Incorrecto, el programa se cerrará")
        continuar1=False
    else:
        print("Usuario o Clave Incorrecto inténtelo de nuevo")
```

Ln: 119 Col: 23

A continuación, se presenta una segunda alternativa para la simulación del juego de las tres ranas en una pista de 5 m.

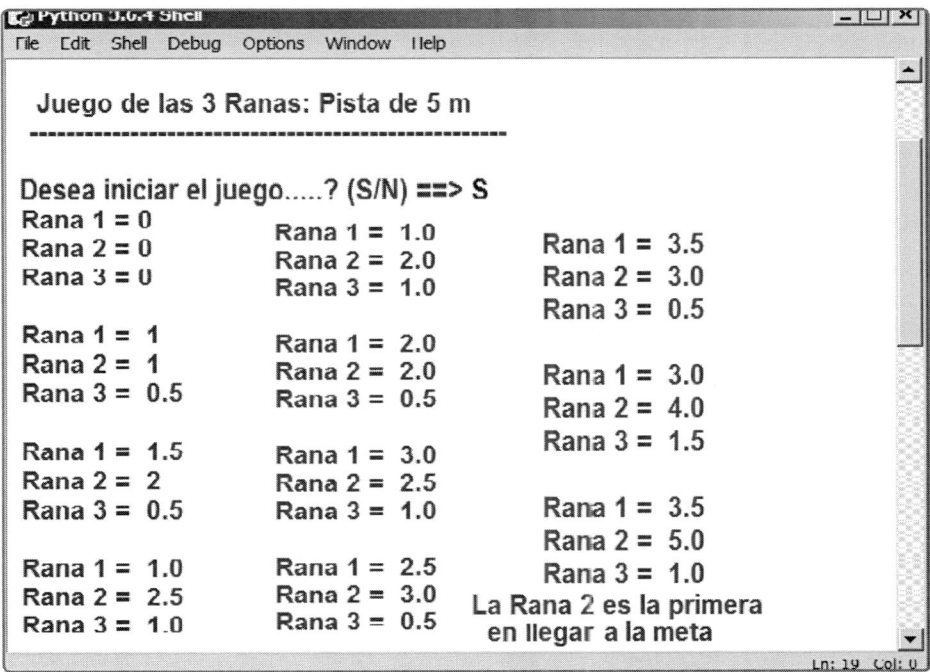

```
*lista_ranas.py - F:/cap_IV_Listas/lista_ranas.py (3.6.4)*
File  Edit  Format  Run  Options  Window  Help

print("   Juego de las 3 Ranas: Pista de 5 m ")
print(" -----------------------------------------------------")
r1=0;r2=0;r3=0
resp=input("Desea iniciar el juego.....? (S/N) ==> ")
if (resp=='S'):
   print(" Rana 1 = 0 ");   print(" Rana 2 = 0 ");   print(" Rana 3 = 0 ")
   print(" ")
   while (r1<5) and (r2<5) and (r3<5):
      from random import choice
      n=(choice((-0.5, 0, 0.5, 1)))
      r1=r1+n
      print (" Rana 1 = ", r1)

      from random import choice
      k=(choice((-0.5, 0, 0.5, 1)))
      r2=r2+k
      print (" Rana 2 = ", r2)
```

```
*lista_ranas.py - F:/cap_IV_Listas/lista_ranas.py (3.6.4)*
File  Edit  Format  Run  Options  Window  Help

      from random import choice
      p=(choice((-0.5, 0, 0.5, 1)))
      r3=r3+p
      print (" Rana 3 = ", r3)
      print (" ")
   else:
      if (r1==5) or (r1>5):
         print ("  La Rana 1 es la primera en llegar a la meta")
      if (r2==5) or (r2>5):
         print ("  La Rana 2 es la primera en llegar a la meta")
      if (r3==5) or (r3>5):
         print ("  La Rana 3 es la primera en llegar a la meta")
else:
   print ("Hasta luego")

                                                        Ln: 24  Col: 0
```

Ejemplo:

Diseñar un programa que permita inicializar una cadena y una lista. Después, realizar las consultas del 1 al 17 mostradas en la siguiente interfaz.

Solución:

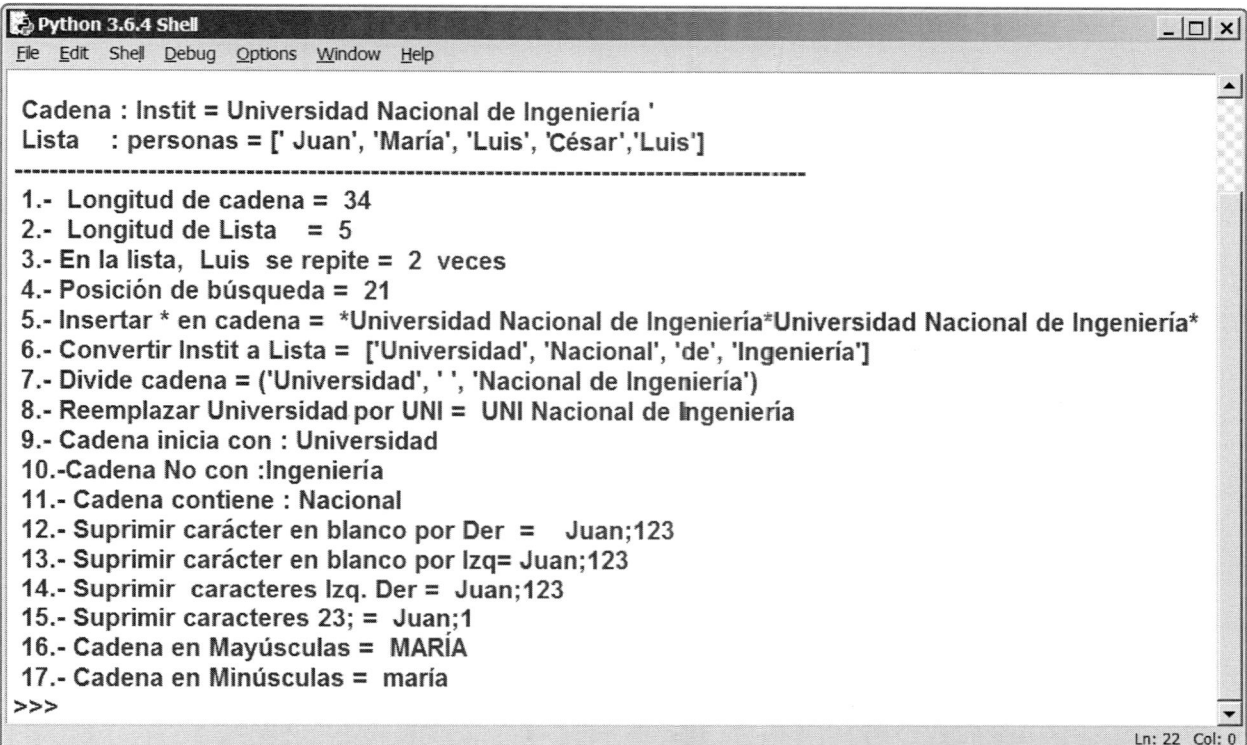

```
Python 3.6.4 Shell
File  Edit  Shell  Debug  Options  Window  Help

Cadena : Instit = Universidad Nacional de Ingeniería '
Lista    : personas = [' Juan', 'María', 'Luis', 'César','Luis']
----------------------------------------------------------------------
1.- Longitud de cadena =  34
2.- Longitud de Lista    = 5
3.- En la lista,  Luis  se repite =  2  veces
4.- Posición de búsqueda =  21
5.- Insertar * en cadena = *Universidad Nacional de Ingeniería*Universidad Nacional de Ingeniería*
6.- Convertir Instit a Lista =  ['Universidad', 'Nacional', 'de', 'Ingeniería']
7.- Divide cadena = ('Universidad', ' ', 'Nacional de Ingeniería')
8.- Reemplazar Universidad por UNI =  UNI Nacional de Ingeniería
9.- Cadena inicia con : Universidad
10.-Cadena No con :Ingeniería
11.- Cadena contiene : Nacional
12.- Suprimir carácter en blanco por Der  =    Juan;123
13.- Suprimir carácter en blanco por Izq= Juan;123
14.- Suprimir  caracteres Izq. Der =  Juan;123
15.- Suprimir caracteres 23; =  Juan;1
16.- Cadena en Mayúsculas =  MARÍA
17.- Cadena en Minúsculas =  maría
>>>
                                                              Ln: 22  Col: 0
```

```
*Lista_Varios.py - F:/cap_VI_Tuplas/Lista_Varios.py (3.6.4)*
File  Edit  Format  Run  Options  Window  Help

print("")
print(" Cadena : Instit = Universidad Nacional de Ingeniería '")
print(" Lista    : personas = [' Juan', 'María', 'Luis', 'César','Luis'] ")
print("--------------------------------------------------------------------")
Instit= "Universidad Nacional de Ingeniería"
personas = [' Juan', 'María', 'Luis', 'César','Luis']
print(" 1.- Longitud de cadena = ", len(Instit))
print(" 2.- Longitud de Lista    = ", len(personas))
print(" 3.- En la lista,  Luis  se repite = ",personas.count('Luis'), " veces ")
print(" 4.- Posición de búsqueda = ", Instit.find("de"))
print(" 5.- Insertar * en cadena = ",Instit.join('***'))
print(" 6.- Convertir Instit a Lista = ",Instit.split(' '))
print(" 7.- Divide cadena =",Instit.partition(" "))
print(" 8.- Reemplazar Universidad por UNI = ",Instit.replace('Universidad','UNI',1))
if Instit.startswith("Universidad"):
        print(" 9.- Cadena inicia con : Universidad ")
else:
        print(" Error")
if Instit.endswith("Ingeniería"):
            print("1 0.-  Cadena termina con : Ingeniería")
```

```
else:
        print(" 10.-Cadena No con :Ingeniería')
else:
        print(" 10.-Cadena No con :Ingeniería')

if Instit.find(" Nacional") != -1:
            print(" 11.- Cadena contiene : Nacional")
else:
        print(" 11.- Cadena NO contiene : Nacional")
varios = "  Juan;123  "
print(" 12.- Suprimir carácter en blanco por Der  = ",varios.rstrip())
print(" 13.- Suprimir carácter en blanco por Izq=",varios.lstrip())
print(" 14.- Suprimir  caracteres Izq. Der = ",varios.strip())
print(" 15.- Suprimir caracteres 23; = ", varios.strip("23; "))
Nombre = "María"
print(" 16.- Cadena en Mayúsculas = ", Nombre .upper())
print(" 17.- Cadena en Minúsculas = ", Nombre .lower())
```

Ln: 29 Col: 0

Ejemplo:

Diseñar un programa para crear una lista en tiempo real usando un concepto interactivo. Por la introducción de cada dato, el programa debe enviar un mensaje indicando el número del proceso actual.

Solución:

```
Python 3.9.0 Shell                                    —  □  ×
File  Edit  Shell  Debug  Options  Window  Help
 p2021/lISTAS2021/lista_Extended().py

  Método Extended()
  ----------------------------

          proceso Nro.: 1
  Ingrese dato =4

          notas =  [4]
  Desea ingresar nueva edad....? (S/N)==>S

          proceso Nro.: 2
  Ingrese dato =12

          notas =  [4, 12]
  Desea ingresar nueva edad....? (S/N)==>S

          proceso Nro.: 3
  Ingrese dato =11

          notas =  [4, 12, 11]
  Desea ingresar nueva edad....? (S/N)==>S

          proceso Nro.: 4
  Ingrese dato =16

          notas =  [4, 12, 11, 16]
  Desea ingresar nueva edad....? (S/N)==>
                                        Lne 9  Col: 17
```

```
lista_Extended().py - C:/Users/User/Desktop/ciclo_2021_2/Lpp2021/IISTAS2021/lista_Extended().py (3.9.0)       —  □  ×
File  Edit  Format  Run  Options  Window  Help

print("\n Método Extended() ")
print("-" * 30)
resp='S'
nv=1
lista=list()
lista=[]
while resp=='S' or resp=='s':
        print(" \n\t proceso Nro.:",nv)
        nv=nv+1
        dato=int(input(" Ingrese dato ="))
        lista.extend([dato])
        print("\n\t Lista = ",lista)
        resp=input(" Desea ingresar nueva edad....? (S/N)==>")
print(" Lista final= ",lista)
                                                                        Ln: 8  Col: 29
```

Ejemplo:

Diseñar un programa para juntar dos listas. Después, ordenar de forma ascendente y descendente.

Solución:

```
Python 3.9.0 Shell                                              —  □  ×
File  Edit  Shell  Debug  Options  Window  Help

 Método sort()- revés()
 ---------------------------

lista1=[12,13]
lista2=[20,30]

        1.- Lista agregada =  [12, 13, 30, 20]

        2.- Lista ordenada =  [12, 13, 20, 30]

        3.- Lista al revés =  [30, 20, 13, 12]
>>>
                                                                Ln: 17  Col: 4
```

```
lista_sortExtended1().py - C:/Users/User/Desktop/ciclo_2021_2/Lpp2021/IISTAS2021/lista_...    —    □    ×
File  Edit  Format  Run  Options  Window  Help

print("\n Método sort()- revés() ")
print("-" * 30)
print()
print("lista1=[12,13]")
print("lista2=[20,30]")
print
lista1=[12,13]
lista2=[30,20]

lista1.extend(lista2)
print("\n\t 1.- Lista agregada = ",lista1)

lista1.sort()
print("\n\t 2.- Lista ordenada = ",lista1)

lista1.reverse()
print(" \n\t 3.- Lista al revés = ",lista1)
                                                        Ln: 8  Col: 0
```

Ejemplo:

Diseñar un programa que permita eliminar elementos de una lista. Se debe crear una lista que vaya guardando los elementos eliminados (backup) y después se debe ir informando de cuántos elementos quedan en la lista original.

Solución:

```
"Python 3.9.0 Shell"                                    —    □    ×
File  Edit  Shell  Debug  Options  Window  Help

 Lista inicial=[12,13,5,11]
Ingrese dato=11
 lista backup = [11]

Elemento 11  fue eliminado..

         Nueva lista=  [12, 13, 5]
 Actualmente, tiene: 3  elementos

 Desea continuar..(S/N)==>S
Ingrese dato=13
 lista backup = [11, 13]

Elemento 13  fue eliminado..

         Nueva lista=  [12, 5]
 Actualmente, tiene: 2  elementos

 Desea continuar..(S/N)==>S
Ingrese dato=12
 lista backup = [11, 13, 12]

Elemento 12  fue eliminado..

         Nueva lista=  [5]
 Actualmente, tiene: 1  elementos

 Desea continuar..(S/N)==>
                                                        Ln: 30  Col: 0
```

```
*lista_sorted().py - C:/Users/User/Desktop/ciclo_2021_2/Lpp2021/IISTAS2021/lista_sorted().py (3.9....  —  □  ×
File  Edit  Format  Run  Options  Window  Help

print("\n Método remove() ")
print("-" * 30)
print()
lista=[12,13,5,11]
print(" Lista inicial=[12,13,5,11]")
listael=list()
resp='S'
while resp=='S':
    dato=int(input("Ingrese dato="))
    listael.append(dato)
    print(" lista backup =", listael)
    lista.remove(dato)
    print("\nElemento",dato, " fue eliminado..")
    print("\n\t Nueva lista= ",lista)
    long=len(lista)
    print(" Actualmente, tiene:",long," elementos")
    resp=input("\n Desea continuar..(S/N)==>")
                                                        Ln: 12  Col: 0
```

Ejemplo:

Diseñar un programa para inicializar una lista y después ir eliminando sus elementos por índice.

Solución:

```
*Python 3.9.0 Shell*                                 —  □  ×
File  Edit  Shell  Debug  Options  Window  Help

          Método pop():elimina por índice
    ----------------------------------------

          Lista =[12,11,5,6,15,13,17]
                  Longitud= 7

          Índice =0
                        Ud tiene : 6  elementos

          Lista actual =  [11, 5, 6, 15, 13, 17]
    Desea continuar..? (S/N)==>S

          Índice =5
                        Ud tiene : 5  elementos

          Lista actual =  [11, 5, 6, 15, 13]
    Desea continuar..? (S/N)==>S

          Índice =1
                        Ud tiene : 4  elementos

          Lista actual =  [11, 6, 15, 13]
    Desea continuar..? (S/N)==>
                                                    Ln: 28  Col: 30
```

```
lista_pop.py - C:/Users/User/Desktop/ciclo_2021_2/lista_pop.py (3.9.0)      —  □  ×
File  Edit  Format  Run  Options  Window  Help

print("\n\t Método pop():elimina por índice")
print("-" * 40)

lista=[12,11,5,6,15,13,17]
print("\n\t Lista =[12,11,5,6,15,13,17]")
resp='S'
long=len(lista)
print("\t \t  Longitud=", long)
e=0
while resp=='S' or resp=='S':

    ind=int(input("\n\t Índice ="))
    elim=lista.pop(ind)
    e=e+1
    print("\t \t \t  Ud tiene :",long-e," elementos")
    print("\n\t Lista actual = ",lista)
    resp=input(" Desea continuar ..? (S/N)==>")

                                                        Ln: 13  Col: 0
```

Ejemplo:

Diseñar un programa que permita inicializar listas y, después, consultar las notas de un alumno y mostrar los índices de las notas.

Solución:

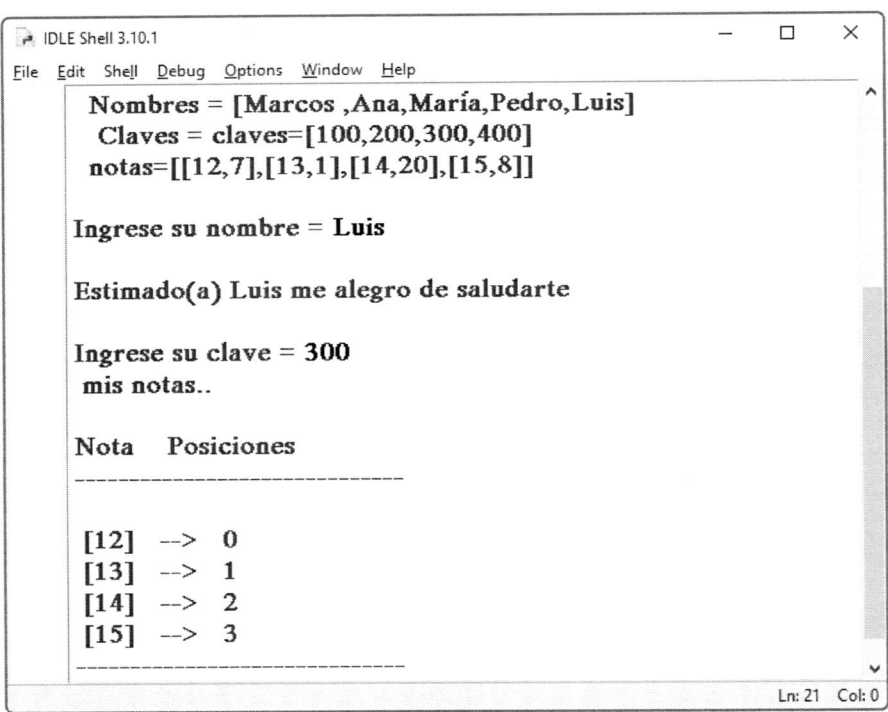

```
IDLE Shell 3.10.1                                          —  □  ×
File  Edit  Shell  Debug  Options  Window  Help

    Nombres = [Marcos ,Ana,María,Pedro,Luis]
    Claves = claves=[100,200,300,400]
   notas=[[12,7],[13,1],[14,20],[15,8]]

  Ingrese su nombre = Luis

  Estimado(a) Luis me alegro de saludarte

  Ingrese su clave = 300
   mis notas..

  Nota    Posiciones
  -------------------------------

  [12]   -->   0
  [13]   -->   1
  [14]   -->   2
  [15]   -->   3
  -------------------------------
                                                        Ln: 21  Col: 0
```

```
*lista-saludo.py - C:\Users\User\Desktop\ciclo_2021_2\lista-saludo.py (3.10.1)*        —   □   ×
File  Edit  Format  Run  Options  Window  Help

print("\n Recorrido de una lista:saludos ")
print("-" * 35)
lista=["Marcos ","Ana","María","Pedro","Luis"]
claves=[100,200,300,400]
notas=[[12,7],[13,1],[14,20],[15,8]]
print("\n  Nombres = [Marcos ,Ana,María,Pedro,Luis]" )
print("   Claves = claves=[100,200,300,400]" )
print("   Notas  = Notas[100,200,300,400]" )
salud=input(" \nIngrese su nombre = ")
for nomb in lista:
   if salud == nomb:
        print (" \nEstimado(a)",nomb,"me alegro de saludarte")
        clave=int(input(" \nIngrese su clave = "))
        for clave in claves:
            if clave==300:
                print(" mis notas..")
                print(" \nNota    Posiciones")
                print("-"* 30)
                for nota in notas:
                    print("\n",nota[0:1]," --> ",notas.index(nota),"   ",end= "")
print("-" * 50)
                                                                   Ln: 17   Col: 0
```

Ejemplo:

Diseñar un programa que permita crear un registro de usuarios por user y clave. Después, con estos datos, se validará el inicio de sesión para comprar en una tienda comercial. Si los datos son correctos se mostrará el menú principal, donde se podrán usar los diferentes procesos de compras.

Solución:

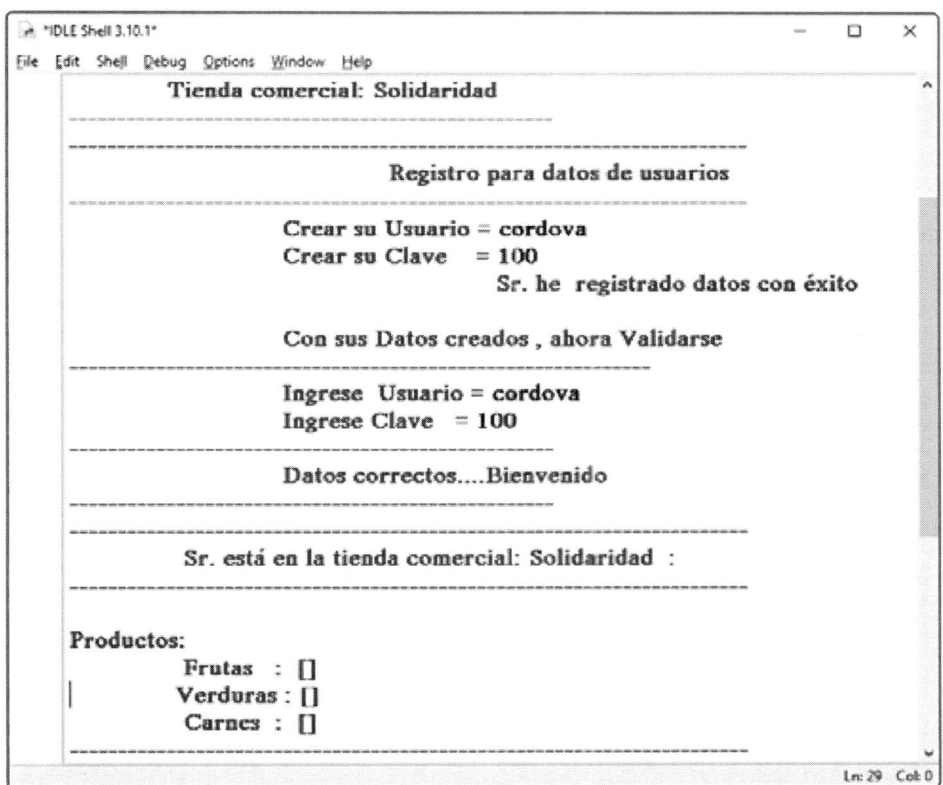

```
*IDLE Shell 3.10.1*                                    —    □    ✕
File  Edit  Shell  Debug  Options  Window  Help

     Dispone de las siguientes alternativas
     ------------------------------------------------------------

        1.- Append() : Agrega producto a su carrito
        2.- Extend() : Listar los productos  según categorías indicadas
        3.- Remove() : Eliminar producto por nombre
        4.- Sort()      : Ordenar por la cantidad de letras
        5.-Count()    : Contar productos que están repetidos
        6.- Index()    : Listar  el índice  producto según categoría
        7.- Reverse() : Invertir elementos de la lista
        8.- Pop()       : Eliminar producto por su índice
        9.- Insert()    : Insertar producto en posición especificada
        9.- Exit()       :Finalizar la ejecución
     ------------------------------------------------------------


     Ingrese una opción =>

                                                       Ln: 26   Col: 0
```

```
*IDLE Shell 3.10.1*                                —    □    ✕
File  Edit  Shell  Debug  Options  Window  Help

            Ingrese una opción =>  1
     -----------------------------------------


            Método APPEND(): Agrega elementos al final
     de una lista

            Productos:
             Frutas   :  []
             Verduras :  []
             Carnes   :  []
     -----------------------------------------


     Ingrese cantidad = 2

            Lista[ Frutas(f)  , Verduras(v) , Carnes(c) ]: f

            Ingrese el nombre de fruta =  peras

            Ingrese el nombre de fruta =  mango

            Frutas =  ['peras', 'mango']

     _____
     -----------------------------------------

                                                   Ln: 59   Col: 0
```

De este modo se puede continuar con los demás métodos para cumplir con los procesos de la tienda comercial.

```
*IDLE Shell 3.10.1*                                    —    □    ×
File  Edit  Shell  Debug  Options  Window  Help

           Método APPEND(): Agrega elementos al final de una lista

           Productos:
            Frutas   : ['peras', 'mango']
            Verduras : ['cebolla']
            Carnes   : []
           ------------------------------------------------

  Ingrese cantidad = 2

           Lista[ Frutas(f)  , Verduras(v) , Carnes(c) ]: c

           Ingrese el nombre de  Carnes = res

           Ingrese el nombre de  Carnes = carnero

           Carnes =  ['res', 'carnero']
           _____
           ------------------------------------------------
           Sr. está en la tienda comercial: Solidaridad  :
           ------------------------------------------------

  Productos:
           Frutas   : ['peras', 'mango']
           Verduras : ['cebolla']
           Carnes   : ['res', 'carnero']
           ------------------------------------------------
                                                    Ln: 59  Col: 0
```

```
Lista_ventas_p.py - H:/LP_2022_OCT/Lista_ventas_p.py (3.`0.1)   —   □   ×
File   Edit   Format   Run   Options   Window   Help

print("-"*50)
print("\n\tTienda comercial : Solidaridad")
print("-"*50)
print("-"*70)
print("\t\t\tRegistro para datos de usuarios")
print("-"*70)
Tusuarios=[]
Tclaves=[]
Frutas = []
Verduras=[]
Carnes= []
users=input("\t\tCrear su Usuario = ")
Tusuarios.append(users)
clave=input("\t\tCrear su Clave   = ")
Tclaves.append(clave)
print("\t\t\t\tSr. he  registrado datos con éxito")
                                                    Ln: 12  Col: 0
```

```
*Lista_ventas_p.py - H:/LP_2022_OCT/Lista_ventas_p.py (3.10.1)*      —   □   ✕
File  Edit  Format  Run  Options  Window  Help

while True:
    print("\n\t\tCon sus Datos creados , ahora Validarse ")
    user1=input("\t\tIngrese  Usuario = ")
    clave1=input("\t\tIngrese Clave   = ")
    if user1==users and clave1==clave:
        print("\t\tDatos correctos....Bienvenido")
      resp="S"
      while resp=="S" or resp=="s":
            Frutas2=Frutas.copy()
            Verduras2=Verduras.copy()
            Carnes2=Carnes.copy()
            print("-"*70)
            print("\t Sr. está en la tienda comercial: Solidaridad  :")
            print("\nProductos:\n\t Frutas:",Frutas," \n\tVerduras :",Verduras,"\n\t Carnes : ",Carnes)
            print("-"*70)
            print(" Dispone de las siguientes alternativas")
            print("-"*70)
            print("\n\t1.- Append() : Agrega producto a su carrito ")
            print("\t2.- Extend() : Listar los productos  según categorías indicadas")
            print("\t3.- Remove() : Eliminar producto por nombre")
            print("\t4.- Sort()       : Ordenar por la cantidad de letras ")
            print("\t5.-Count()     : Contar productos que están repetidos ")
            print("\t6.- Index()     : Listar  el índice  producto según categoría")
            print("\t7.- Reverse()  : Invertir elementos de la lista ")
            print("\t8.- Pop()       : Eliminar producto por su índice ")
            print("\t9.- Insert()    : Insertar producto en posición especificada ")
            print("\t9.- Exit()         :Finalizar la ejecución ")
            print("-"*70)
                                                            Ln: 37  Col: 0
```

```
*Lista_ventas_p.py - H:/LP_2022_OCT/Lista_ventas_p.py (3.10.1)*      —   □   ✕
File  Edit  Format  Run  Options  Window  Help

        opc = (input("\n\tIngrese una opción =>  "))
        if (opc == "1"):
            print ("-"*40)
            print("\n\tMétodo APPEND(): Agrega elementos al final de una lista")
            print("\n\tProductos:\n\t Frutas:",Frutas," \n\tVerduras:",Verduras,"\n\t Carnes :",Carnes)
            print ("-"*40)
            n = int(input("\nIngrese cantidad = "))
            s = input("\n\tLista[ Frutas(f)  , Verduras(v) , Carnes(c) ]: ")
            if (s=="F") or (s=="f"):
                for i in range (1, n+1):
                    a = input("\n\tIngrese el nombre de fruta =  ")
                    Frutas.append(a)
                print("\n\tFrutas = ",Frutas)
            elif (s=="V") or (s=="v"):
                                                            Ln: 57  Col: 75
```

```
 *Lista_ventas_p.py - H:/LP_2022_OCT/Lista_ventas_p.py (3.10.1)*          —    □    ×
File  Edit  Format  Run  Options  Window  Help
            for i in range (1, n+1):
                a = input("\nIngrese el nombre de verdura =  ")
                Verduras.append(a)
            print("\n\tVerduras = ",Verduras)
        elif (s=="C") or (s=="c"):
            for i in range (1, n+1):
                a = input("\n\tIngrese el nombre de  Carnes = ")
                Carnes.append(a)
            print("\n\tCarnes = ",Carnes)
        else:
            print("Elección incorrecta no disponible")
    elif (opc == "2"):
        print("\nMétodo EXTEND: Agrega una lista a otra")
        Verduras2.extend(Frutas2)
        Carnes2.extend(Verduras2)
        print("\nLista general = ",Carnes2)
    elif (opc == "3"):
        print("\n\tMétodo  REMOVE: Elimina objetos de la lista")
        print("-"*30,"\n\tFrutas: ",Frutas,"\nVerduras: ",Verduras,"\nCarnes: ",Ca
        r = input("\n\tLista[ Frutas(f) , Verduras(v) , Carnes(c) ]: ")
        if (r=="f") or (r=="f"):
            frutaban = input("\n\tEscriba el nombre de  fruta a  eliminar: ")
            Frutas.remove(frutaban)
        elif (r=="V") or (r=="v"):
            verduraban = input("\n\tEscriba el nombre de verdura  a eliminar: ")
            Verduras.remove(verduraban)
        elif (r=="c") or (r=="C"):
            carneban = input("\nEscriba el nombre de la carne a  eliminar: ")
            Carnes.remove(carneban)
                                                                     Ln: 75  Col: 0
```

```
 *Lista_ventas_p.py - H:/LP_2022_OCT/Lista_ventas_p.py (3.10.1)*          —    □    ×
File  Edit  Format  Run  Options  Window  Help
            print("opción incorrecta")
    elif (opc == "4") or (opc == "S"):
        print("\nMétodo SORT(Con Edades:Ordenar forma creciente ")
        print ("-"*40)
        Frutas2.sort(key=len)
        Verduras2.sort(key=len)
        Carnes2.sort(key=len)
        print("-"*30,"\nFrutas: ",Frutas2,"\nVerduras: ",Verduras2,"\nCarnes: ",C
        print ("-"*30)
    elif (opc == "5"):
        print("\nMétodo COUNT(): Contar los elementos repetidos en la lista")
        Verduras2.extend(Frutas2)
        Carnes2.extend(Verduras2)
        A=[Carnes[0]]
```

```python
        for i in range(1,len(Carnes2)):
            t=0
            for j in range(i-1,-1,-1):
                if Carnes2[i]==Carnes2[j]:
                    t=t+1
            if t==0:
                A.append(Carnes2[i])
        for i in A:
            a=Carnes2.count(i)
            if a>1:
                print("El alimento ",i,"se repite ",a," veces")
    elif (opc == "6"):
        print("\nMétodo INDEX: Ubica el índice del objeto en la lista")
        s = input("\nLista[ Frutas(f) o Verduras(v) o Carnes(c) ]: ")
        if (s=="F") or (s=="f"):
```

Ln: 106 Col: 0

Lista_ventas_p.py - H:/LP_2022_OCT/Lista_ventas_p.py (3.10.1)

— ☐ ✕

File Edit Format Run Options Window Help

```python
        print("opción incorrecta")
    elif (opc == "4") or (opc == "S"):
        print("\nMétodo SORT(Con Edades:Ordenar forma creciente ")
        print ("-"*40)
        Frutas2.sort(key=len)
        Verduras2.sort(key=len)
        Carnes2.sort(key=len)
        print("-"*30,"\nFrutas: ",Frutas2,"\nVerduras: ",Verduras2,"\nCarnes: ",C
        print ("-"*30)
    elif (opc == "5"):
        print("\nMétodo COUNT(): Contar los elementos repetidos en la lista")
        Verduras2.extend(Frutas2)
        Carnes2.extend(Verduras2)
        A=[Carnes[0]]
        for i in range(1,len(Carnes2)):
            t=0
            for j in range(i-1,-1,-1):
                if Carnes2[i]==Carnes2[j]:
                    t=t+1
            if t==0:
                A.append(Carnes2[i])
        for i in A:
            a=Carnes2.count(i)
```

Ln: 108 Col: 0

Lista_ventas_p.py - H:/LP_2022_OCT/Lista_ventas_p.py (3.10.1)

File Edit Format Run Options Window Help

```
            print("El alimento ",i,"se repite ",a," veces")
        elif (opc == "6"):
            print("\nMétodo INDEX: Ubica el índice del objeto en la lista")
            s = input("\nLista[ Frutas(f) o Verduras(v) o Carnes(c) ]: ")
            if (s=="F") or (s=="f"):
                a = input("\nIngrese el nombre de la fruta: ")
                b= Frutas.index(a)
                print("\nEl índice de ",a,"es ",b)
            elif (s=="V") or (s=="v"):
                a = input("\nIngrese el nombre de la verdura: ")
                b= Verduras.index(a)
                print("\nEl índice de ",a,"es ",b)
            elif (s=="C") or (s=="c"):
                a = input("\nIngrese el nombre de la carne: ")
                b=Carnes.index(a)
                print("\nEl índice de ",a,"es ",b)
            else:
                print("Elección incorrecta no disponible")
        elif (opc == "7"):
            print("="*40)
            print("\nMétodo REVERSE: Muestra la lista invertida ")
            Frutas2.reverse()
            Verduras2.reverse()
            Carnes2.reverse()
            print(,"\nFrutas:",Frutas2,"\nVerduras:",Verduras2,"\nCarnes:",Carnes2)
        elif (opc == "8"):
            print("\nMétodo POP: Elimina datos por el índice ")
            s = input("\nLista(¨Frutas(f)¨ o ¨Verduras(v)¨ o ¨Carnes(c)¨): ")
            if (s=="f") or (s=="F"):
```

Ln: 131   Col: 0

tarea_grupo_6_lista.py - C:\Users\User\Desktop\AS45\tarea4\tarea4\tarea_grupo_6_lista.py (3.10.1)

File Edit Format Run Options Window Help

```
        print("-"*60)
        print("\t\t1-.<A> Append()")
        print("\t\t2.-<E> Extend()")
        print("\t\t3-.<R> Remove()")
        print("\t\t4.-<S> Sort()")
        print("\t\t5.<C> Count()")
        print("\t\t6.-<I> Index()")
        print("\t\t7.-<M> Reverse()")
        print("\t\t8.-<P> Pop()")
        print("\t\t9.-<N> Insert()")
        print("-"*60)

        opc = (input("\nIngrese una opción: "))
        if (opc == "1") or (opc == "A"):
            print ("="*40)
            print("\nMÉTODO APPEND: Agrega elementos al final de la lista")
            print ("-"*40)
```

```
print(listav)
print(listam)
print ("-"*40)
n = int(input("\nIngrese longitud: "))
s = input("\nLista("lista v" o "lista m"): ")
if (s=="lista m"):
    for i in range (1, n+1):
```

Ln: 83   Col: 0

Lista_ventas_p.py - H:/LP_2022_OCT/Lista_ventas_p.py (3.10.1)   —   □   ×

File   Edit   Format   Run   Options   Window   Help

```
        for i in range (1, n+1):
            a = input("\nIngrese el nombre de la carne: ")
            b = int(input("Ingrese índice:"))
            Carnes.insert(b,a)
        print("\nLista = ",Carnes)
    else:
        print("....Por favor indique correctamente alguna de las opciones....'

    break

else:
    print("Señor se ha equivocado, vuelva a intentarlo")
```

Ln: 176   Col: 0

Ejercicio:

Diseñar un programa que permita almacenar p notas de n alumnos de un curso x. Se debe leer el código y las p notas de cada alumno. Finalmente, elaborar un sistema de mantenimiento (insertar, modificar, buscar, eliminar, etc.).

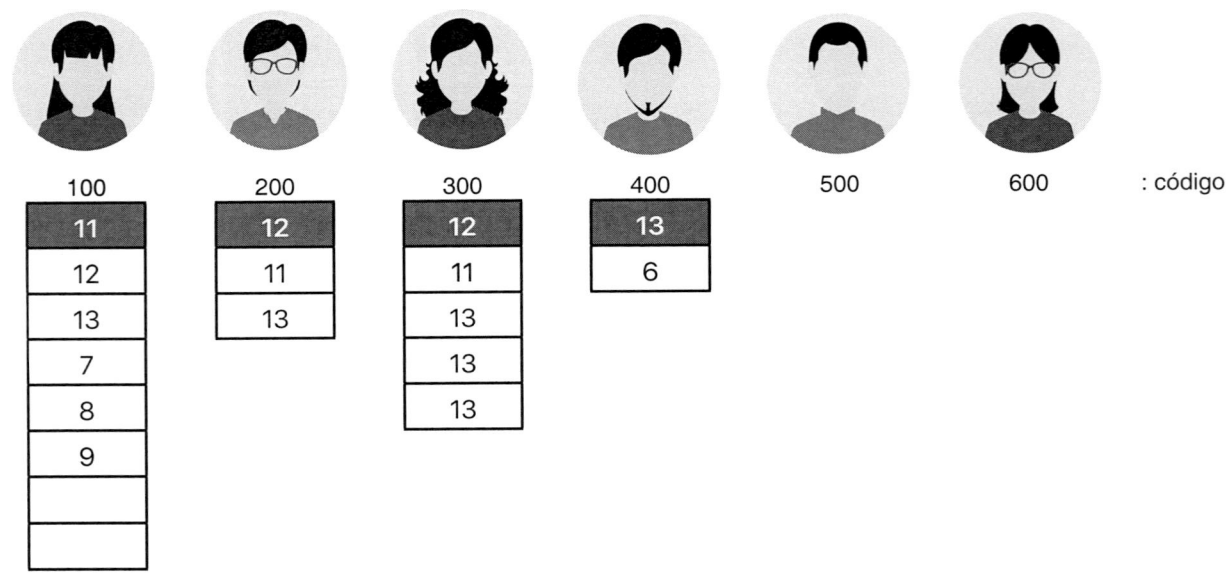

100	200	300	400	500	600	: código
11	12	12	13			
12	11	11	6			
13	13	13				
7		13				
8		13				
9						

Ejemplo:

Para una población segmentada por niveles (primaria, secundaria y universidad), se dispone de poblaciones registradas por su respectiva edad. Diseñar un programa que permita leer el nivel y, a continuación, el número total de personas por nivel y sus edades. Finalmente, realizar un ordenamiento ascendente y mostrar la segunda mayor edad según cada nivel.

Observación: Se puede responder usando listas o desarrollando las instrucciones según un algoritmo.

Solución:

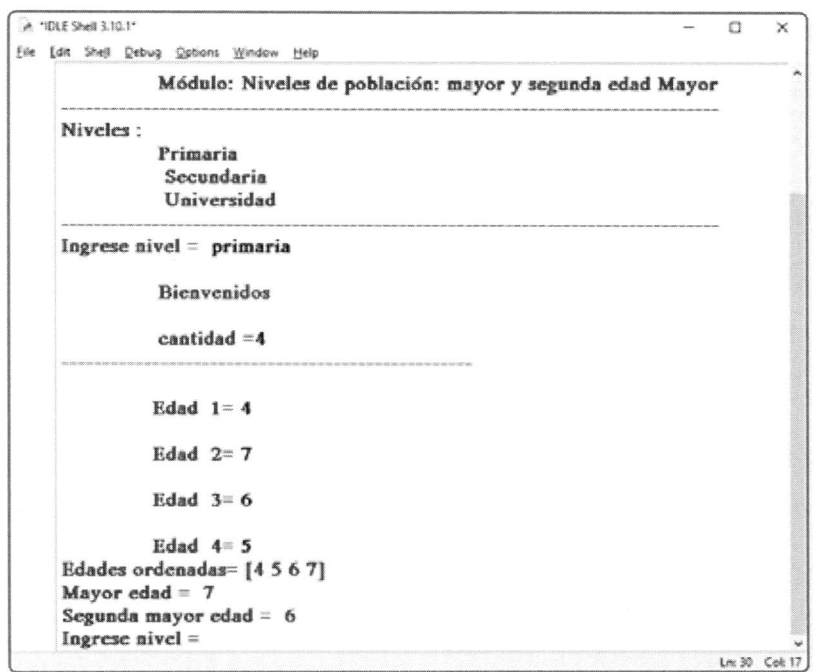

```python
import numpy as np
print("\n\t Módulo: Niveles de población: mayor y segunda edad Mayor ")
print("-"*80)
i=0
print("Niveles : \n\t Primaria \n\t  Secundaria \n\t  Universidad  " )
print("-"*80)
prim=input("Ingrese nivel =  ")
if prim=='primaria' or 'Primaria':
    print("\n\t Bienvenidos")
    while True:
        n=int(input("\n\t cantidad ="))
        print("-"*50)
        lista=[]
        for m in range(1,n+1):
            i=i+1
            edad=int(input("\n\tEdad  "+ str(i) +"= "))
            lista.append(edad)
```

```python
        while not(3<=edad<=9):
            print("Error,la edad no está en el rango..")
            edad=int(input("\tEdad  " + str(i) +"= "))
    print("Edades ordenadas=",np.sort(lista))
    lista2=np.sort(lista)
    print("Mayor edad = ",lista2[-1])
    print("Segunda mayor edad = ",lista2[-2])
    break
secu=input("Ingrese nivel =  ")
if secu=='secundaria' or 'Secundaria':
    print("\n\tBienvenido")
    while True:
```

Ln: 18   Col: 0

Se está buscando de derecha a izquierda: lista2[-2].

```python
*lista_may_men.py - H:/LP_2022_OCT/lista_may_men.py (3.10.1)*
File  Edit  Format  Run  Options  Window  Help

    while True:
        n=int(input("\n\tCantidad = "))
        print("-"*50)
        lista=[]
        for m in range(1,n+1):
            i=i+1
            edad=int(input("\n\tEdad  "+ str(i) +": "))
            lista.append(edad)
            while not(10<=edad<=15):
                print("Edad no está en el rango..")
                edad=int(input("\n\tEdad   " + str(i) +" :"))
        print("Las edades ordenadas son",np.sort(lista))
        lista2=np.sort(lista)
        print("La máxima edad es",lista2[-1])
        print("La segunda mayor edad es",lista2[-2])
        break
univ=input("Ingrese nivel =  ")
if univ=='Universidad' or 'universidad':
    print("\n\t ingresar al sistema")
    while True:
        n=int(input("\n\tCantidad = "))
        print("-"*60)
        lista=[]
        for m in range(1,n+1):
            i=i+1
            edad=int(input("\n\tEdad  "+ str(i) +": "))
            lista.append(edad)
            while not(16<=edad<=25):
                print("Error, edad fuera de..")
                edad=int(input("\n\tEdad  " + str(i) +" :"))
        print("Edades ordenadas =",np.sort(lista))
        lista2=np.sort(lista)
        print("Mayor edad = ",lista2[-1])
        print("Segunda mayor edad es = ",ista2[-2])
        break
```

## Capítulo 2

Estructura de datos: arrays

2.1. Conceptualización

Se mostrará el diseño de las diferentes estructuras de tipo de datos.

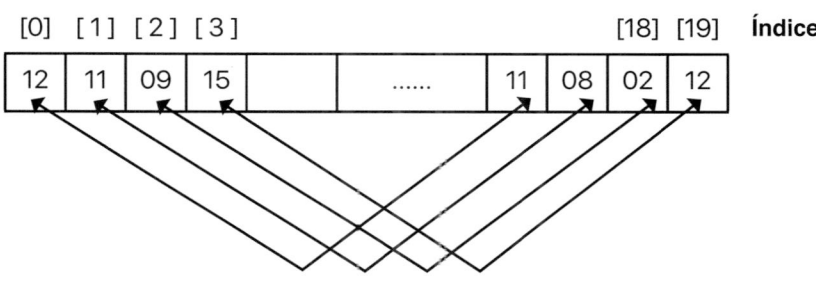

[0]	[1]	[2]	[3]			[18]	[19]	Índice
12	11	09	15		......	11	08	02	12

Elementos individuales del vector y todos del mismo tipo

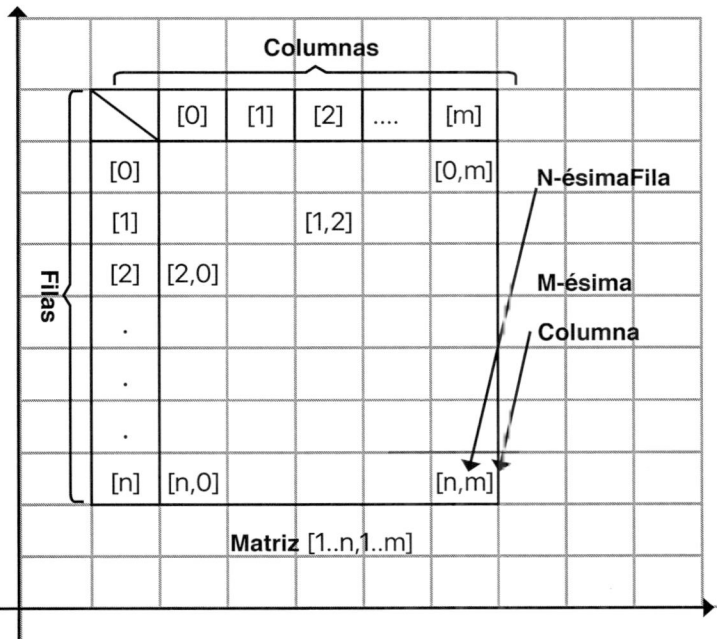

BIDIMENSIONAL

Matriz [1..n,1..m]

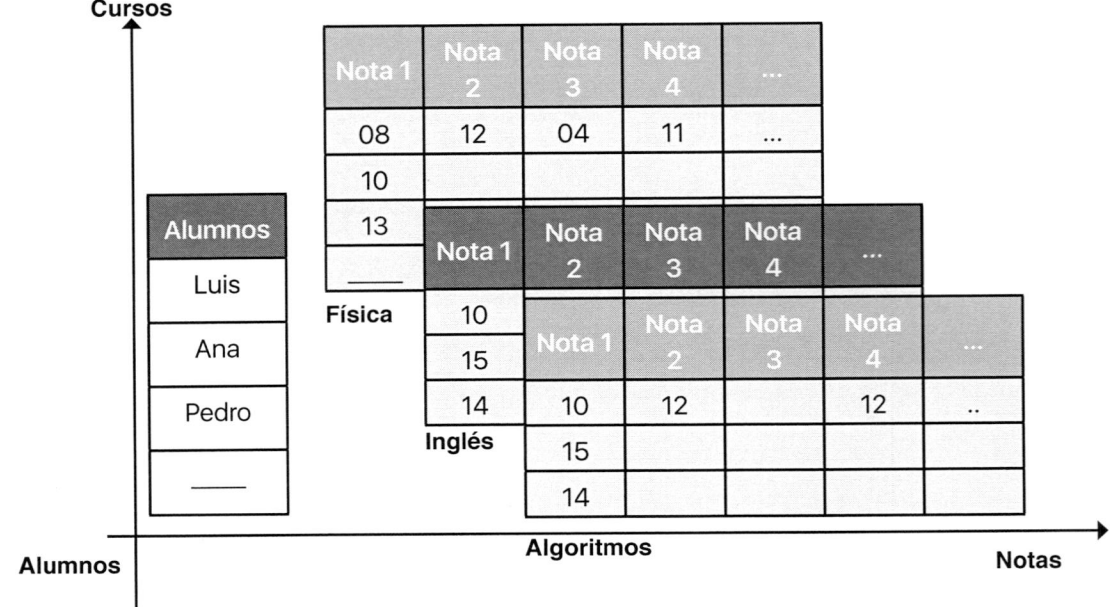

TRIDIMENSIONAL

2.2. Las estructuras de datos

Permiten clasificar, ordenar, buscar, eliminar e insertar la información de una organización. En el siguiente gráfico se ilustra este principio:

Desorden

Orden

Los procesos se pueden hacer en arreglos unidimensionales, bidimensionales o tridimensionales. Esto depende de la cantidad de variables que representen al objeto.

2.3. Inicializando vectores

El siguiente gráfico ilustra los vectores en la realidad.

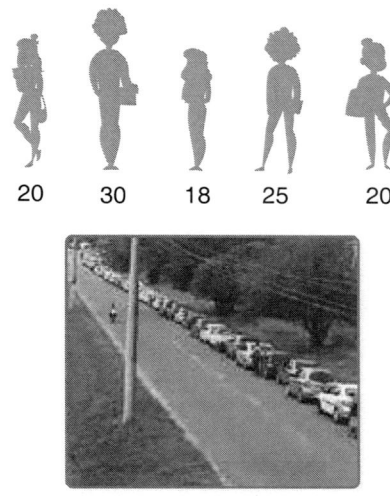

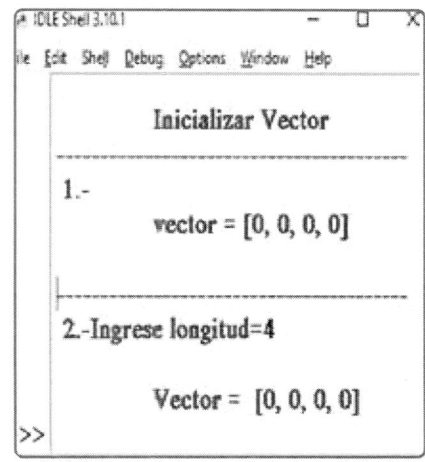

Estas figuras, que representan datos de filas de personas y de vehículos, también se pueden expresar en un vector. En general, las aplicaciones pueden ser:

a. Colas de personas, vehículos, etc. En este caso, se deben aplicar vectores.

b. En la industria se dispone de tipos de productos, los cuales se distribuyen a diferentes tiendas comerciales. En este caso, se deben aplicar matrices.

c. Los temas de inteligencia artificial, en especial de reconocimiento de objetos, se basan en la teoría de matrices.

d. Existe la teoría de convolución, la cual también usa matrices para transformar o dar tonalidad a los objetos del mundo real.

e. En la industria: tanque de combustible y planta de producción. En la educación: lista de alumnos, sus cursos y sus notas. En este caso, se deben aplicar arreglos tridimensionales.

f. Los arreglos de cuarta, quinta, etc., dimensión se pueden procesar de forma analítica, pero no se pueden contrastar con la realidad.

2.4. Arreglos unidimensionales: vector

Un vector o arreglo de una dimensión es una lista con datos del mismo tipo, usualmente numérico.

Todo vector debe tener nombre, elementos, índices y longitud.

Ejemplo:

Definir un vector cuyos elementos sean notas y, desde la interfaz shell, realizar los siguientes informes:

a. Listar la primera nota.

b. Listar el sobrando de notas.

c. Listar los dos primeros elementos.

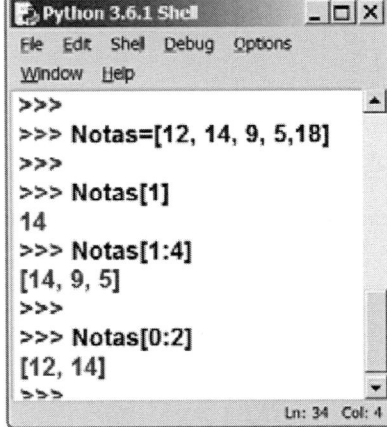

A continuación, usando el editor, diseñar un programa que realice consultas mostradas en la interfaz de shell. Asimismo, usar el bucle for para listar todas las notas, las cuales deben ser inicializadas en una lista.

Solución:

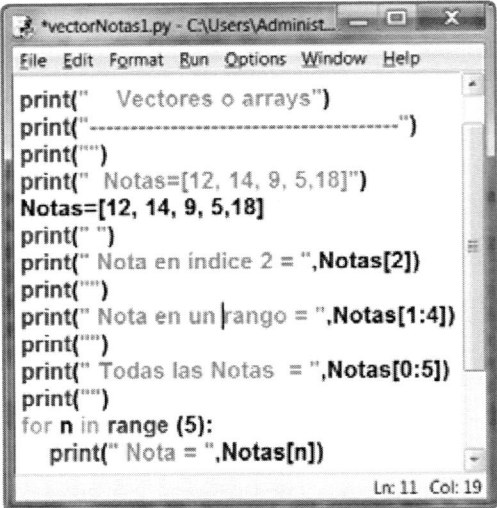

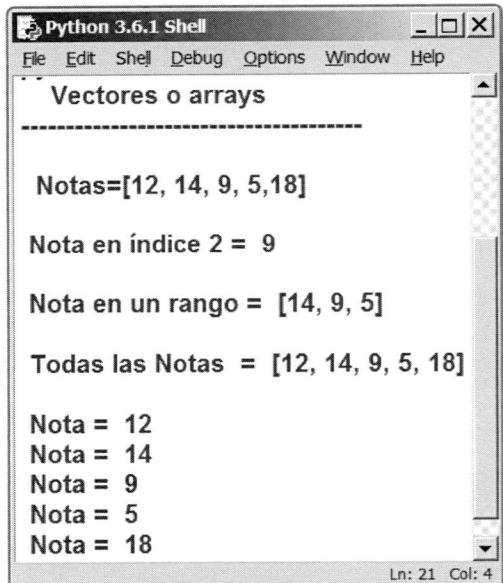

En general, se puede inicializar un vector de la siguiente manera:

V=[0]*4: se inicializa vector V.

a. Su longitud es de cinco elementos.

b. El símbolo * significa repetición.

c. Se mostrará V = [0,0,0,0,0]. Existen cinco elementos, debido a que los índices o posiciones del vector no inician en 0.

Ejemplo:

Mostrar las técnicas para inicializar un vector usando el entorno shell.

Las técnicas son:

a. **Primera técnica.-** Forma constante.

b. **Segunda técnica.-** Lectura de la longitud de un vector.

c. **Tercera técnica.-** De forma aleatoria: la longitud y los datos a introducir en el vector.

Solución:

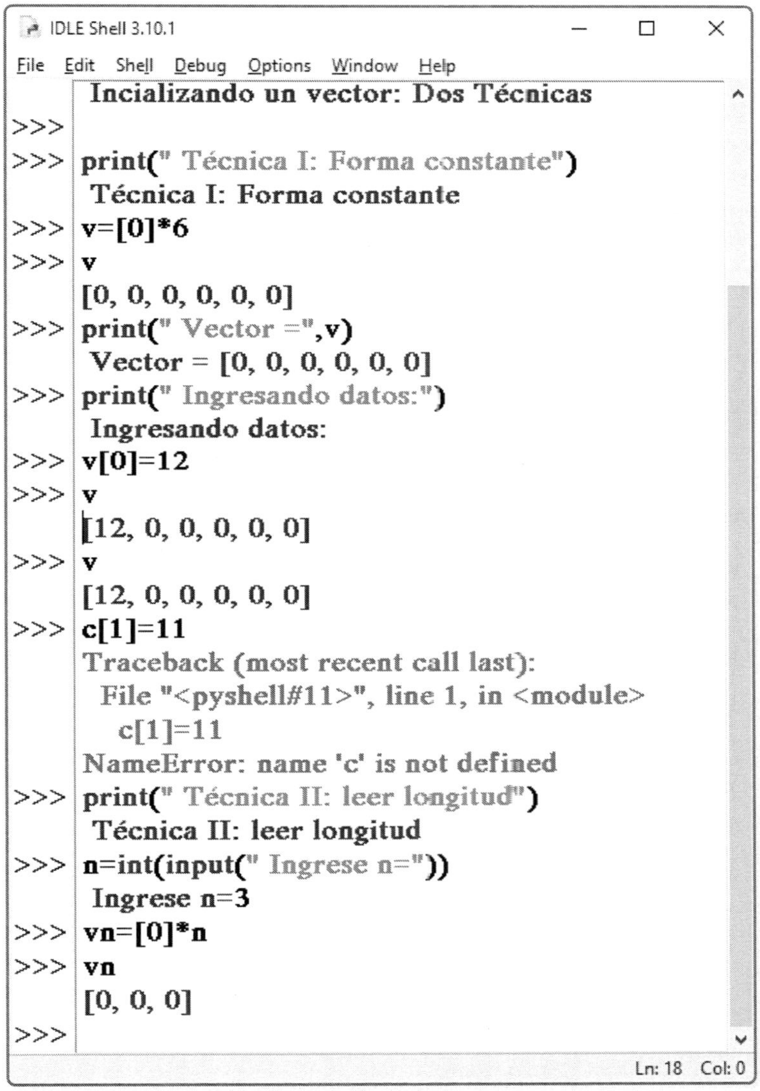

```
IDLE Shell 3.10.1                                    —    □    ×
File   Edit   Shell   Debug   Options   Window   Help
        Incializando un vector: Dos Técnicas
>>>
>>>   print(" Técnica I: Forma constante")
       Técnica I: Forma constante
>>>   v=[0]*6
>>>   v
       [0, 0, 0, 0, 0, 0]
>>>   print(" Vector =",v)
        Vector = [0, 0, 0, 0, 0, 0]
>>>   print(" Ingresando datos:")
        Ingresando datos:
>>>   v[0]=12
>>>   v
       [12, 0, 0, 0, 0, 0]
>>>   v
       [12, 0, 0, 0, 0, 0]
>>>   c[1]=11
       Traceback (most recent call last):
         File "<pyshell#11>", line 1, in <module>
           c[1]=11
       NameError: name 'c' is not defined
>>>   print(" Técnica II: leer longitud")
        Técnica II: leer longitud
>>>   n=int(input(" Ingrese n="))
        Ingrese n=3
>>>   vn=[0]*n
>>>   vn
       [0, 0, 0]
>>>
                                                  Ln: 18   Col: 0
```

Ejemplo:

Usando la tercera técnica, importar la librería, generar la longitud y, de forma aleatoria, los elementos. Guardar en el vector en la posición deseada.

Solución:

```
*IDLE Shell 3.10.1*                                    —   □   ×

File  Edit  Shell  Debug  Options  Window  Help

>>> from random import*
>>> print(" Técnica III")
    Técnica III
>>> print(" longitud de un vector forma aleatoria")
    longitud de un vector forma aleatoria
>>> n=randint(0,9)
>>> print(" La longitud es = ",n)
    La longitud es =  9
>>> print("Inicializar el vector v[]")
    Inicializar el vector v[]
>>> v=[0]*n
>>> print("vector inicializado=",v)
    vector inicializa= [0, 0, 0, 0, 0, 0, 0, 0, 0]
>>> print(" Leer notas forma aleatoria")
    Leer notas forma aleatoria
>>> pc=randint(0,9)
>>> print(" pc1 = ",pc)
    pc1 =  4
>>> print(" copiar en el vector")
    copiar en el vector
>>> v[0]=pc
>>> print(" Reporte = ",v)
    Reporte =  [4, 0, 0, 0, 0, 0, 0, 0, 0]
>>> pc1=randint(0,20)
>>> v[1]=pc1
>>> v
    [4, 3, 0, 0, 0, 0, 0, 0, 0]
>>>
>>> pc2=randint(0,20)
                                                    Ln: 11  Col: 0
```

Ejemplo:

Inicializar un vector con notas y realizar consultas para conocer lo siguiente:

a. Identificar la nota suspensa (desaprobada) en el índice 2.

b. Identificar si la nota en la posición 3 es par o impar.

c. Formar y mostrar una secuencia con las notas suspensas.

d. Realizar las consolas al nivel de shell.

Solución:

```
IDLE Shell 3.10.1                                    —   □   ×
File  Edit  Shell  Debug  Options  Window  Help
>>> v=[12,11,6,10,8]
>>> v
    [12, 11, 6, 10, 8]
>>> if v[2]<10 :
...     print(" Desaprobado")
... else:
...     print(" Desaprobado")
...
...
     Desaprobado
>>> print(" Nota = ",v[2])
     Nota =  6
>>> print(" Es par / impar")
     Es par / impar
>>>
>>> if v[3]%2==0:
...     print(" Nota es Par")
...
     Nota es Par
>>> print(" Nota v[3] =",v[3])
    Nota v[3] = 10
>>> print(" formar secuencia con las notas desaprobadas ")
     formar secuencia con las notas desaprobadas
>>> sec=0
>>> sec=sec+v[2]*10+v[4]
>>> sec
    68
>>> print("secuencia formada es = ",sec)
    secuencia formada es =  68
                                              Ln: 25  Col: 0
```

Ejemplo:

Inicializar un vector de longitud 6 e iniciar con el uso de métodos usados en Listas. Asimismo, mostrar el método append para insertar, el método sort para ordenar de forma ascendente y el método reverse() para invertir los elementos del vector. También se pueden usar los métodos insert(), pop(), del(), remove().

Solución:

```
IDLE Shell 3.10.1                                    —    □    ×
File  Edit  Shell  Debug  Options  Window  Help
>>>
>>> v=[0]*5
>>> print("Vector inicializado = ", v)
    Vector inicializado =  [0, 0, 0, 0, 0]
>>>
>>> v.append(11)
>>> v
    [0, 0, 0, 0, 0, 11]
>>> v.append(4)
>>> v
    [0, 0, 0, 0, 0, 11, 4]
>>>
>>> v.append(14)
>>> v
    [0, 0, 0, 0, 0, 11, 4, 14]
>>> print(" Ordenando ")
     Ordenando
>>> v.sort()
>>> v
    [0, 0, 0, 0, 0, 4, 11, 14]
>>> print(" vector ordenado en forma ascendente")
     vector ordenado en forma ascendente
>>> v.reverse()
>>> v
    [14, 11, 4, 0, 0, 0, 0, 0]
>>> [14, 11, 4, 0, 0, 0, 0, 0]
    [14, 11, 4, 0, 0, 0, 0, 0]
>>> print(" vector ordenado en forma Descendente")
     vector ordenado en forma Descendente
    [14, 11, 4, 0, 0, 0, 0, 0]
>>> print(" vector ordenado en forma Descendente")
     vector ordenado en forma Descendente
>>> v.pop(0)
    14
>>> v
    [11, 4, 0, 0, 0, 0, 0]
>>> v.remove(11)
>>> v
    [4, 0, 0, 0, 0, 0]
                                                    Ln: 10  Col: 0
```

Después, se utilizará el editor y se creará un programa fuente donde se puedan hacer las correcciones y los cambios factibles.

Ejemplo:

Mostrar los procesos de lectura y escritura y el informe de los elementos de un vector.

Solución:

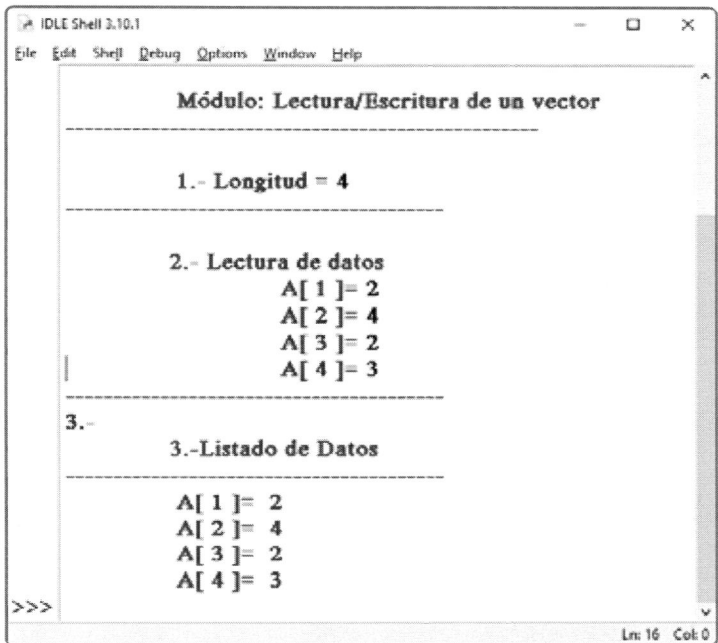

```python
print(" \n\t Módulo: Lectura/Escritura de un vector")
print("-" *50)
n=int(input("\n\t 1.- Longitud = "))
print("-" *40)
A=[0]*n
print("\n\t2.- Lectura de datos ")
i=0
for k in range (0,n):
    i=i+1
    print("\t\t A[",i,"]= ",end="")
    A[k]=int(input())
print("-" *40)

print("3.-\n\t3.-Listado de Datos ")
print("-" *40)
j=0
for i in range(0,n):
    print("\t A[",j+1,"]= ", A[j])
    j=j+1
```

Ejemplo:

Diseñar un programa que permita leer la longitud n > 0 de un vector y, después, almacenar n notas de alumnos. Después de la lectura del total de notas, se debe crear el vector y mostrar la suma de las notas. Finalmente, calcular y mostrar el promedio de las notas aprobadas.

Solución:

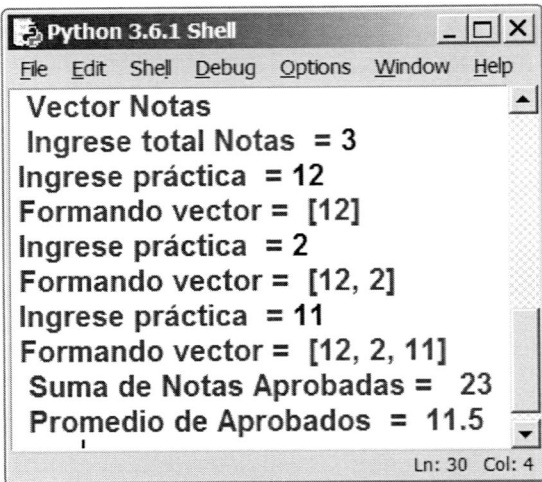

```python
print(" Vector Notas  ")
vect=[ ]
n= int(input(" Ingrese total Notas  = "))
for i in range(n):
    pc=int(input("Ingrese práctica  = "))
    vect=vect+[pc]
    print("Formando vector = ",vect)
sumap=0
k=0
for d in vect:
    if d>=10:
        k=k+1
        sumap=sumap+d
print(' Suma de Notas Aprobadas =  ',sumap)
print(" Promedio de Aprobados  = ",sumap/k)
```

```
Vector Notas
 Ingrese total Notas  = 3
Ingrese práctica  = 12
Formando vector =  [12]
Ingrese práctica  = 2
Formando vector =  [12, 2]
Ingrese práctica  = 11
Formando vector =  [12, 2, 11]
 Suma de Notas Aprobadas =   23
 Promedio de Aprobados  =  11.5
```

Ejemplo:

Se dispone de tres vectores con datos de tipo enteros e inicializados. Diseñar un programa que permita sumar tres vectores y mostrar el resultado.

Usar el método append para agregar elementos dentro de una lista.

Solución:

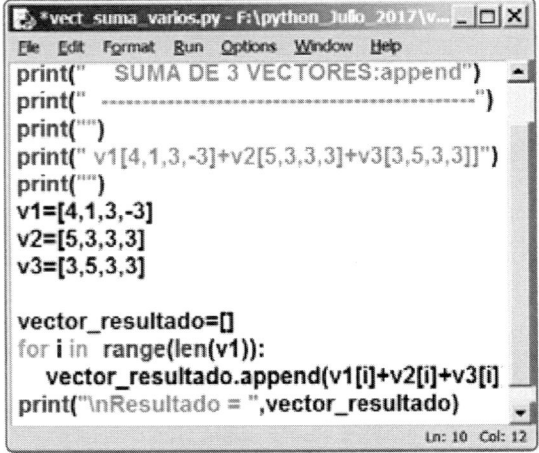

```python
print("    SUMA DE 3 VECTORES:append")
print(" ------------------------------------")
print("")
print(" v1[4,1,3,-3]+v2[5,3,3,3]+v3[3,5,3,3]]")
print("")
v1=[4,1,3,-3]
v2=[5,3,3,3]
v3=[3,5,3,3]

vector_resultado=[]
for i in range(len(v1)):
    vector_resultado.append(v1[i]+v2[i]+v3[i]
print("\nResultado = ",vector_resultado)
```

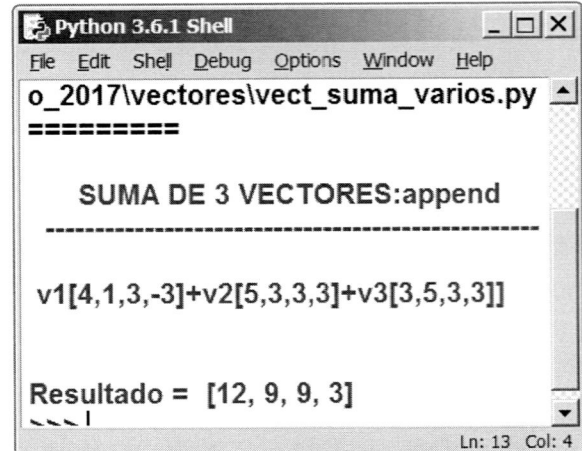

```
o_2017\vectores\vect_suma_varios.py
=========

    SUMA DE 3 VECTORES:append
-------------------------------------------------

v1[4,1,3,-3]+v2[5,3,3,3]+v3[3,5,3,3]]


Resultado =  [12, 9, 9, 3]
```

Ejemplo:

Diseñar un programa que permita usar una estructura repetitiva y la función zip (args) para sumar tres vectores. La función zip sirve para reorganizar listas en Python y admite un conjunto de listas como parámetros. Asimismo, toma el elemento i-ésimo de cada lista y los une en una tupla. Después, une todas las tuplas en una lista.

Solución:

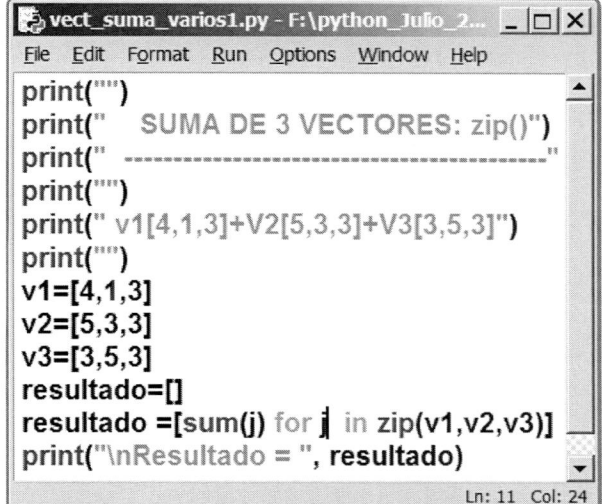
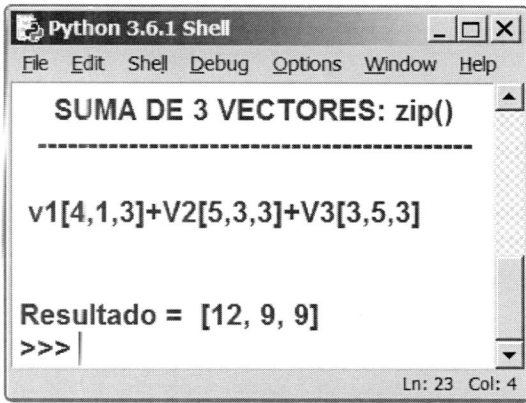

Ejemplo:

Diseñar un programa que sume los dos vectores inicializados y multiplique el resultado por cuatro.

Solución:

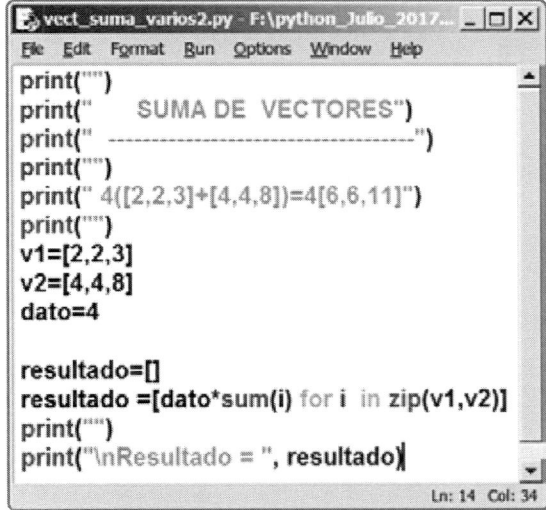

Ejemplo:

Diseñar un programa para comprobar si los dos vectores inicializados tienen elementos iguales o no.

Solución:

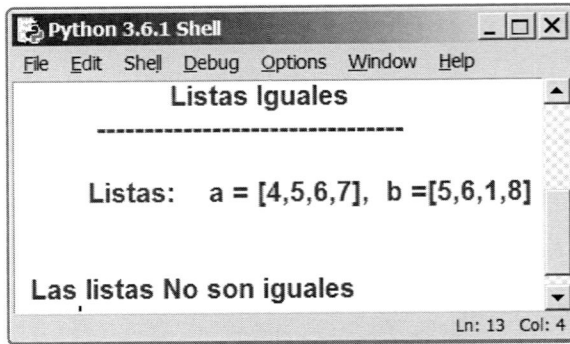

```
print ("              Listas Iguales " )
print("           --------------------------------")
print("")
print("        Listas:    a = [4,5,6,7],  b =[5,6,1,8]")
print ( " ")
a = [4,5,6,7]
b =[5,6,1,8]
if a==b:
    print("\n son iguales")
else:
    print("\n Las listas No son iguales")
```

Ejemplo:

Diseñar un programa para leer elementos en un vector y, después, hacer un informe.

Observación:

Aplicar operador de repetición. Lista=[0]*3, el asterisco (*) indica repetición.

Solución:

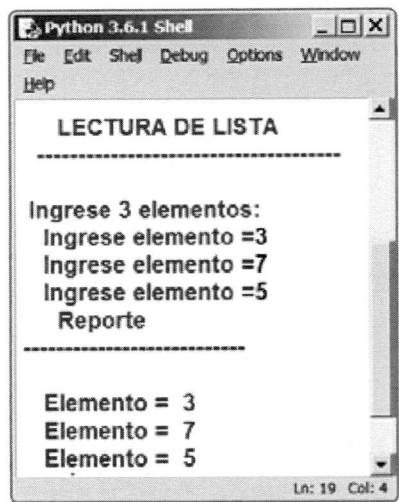

```
print("")
print("    LECTURA DE LISTA")
print("  -----------------------------------")
print("")

print( " Ingrese 3 elementos: ")
Lista=[0]*3

for i in range(3):
    Lista[i]=int(input("  Ingrese elemento ="))
print("    Reporte ")
print("-----------------------------")
print("")
for j in Lista:
    print("  Elemento = ",j )
```

Ejemplo:

Teniendo un vector inicializado, diseñar un programa que permita mostrar el mayor elemento y la posición que ocupa.

Solución:

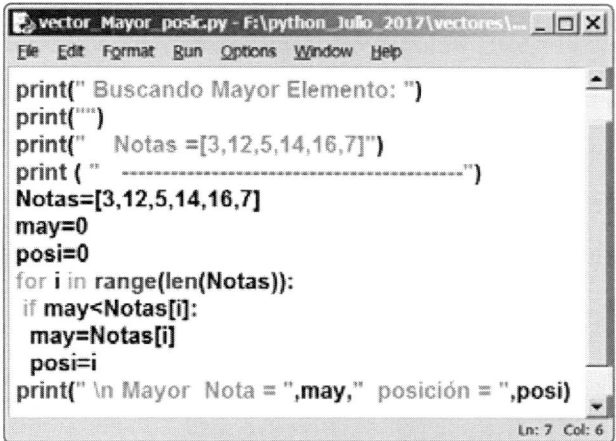

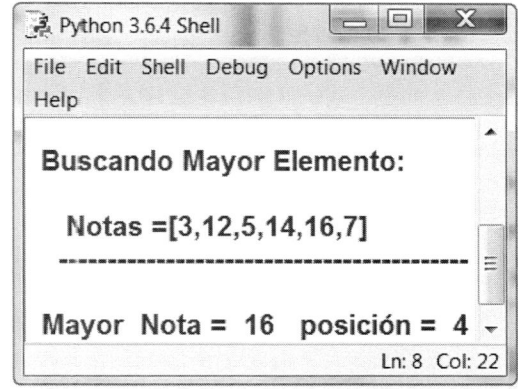

Ejemplo:

Diseñar un programa que permita mostrar un conjunto de opciones, donde cada opción realiza una tarea específica:

a. Reporte.- Listar elementos del vector.

b. Modificar.- Modificar elementos según el índice elegido en el vector.

c. Segmento.- Crear una sublista con salto.

d. Recorrido.- Listar elementos.

e. Finalizar.- Salir del sistema.

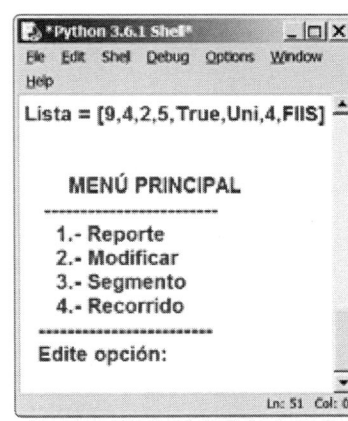

Solución:

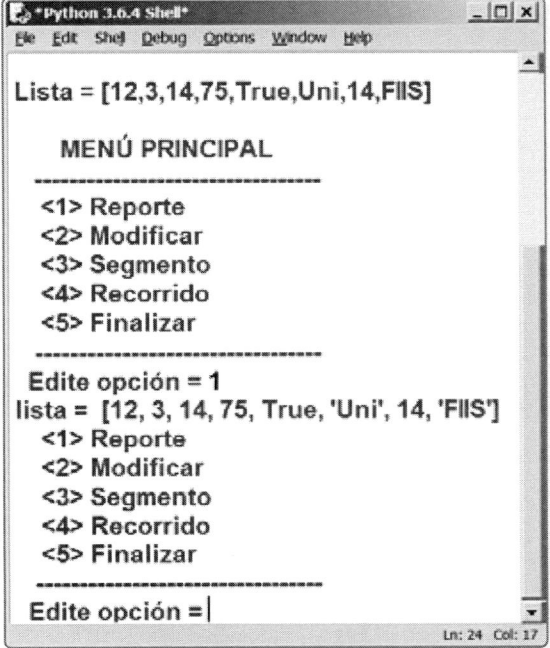

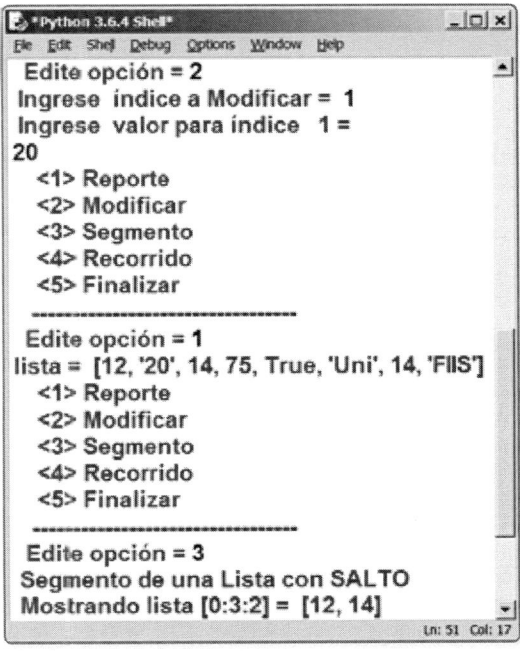

```
vector_menu.py - C:\Users\Administrador\Desktop\Nueva carpeta\LPE_M...    _ □ x
File  Edit  Format  Run  Options  Window  Help

print(" ")
print("Lista = [12,3,14,75,True,Uni,14,FIIS] ")
print(" ")
print ("     MENÚ PRINCIPAL ")
print ("     ------------------------------")

lista=[12,3,14,75,True,"Uni",14,"FIIS"]

while(True):
  print("   <1> Reporte ")
  print("   <2> Modificar ")
  print("   <3> Segmento ")
  print("   <4> Recorrido")
  print("   <5> Finalizar")
  print ("   ------------------------------")
  opcion=int(input("  Edite opción = "))
  if (opcion==1):
    print("lista = ",lista)
  if (opcion==2):
    indice=int(input(" Ingrese  índice a Modificar =  ")
    if(indice<=7):
      print("Ingrese valor para índice "+str(indice)+"="
      lista[indice]=input()
    else:
      print (" Índice No es válido")
  if(opcion==3):
    print(" Segmento de una Lista con SALTO")
    print(" Mostrando lista [0:3:2] = ",lista[0:3:2])

  if(opcion==4):
    print("Recorrer posiciones de la lista ")
    print("")
    print("Mostrando lista[0:3] = ",lista[0:3])
  if(opcion==5):
    print(" Hasta luego....")
    exit()

                                                  Ln: 35  Col: 33
```

Ejemplo:

Disponiendo de un vector inicializado, diseñar un programa que permita ordenar un vector y mostrar el mayor y menor elemento.

Solución:

```python
print("")
print("    Notas =[3,12,5,14,16,7]")
print ( " ----------------------------")
Notas=[3,12,5,14,16,7 ]
j=1
for i in range(len(Notas)):
    for j in range(len(Notas)):
        if Notas[i]>Notas[j]:
            may=Notas[i]
            Notas[i]=Notas[j]
            Notas[j]=may
print(" \n Lista ordenada =  = ",Notas)
print(" ")
print("\n La mayor nota es = ",Notas[0])
print("\n La menor  nota es = ",Notas[5])
```

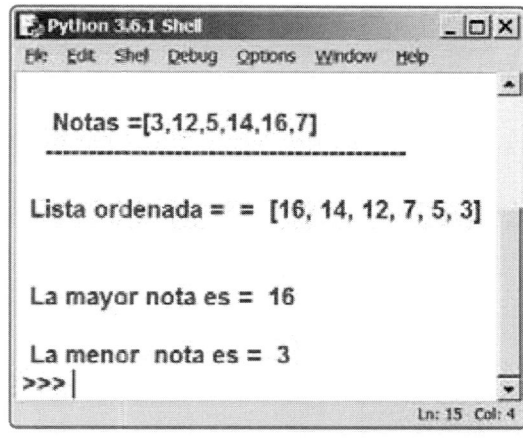

```
    Notas =[3,12,5,14,16,7]
    ----------------------------

Lista ordenada =  =  [16, 14, 12, 7, 5, 3]


La mayor nota es =  16

La menor  nota es =  3
>>>
```

Ejemplo:

Diseñar un programa para inicializar dos vectores con datos enteros y, después, encontrar un tercer vector cuyos elementos sean datos de las listas inicializadas (unión de listas/vectores).

Solución:

```python
print("")
print ("          UNIR LISTAS  " )
print("       ----------------------------")

print("")
print(" Listas:    a = [4,5,6,7],  b =[15,16,17,18]")
print ( " ----------------------------")
a = [4,5,6,7]
b =[15,16,17,18]
c=a + b
print("\n Unión de 2 Listas = ", c)
```

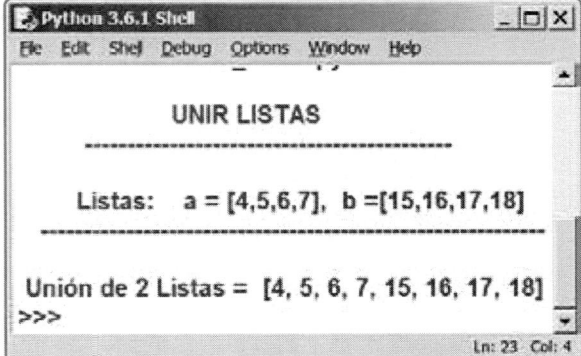

```
          UNIR LISTAS
       ----------------------------

    Listas:    a = [4,5,6,7],  b =[15,16,17,18]
----------------------------

Unión de 2 Listas =  [4, 5, 6, 7, 15, 16, 17, 18]
>>>
```

Ejemplo:

Diseñar un programa que permita inicializar un vector y, después, hacer informes de sus elementos usando la notación de los subrangos.

Solución:

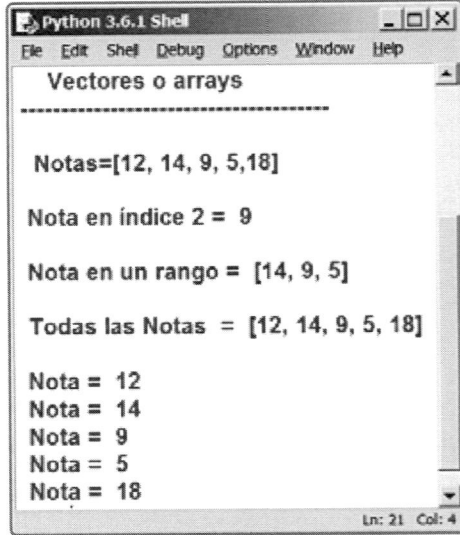

```python
print("    Vectores o arrays")
print("-------------------------------------")
print("")
print(" Notas=[12, 14, 9, 5,18]")
Notas=[12, 14, 9, 5,18]
print(" ")
print(" Nota en índice 2 = ",Notas[2])
print("")
print(" Nota en un rango = ",Notas[1:4]
print("")
print(" Todas las Notas  = ",Notas[0:5])
print("")
for n in range (5):
    print(" Nota = ",Notas[n])
```

```
Vectores o arrays
----------------------------------------

 Notas=[12, 14, 9, 5,18]

Nota en índice 2 =  9

Nota en un rango =  [14, 9, 5]

Todas las Notas  = [12, 14, 9, 5, 18]

Nota =  12
Nota =  14
Nota =  9
Nota =  5
Nota =  18
```

Ejemplo:

Diseñar un programa que permita almacenar n edades de un dígito en un vector. Después, mostrar las edades pares, su secuencia y posición, y las edades impares.

Solución:

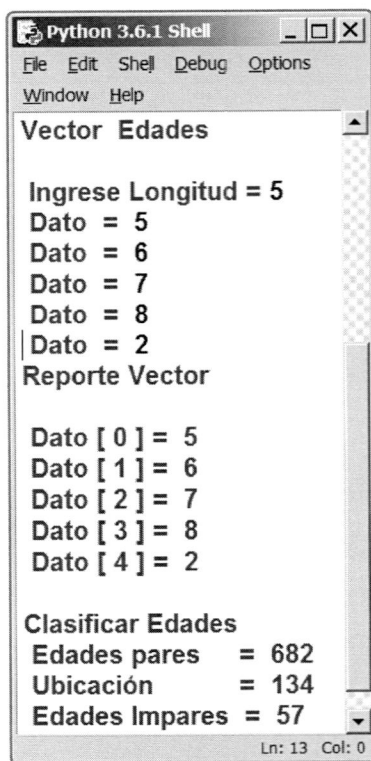

```python
n=int(input(" Ingrese Longitud = "))
lista=[0]*n
for i in range(n):
    lista[i]=int(input(" Dato  = "))
print("Reporte Vector \n")
for j in range(n):
    print(" Dato [",j,"] = " ,lista[j])
print(" \nClasificar Edades  ")
sedp=0
sedi=0
posp=0
for j in range(n):
    if(lista[j]%2==0):
        edp=int(lista[j])
        sedp=sedp*10+edp
        posp=posp*10+j
    else:
        edi=int(lista[j])
        sedi=sedi*10+edi
print(" Edades pares    = ",sedp)
print(" Ubicación       = ",posp)
print(" Edades Impares  = ",sedi)
```

```
Vector  Edades

Ingrese Longitud = 5
Dato  = 5
Dato  = 6
Dato  = 7
Dato  = 8
Dato  = 2
Reporte Vector

Dato [ 0 ] = 5
Dato [ 1 ] = 6
Dato [ 2 ] = 7
Dato [ 3 ] = 8
Dato [ 4 ] = 2

Clasificar Edades
Edades pares    = 682
Ubicación       = 134
Edades Impares  = 57
```

Ejemplo:

Diseñar un programa compuesto por las siguientes funciones:

a. **Lectura()**.- Permite leer el total de notas.

b. **listaAleatorios(n,lista)**.- Permite "cargar" de forma aleatoria n notas en el vector.

c. **Todoreportes()**.- Permite listar las edades del vector.

d. **Vectores18an()**.- Permite listar las edades mayores a 18 años.

Solución:

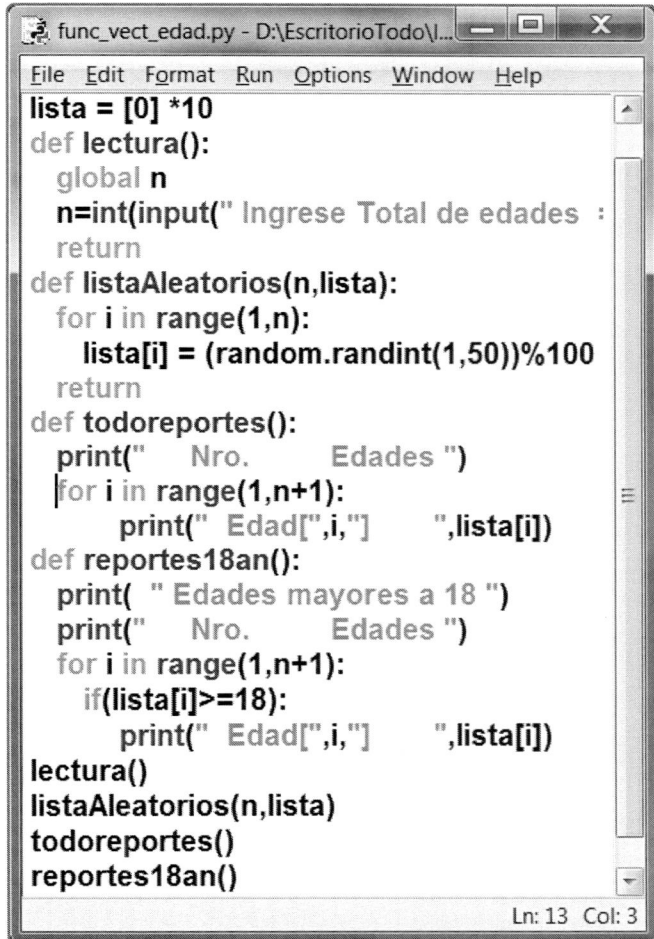

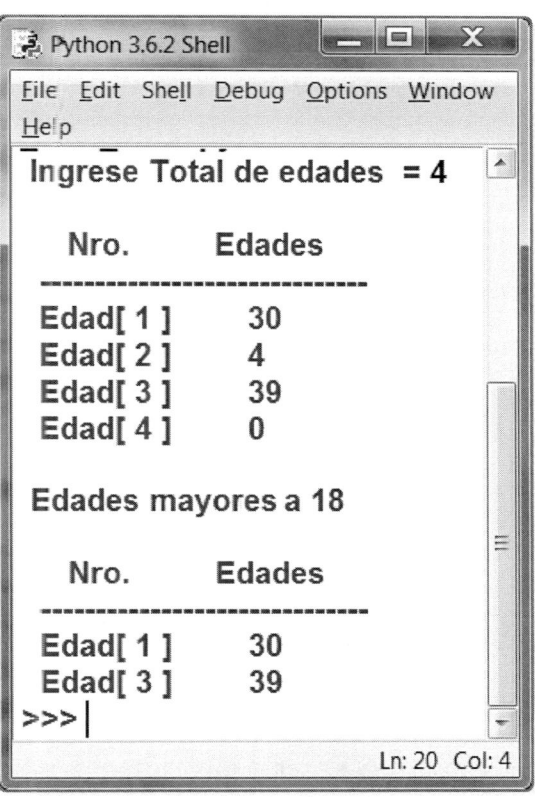

Observación:

El módulo que se diseñe debe ser interactivo con el usuario a fin de que se puedan observar los diferentes valores que se cargan de forma aleatoria. Para este módulo se debe usar la estructura repetitiva y hacer como máximo cinco consultas.

Ejemplo:

Diseñar un programa que permita inicializar un vector de longitud 4, después asignar el primer elemento en el índice 1 y, finalmente, insertar los elementos en los índices restantes hasta completar el vector.

Solución:

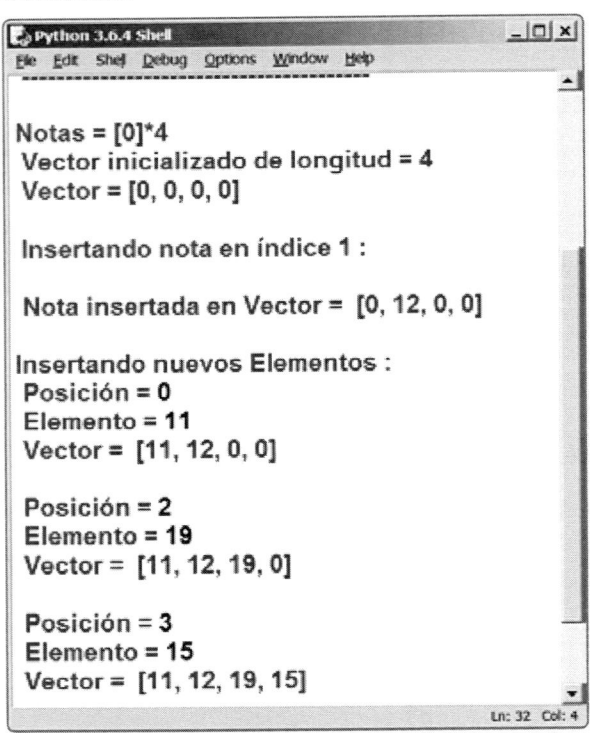

```
Python 3.6.4 Shell
File  Edit  Shell  Debug  Options  Window  Help

Notas = [0]*4
 Vector inicializado de longitud = 4
 Vector = [0, 0, 0, 0]

 Insertando nota en índice 1 :

 Nota insertada en Vector =  [0, 12, 0, 0]

Insertando nuevos Elementos :
 Posición = 0
 Elemento = 11
 Vector =  [11, 12, 0, 0]

 Posición = 2
 Elemento = 19
 Vector =  [11, 12, 19, 0]

 Posición = 3
 Elemento = 15
 Vector =  [11, 12, 19, 15]
                                        Ln: 32  Col: 4
```

```
*vector_insertar_OK.py - F:/libro_python10Julio/vec...
File  Edit  Format  Run  Options  Window  Help

print("Notas = [0]*4")
Notas=[0]*4
print(" Vector inicializado  longitud=4 ")
print(" Vector =",Notas)
print(" Insertando nota en indice 1 :")
Notas[1]=12
print("Nota insertada en Vector=",Notas)
print("Insertando nuevos Elementos : ")
n=0
while True:
    n=n+1
    if n<4:
        pos=int(input(" Posición = "))
        nta=int(input(" Elemento = "))
        Notas[pos]=nta
        print(" Vector = ",Notas)
    else:
        print("Ud.Ha completado el vector ")
        exit()
                                        Ln: 17  Col: 0
```

Ejemplo:

Diseñar un programa que permita almacenar notas en un vector de longitud n (n>3) y, después, mostrar lo siguiente:

a. Número de veces que se repite la nota = 1.

b. Número de veces que se repite la nota = 7.

c. Número de veces que se repite la nota = 11.

d. Listado de notas que no son = 1, 7 u 11.

Solución:

En la siguiente interfaz, se ilustra la entrada de notas en el rango [0..20] y después se muestra la clasificación respectiva.

```
Python 3.6.4 Shell
File  Edit  Shell  Debug  Options  Window  Help

Ingrese total de notas = 9
Nota = 1
Nota = 11
Nota = 2
Nota = 2
Nota = 1
Nota = 5
Nota = 6
Nota = 7
Nota = 7
Resultados de la clasificación
------------------------------------------------
 Nota 1, se repite   2   vece(s)
 Nota 7, se repite   2   vece(s)
 Nota 11, se repite  1   vece(s)

 Listado de Notas que no son: 1, 7 u 11
------------------------------------------------
 Nota[ 0 ] = 2
 Nota[ 1 ] = 2
 Nota[ 2 ] = 5
 Nota[ 3 ] = 6
                                        Ln: 30  Col: 4
```

```
*vect_clasifica_Notas.py - C:\Users\Administrator\Desktop\Nueva carpeta\ALG...  _|□|x|
File  Edit  Format  Run  Options  Window  Help
print("  SISTEMA ACADÉMICO: CLASIFICAR NOTAS ")
print("---------------------------------------------------")
print("")
n=int(input(" Ingrese Longitud del vector = "))
Notas=[0]*n;
OtrasN=[0]*n;
uno=0;siete=0;once=0; u=0;s=0;o=0;k=0
for i in range(n):
    Notas[i]=int(input(" Nota = "))
    if Notas[i]==1:
        uno=uno+1
        u=u+1
    else:
        if Notas[i]==7:
            siete=siete+1
            s=s+1
        else:
            if Notas[i]==11:
                once=once+1
                o=o+1
            else:
                OtrasN[k]=Notas[i]
                k=k+1
print(" Resultados de la clasificación ")
print("---------------------------------------------------")
print(" Nota 1, se repite   ", uno,   " vece(s) ")
print(" Nota 7, se repite   ", siete ," vece(s) ")
print(" Nota 11, se repite ", once,   " vece(s) ")
print("")
print(" Listado de Notas que no son: 1, 7 u 11 ")
print("---------------------------------------------------")
for i in range(k):
    print(" Nota[",i,"] = ",OtrasN[i]);
                                                    Ln: 27  Col: 50
```

Ejemplo:

Diseñar un programa que permita leer n códigos formados por tres dígitos y almacenarlos en un vector. Los códigos deben ser diferentes (únicos), es decir que, si se repiten, se debe enviar el mensaje "código existe en posición k", siendo k la posición desde donde se inicia la repetición.

Solución:

```
Python 3.6.4 Shell                            _|□|x|
File  Edit  Shell  Debug  Options  Window  Help
    MÓDULO: Valida Código ÚNICO

Ingrese longitud de vector= 3
Ingrese código = 100
Código válido, continuar......

código [ 1 ] = 100

Ingrese código = 100
Código válido, continuar......
```

```
código [ 2 ] = 100

Código Ya Existe en Índice = 1
Ingrese código = 100
Código válido, continuar......

código [ 3 ] = 100

Código Ya Existe en Índice = 1
Código Ya Existe en Índice = 2
                                        Ln: 51  Col: 4
```

Observación:

El mensaje de **"código válido, continuar"** se refiere a la cantidad de dígitos; es decir, los códigos solo son válidos si tienen tres cifras. Sin embargo, cuando se repiten no son válidos y, en ese caso, se deben volver a leer.

```
print("  MÓDULO: Valida Código ÚNICO  "      )
while True:
        n=int(input(" Ingrese longitud de vector= "))
        if(n<0):
           print(" Error en longitud, volver a ingresar ")
        if(n>0):
           break
codigo=[0]*n
pos=0;
k=0
for i  in range(0,n):
    while True:
       b1=False
       codigo[i]=int(input(" Ingrese código = "))
       if(codigo[i]<99 or  codigo[i]>999 ):
          print(" Código  ",codigo[i], " , no es válido , volver a ingresar: ")
          break
       if(codigo[i]>99 and   codigo[i]<999 or b1==True):
          print(" Código válido, continuar......")
          print("")
          print(" código [",i+1,"] = ",codigo[i])
          print("")
          break
       if(i>=1):
          print(" Comparar  códigos : ")
    for j in range(i):
       if(codigo[i]==codigo[j]):
          b1=True
          pos=j
       print("Código Ya Existe en Índice = ",pos+1)
       pos=0
```

A continuación, se presenta la siguiente versión del módulo de validación, en el cual se registran todos los códigos repetidos y se almacenan en una lista.

```
print(" MÓDULO : Validación  Código ÚNICO")
resp = 'S'
while(resp == 'S'):
   n = int(input("Ingrese longitud   = "))
   cod = [0] * n
   i = 0
   while(i < n):
      cod[i] = int(input("  Código = "))
```

```
        b = True
        while(b == True):
          if(cod[i] > 999 or cod[i] < 100):
              print("Código no válido...")
              cod[i] = int(input(" Código = "))
          else:
              print("  Código Válido, continuar...")
              print("  Código[", i + 1, "] = ", cod[i])
              b = False
      if(i > 0):
          for r in range(i):
              if(cod[r] == cod[i]):
                  print(" Código  Existe en Índice = ", r + 1)
      i = i + 1
      #Códigos leídos, imprimiendo
    print(" Códigos Repetidos = ",cod)
    print("  Proceso terminado..")
    resp = input(" Desea continuar...? (S/N)==>")
```

Ln: 25   Col: 0

Ejemplo:

Diseñar un programa que permita leer el total de las notas, las cuales deberán ser generadas de forma aleatoria y serán almacenadas en un vector de longitud n. A continuación, realizar lo siguiente:

a. Listado de notas.

b. Suma de notas de forma recursiva y su promedio.

c. Listado de notas aprobadas, su estado 'A' y el total.

d. Listado de notas desaprobadas, su estado 'D' y el total.

Solución:

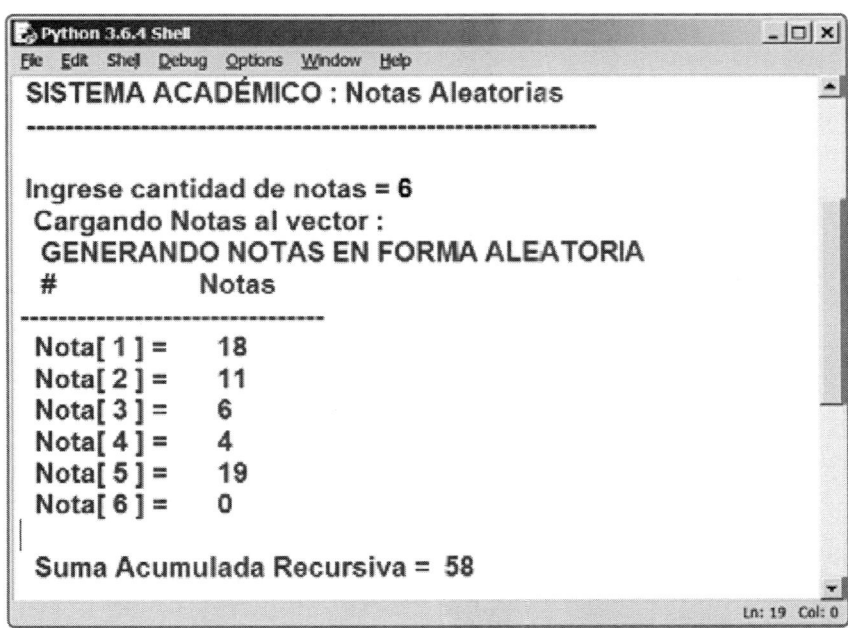

```
Python 3.6.4 Shell                                           _ | □ | X
File  Edit  Shell  Debug  Options  Window  Help

 Promedio de notas = 9.666666666666666
  Notas      Aprobados     Estado
 --------------------------------------
  Nota[ 1 ]     18            A
  Nota[ 2 ]     11            A
  Nota[ 3 ]     19            A
   Total Aprobados  = 3

  Notas      Desaprobadas    Estado
 --------------------------------------
  Nota[ 1 ]      6            D
  Nota[ 2 ]      4            D
  Nota[ 3 ]      0            D
   Total Desaprobados = 3
 >>>
                                           Ln: 31  Col: 55
```

```python
*Vector_func_notas_Aleatorio.py - C:\Users\Administrador\Desktop\Nueva carpeta\ALGORITMO... _ | □ | X
File  Edit  Format  Run  Options  Window  Help

import random
a=[0]*10
b = [0]*100;Aprob= [0]*100 ;Desap=[0]*100;CAp=[0]*100;CDe=[0]*100
def leern():
 global n
 n=int(input(" Ingrese cantidad de notas = "))
 return
def  lectura(n, b):
 print("  Cargando Notas al vector : " )
 for i in range(1,n):
   b[i]=(random.randint(1, 100 ))%21
 return
def reportesN( n, b):
 print( "  GENERANDO NOTAS EN FORMA ALEATORIA ")
 print( "  #           Notas ")
 for i in range(1,n+1):
    print("  Nota[",i,"] =     ",b[i])
def Aproba_desap(n,b):
 k=0;  d=0
 for i in range(1,n+1):
   if b[i]>10:
     k=k+1
     Aprob[k]=b[i]
     CAp[k]='A'
   else:
     d=d+1
     Desap[d]=b[i];
     CDe[d]='D';
 print(" Notas      Aprobados     Estado ")
 print("--------------------------------------")
 for i in range(1,k+1):
   print("  Nota[",i,"]      ",Aprob[i], "            ", CAp[i] )
 print("  Total Aprobados =",k)
 print(" Notas      Desaprobadas     Estado ")
 print("--------------------------------------")
 for j in  range(1,d+1):
   print("  Nota[",j,"]        ",Desap[j], "           ", CDe[j])
```

```
    print("   Total Desaprobados = ",d)
def sumar_Recur(n, b):
  global suma
  if(n==1):
    suma=b[1]
    return(suma)
  else:
    suma=(b[n]+sumar_Recur((n-1),b)):
  return(suma)
def reportessuma():
  print(" Suma Acumulada Recursiva = ",sumar_Recur(n,a))
  return
print(" SISTEMA ACADÉMICO : Notas Aleatorias")
print(" -----------------------------------------------------")
global m
leern();lectura(n,a);reportesN(n,a);reportessuma();
print(" Promedio de notas = ",suma/n);Aproba_desap(n, a)
                                              Ln: 53  Col: 49
```

Ejemplo:

Diseñar un programa que permita leer el total de las notas y, después, hacer un informe. A continuación, se debe iniciar el proceso de inserción, para lo cual el programa solicita que se introduzca una nueva nota. Finalmente, se debe elaborar un informe para ver la actualización.

Solución:

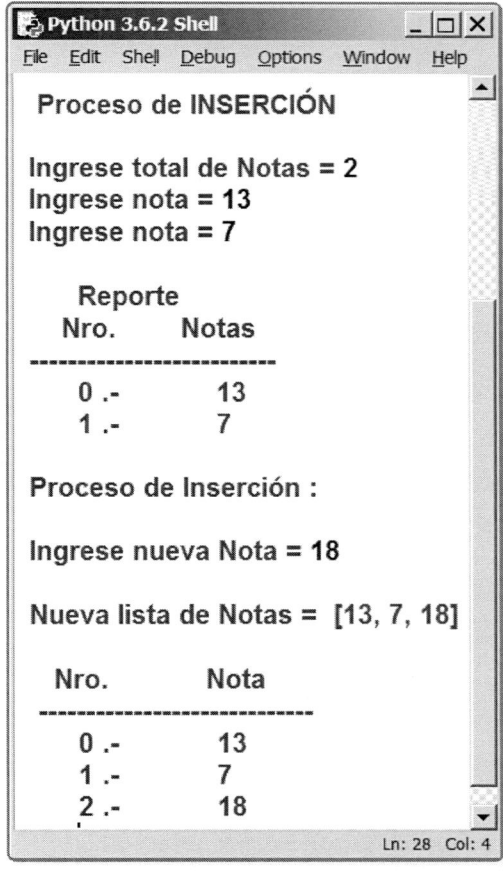

```
 Python 3.6.2 Shell                      _ □ ✕
File  Edit  Shell  Debug  Options  Window  Help

   Proceso de INSERCIÓN

Ingrese total de Notas = 2
Ingrese nota = 13
Ingrese nota = 7

     Reporte
   Nro.      Notas
  ---------------------------
    0 .-        13
    1 .-        7

Proceso de Inserción :

Ingrese nueva Nota = 18

Nueva lista de Notas =  [13, 7, 18]

   Nro.        Nota
  ---------------------------
    0 .-        13
    1 .-        7
    2 .-        18
                                    Ln: 28  Col: 4
```

```
 *vector_Insertar.py - C:/Users/Administrador/Des...  _ □ ✕
File  Edit  Format  Run  Options  Window  Help

print(" Proceso de INSERCIÓN ")
n=int(input(" Ingrese total de Notas = "))
notas=[0]*n
nnotas=[0]*1
for i in range(n):
   notas[i]=int(input(" Ingrese nota = "))
print("      Reporte " )
print("   Nro.       Notas")
print("  ---------------------------")
for i in range(n):
   print("      ",i,".-          ",notas[i])
## insertar
print(" Proceso de Inserción :")
nnotas[0]=int(input(" Ingrese nueva Nota = "))
pnotas=(notas+nnotas)
print("")
print(" Nueva lista de Notas = ",pnotas)
print("")
print("   Nro.           Nota ")
print("  ---------------------------")
for j in range(len(pnotas)):
   print("      ",j,".-          ",pnotas[j])
                                         Ln: 16  Col: 0
```

Observación:

Implementar el módulo interactivo con el usuario para que continúe insertando nuevas notas mediante la siguiente pregunta:

"Sr. Desea insertar nueva nota..?(S/N)".

Para este proceso, se debe ir comprobando que no se exceda la longitud del vector.

Ejemplo:

Diseñar un programa que permita leer n edades y almacenarlas en un vector. Después, el usuario leerá una edad a eliminar y, si la edad introducida es igual a todas las edades del vector, se eliminarán todas y se realizará un informe de lista vacía.

En otro caso, se eliminarán las edades que son iguales a la introducida y el informe será una lista con las edades no eliminadas.

Solución:

```
Ingrese total edades = 2
Edad [ 1] = 12
Edad [ 2] = 12

Lista creada  = ['12', '12']
Edad a eliminar = 12
Lista actual = []  se eliminaron  2   elementos

Desea continuar con la búsqueda..? (S/N)==>S
Ingrese total edades = 3
Edad [ 1] = 12
Edad [ 2] = 11
Edad [ 3] = 13

Lista creada  = ['12', '11', '13']
Edad a eliminar = 11
Lista actual = ['12', '13']  se eliminaron  1   elementos

Desea continuar con la búsqueda..? (S/N)==>
```

```python
resp='S'
nv=0
while(resp=='S'):
    n = int(input(" Ingrese total edades = "))
    if n < 1:
        print(" Error, n debe ser n>0 ")
    else:
        lista = []
        for i in range(n):
            print(" Edad [", str(i + 1) + "] = ", end="")
            ed = input()
```

```
        lista =lista+[ed]
    print("")
    print(" Lista creada  = ", lista)
    edElim  = input(" Edad a eliminar = ")
    for i in range(len(lista)-1, -1, -1):
       if lista[i] == edElim:
          nv=nv+1
          del(lista[i])
    print("Lista actual = ", lista, " se eliminaron ",nv, "  elementos")
print("")
nv=0
resp=input(" Desea continuar con la búsqueda..? (S/N)==>")
```

Ln: 25 Col: 0

Ejemplo:

Diseñar un programa que permita leer n edades y almacenarlas en un vector. Después eliminar las edades repetidas y mostrar las edades no repetidas y las edades que se eliminaron.

Solución:

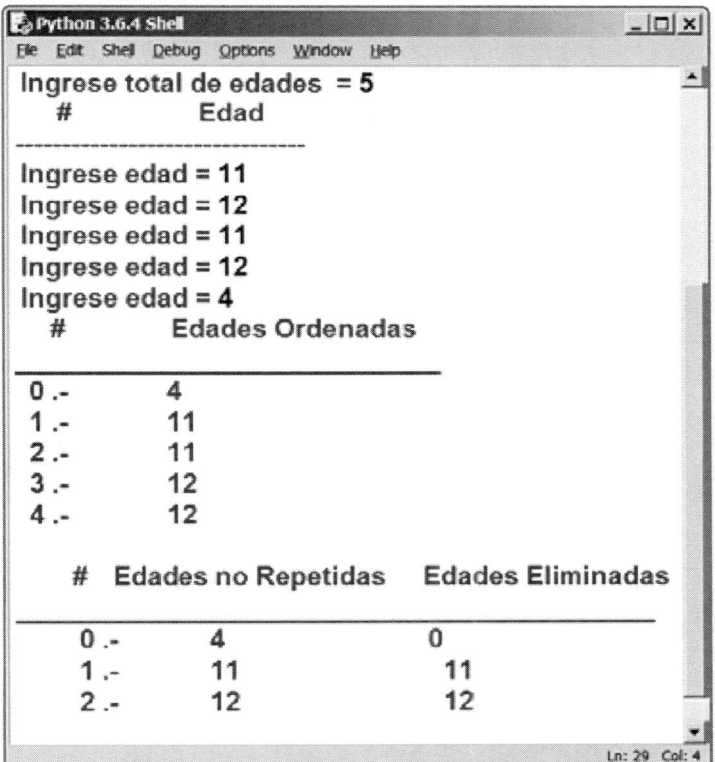

```
*vector_eliminar.py - C:\Users\Administrador\Desktop\Nueva carpeta\ALGORITMOS_LP_L...
File  Edit  Format  Run  Options  Window  Help

print(" Eliminar edades repetidas ")
print("")
n=int(input(" Ingrese total de edades  = "))
eda=[0]*2*n
vser=[0]*2*n
for i in range(n):
        print(" ",i,".-           ",eda[i])
d=0
vser[0]=eda[0]
re=0
i=1
for i in range(n):
    if eda[i]!=eda[i-1]:
        vser[d]=eda[i]
        d=d+1
    else:
        re=re+1
        edrep[re]=eda[i]

print("")
print ("     #   Edades no Repetidas     Edades Eliminadas")
print( "_____")

for i in range( d ):
    print( "       ", i, ".-          ",vser[i], "                    ",edrep[i] )
print(" ")
```
```
                                                              Ln: 34  Col: 0
```

Observación:

Generalizar el programa para que elimine cualquier tipo de entrada de datos. Por ejemplo, introducir 4 12 15 12 12.

Ejemplo:

Diseñar un programa que permita leer n edades y almacenarlas en un vector, después buscar la edad introducida por el usuario. El programa debe permitir continuar buscando.

Solución:

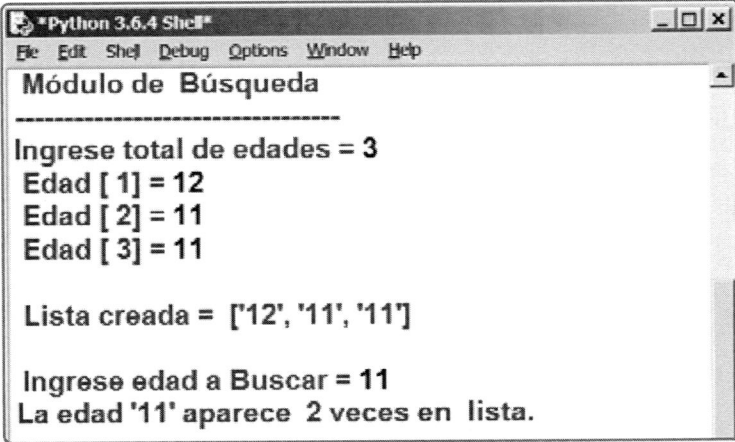

```
*Python 3.6.4 Shell*
File  Edit  Shell  Debug  Options  Window  Help

Módulo de  Búsqueda

-----------------------------------
Ingrese total de edades = 3
 Edad [ 1] = 12
 Edad [ 2] = 11
 Edad [ 3] = 11

 Lista creada =  ['12', '11', '11']

 Ingrese edad a Buscar = 11
 La edad '11' aparece  2 veces en  lista.
```

```
Desea continuar con la búsqueda..? (S/N)==>S
Ingrese total de edades = 2
Edad [ 1] = 13
Edad [ 2] = 11

Lista creada =  ['13', '11']

Ingrese edad a Buscar = 1
La edad  '1' no está en  la lista.
 Desea continuar con la búsqueda..? (S/N)==>
```
Ln: 26 Col: 44

vect_Buscar.py - C:/Users/Administrador/Desktop/Nueva carpeta/ALGORITMOS_LP_LPE_2018_I/LPE...
File Edit Format Run Options Window Help

```python
        edBusca= input(" Ingrese edad a Buscar = ")
        nv= 0
        for i in lista:
            if i == edBusca:
                nv =nv+1
        if nv == 0:
            print("La edad  '" + edBusca+ "' no está en  la lista.")
        elif nv == 1:
            print("La edad '" + edBusca + "' aparece una vez  ")
        else:
            print("La edad '" + edBusca + "' aparece ", nv, "veces en  lista.")
            print("")
    resp=input(" Desea continuar con la búsqueda..? (S/N)==>")
```
Ln: 27 Col: 0

Ejemplo:

Diseñar un programa que permita leer n edades y almacenarlas en un vector. Después, el usuario podrá leer una edad y, si la edad se encuentra en la lista, el usuario podrá leer una nueva edad que sustituya a la edad encontrada. En otro caso, se envía el mensaje "Edad no existe" y, asimismo, se muestra la lista con las edades iniciales.

Solución:

vect_Buscar.py - C:/Users/Administrador/Desktop/Nueva carpeta/ALGORITMOS_LP_LPE_2018_I/LPE...
File Edit Format Run Options Window Help

```python
print(" Módulo de  Búsqueda ")
print("----------------------------------")
resp='S'
while(resp=='S'):
    ed = int(input("Ingrese total de edades = "))
    if ed < 1:
        print(" Error, debe cumplir que : ed>1 ")
    else:
        lista = []
        for i in range(ed):
            print(" Edad [", str(i + 1) + "] = ", end="")
            ed = input()
            lista =lista+[ed]
        print("")
        print(" Lista creada = ", lista)
        print("")
```
Ln: 3 Col: 0

```
Python 3.6.4 Shell
File  Edit  Shell  Debug  Options  Window  Help
Ingrese total de edades = 2
Ingrese edad[ 1] = 12
Ingrese edad[ 2] = 12

Lista creada =  ['12', '12']
Sustituir la edad = 12

 Por la  edad = 11
 Lista Modificada =  ['11', '12']
 Lista Modificada =  ['11', '11']
 Desea continuar con la búsqueda..? (S/N)==>S
Ingrese total de edades = 2
Ingrese edad[ 1] = 13
Ingrese edad[ 2] = 13

Lista creada =  ['13', '13']
Sustituir la edad = 2

 Por la  edad = 11
 No existe edad
 No se Modifica lista =  ['13', '13']
 Desea continuar con la búsqueda..? (S/N)==>
                                          Ln: 22  Col: 0
```

```
vect_Sustituir.py - C:/Users/Administrador/Desktop/Nueva carpeta/ALGORITMOS_LP_...
File  Edit  Format  Run  Options  Window  Help
print(" Módulo Sustitución ")
print("-----------------------------------")
resp='S'
while(resp=='S'):
    n = int(input(" Ingrese total de edades = "))
    if n < 1:
      print(" Error, se debe cumplir : n>1")
    else:
      lista = []
      for i in range(n):
        print(" Ingrese edad[", str(i + 1) + "] = ", end="")
        ed = input()
        lista =lista + [ed]
    print("")
    print("Lista creada = ", lista)
    edSust  = input("Sustituir la edad = ")
    print("")
```

```
            susti = input(" Por la  edad = ")
            for i in range(len(lista)):
                if lista[i] == edSust:
                    lista[i] = susti
                    print(" Lista Modificada = ", lista)
                else:
                    print(" No existe edad ")
                    print(" No se Modifica lista = ", lista)
                    break
                print("")
            resp=input(" Desea continuar con la búsqueda..? (S/N)==>
```
Ln: 25 Col: 0

Ejemplo:

Diseñar un programa que permita procesar las notas de n alumnos. Leer el total de alumnos y los nombres y notas de cada uno. Después, hacer las siguientes consultas:

a. Caso 1.- Informe en tiempo real del promedio de la información.

b. Caso 2.- Informe histórico o registro.

Observación:

Se debe usar la técnica de vectores dinámicos.

Solución:

a. Caso 1

Vector	Luis		Pepe		María		Pedro	
Vectores	12	[1]	11	[1]	14	[1]	13	[1]
	13	[2]	13	[2]	12	[2]	16	[2]
			09	[3]	13	[3]		

Consulta de data

Nro.	Nombre	Promedio
1.-	Luis	12.5
2.-	Pepe	11
3.-	María	13

vector_prom_01.py - F:/vector_prom_01.py (3.6.2)

File Edit Format Run Options Window Help

```
print(" CONSULTA EN TIEMPO REAL: Promedios ")
print ("")
n=int(input(" Ingrese n = "))
nomb=[0]*2*n
nota=[0]*2*n
sumar=0
k=0
print ("")
for i in range(n):
    print(" Alumno [",i+1,"] : ")
    nomb[i]=str(input(" Nombre = "))
    p=int(input("     Ingrese total prácticas =  "))
    for  j in range(p):
        nota[j] = int(input(" Ingrese práctica = "))
        sumar=sumar+nota[j];
    prom=sumar/p
    print ("")
    print(" Promedio de alumno [",i+1,"] = ",prom)
    sumar=0
    print ("")
```
Ln: 13 Col: 0

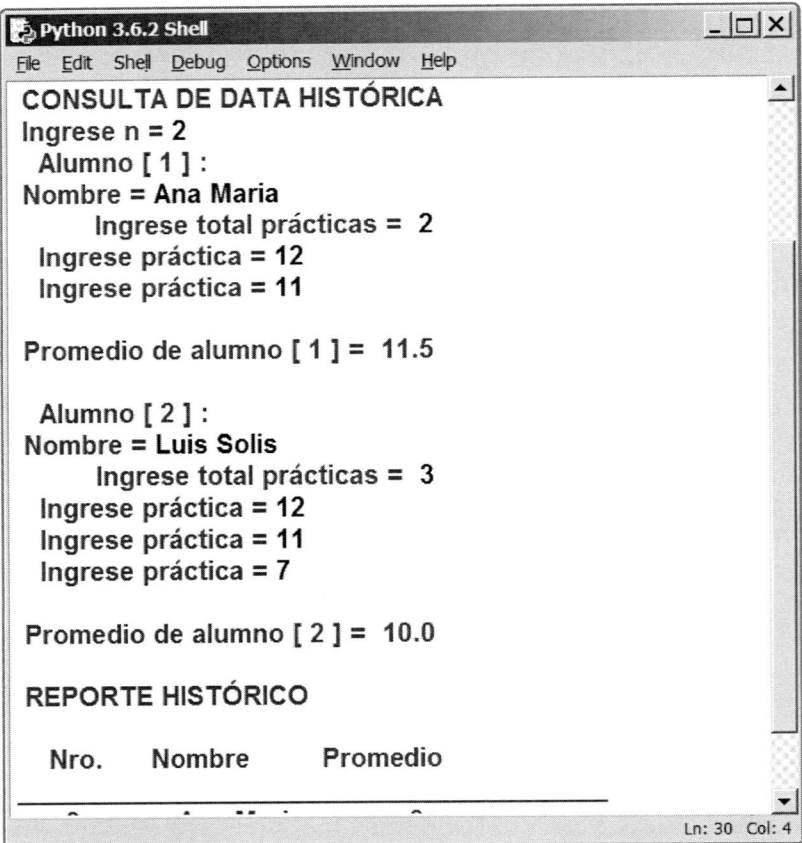

```
Python 3.6.2 Shell                                    _ □ X
File  Edit  Shell  Debug  Options  Window  Help
CONSULTA DE DATA HISTÓRICA
Ingrese n = 2
  Alumno [ 1 ] :
Nombre = Ana Maria
       Ingrese total prácticas =  2
  Ingrese práctica = 12
  Ingrese práctica = 11

Promedio de alumno [ 1 ] =  11.5

  Alumno [ 2 ] :
Nombre = Luis Solis
       Ingrese total prácticas =  3
  Ingrese práctica = 12
  Ingrese práctica = 11
  Ingrese práctica = 7

Promedio de alumno [ 2 ] =  10.0

REPORTE HISTÓRICO

   Nro.     Nombre       Promedio

                                          Ln: 30  Col: 4
```

b. Caso2.- La consulta de todos los registros se realiza al final.

```
    Sistema Académico

 Total de Alumnos = > 4

 Consulta en tiempo Real

   Nombre[1] = > Luis

  Total notas de Luis = > 2

nota[1] = > 12
nota[2] = > 13
Promedio de alumno : 1 = 12.5
   Nombre[2] = > Pepe

  Total notas de Pepe  = > 3

nota[1] = > 11
nota[2] = > 13
nota[3] = > 9
Promedio de alumno : 2 = 11
```

```
    Nombre[3] = > María

  Total notas de María = > 3

nota[1] = > 14
nota[2] = > 12
nota[3] = > 13
Promedio de alumno : 3 = 13
   Nombre[4] = > Pedro

  Total notas de Pedro = > 2

nota[1] = > 13
nota[2] = > 16
Promedio de alumno : 4 - 14.5

  REPORTE HISTÓRICO

    Nro.       Nombre         Promedio

    1.-        Luis           12.5
    2.-        Pepe           11
    3.-        María          13
    4.-        Pedro          14.5
```

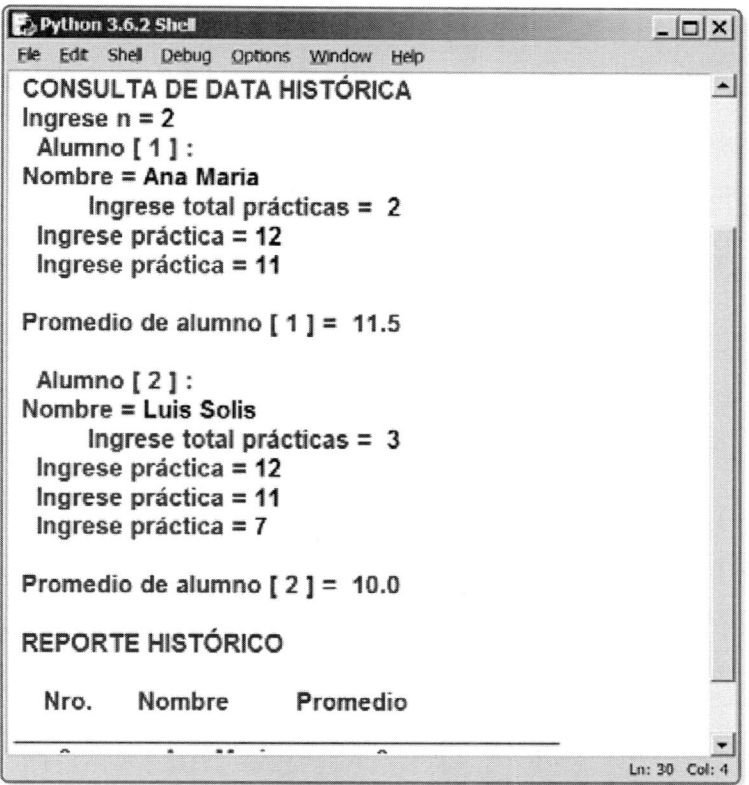

```
Python 3.6.2 Shell                                        _ □ X
File  Edit  Shell  Debug  Options  Window  Help
CONSULTA DE DATA HISTÓRICA
Ingrese n = 2
  Alumno [ 1 ] :
Nombre = Ana Maria
        Ingrese total prácticas =  2
  Ingrese práctica = 12
  Ingrese práctica = 11

Promedio de alumno [ 1 ] =  11.5

  Alumno [ 2 ] :
Nombre = Luis Solis
        Ingrese total prácticas =  3
  Ingrese práctica = 12
  Ingrese práctica = 11
  Ingrese práctica = 7

Promedio de alumno [ 2 ] =  10.0

REPORTE HISTÓRICO

  Nro.     Nombre        Promedio

                                                          Ln: 30  Col: 4
```

```
*vector_prom.py - F:\vector_prom.py (3.6.2)*               _ □ X
File  Edit  Format  Run  Options  Window  Help
print(" CONSULTA DE DATA HISTÓRICA")
n=int(input(" Ingrese n = "))
nomb=[0]*2*n
nota=[0]*2*n
promed=[0]*2*n
sumar=0;k=0
for i in range(n):
   print("   Alumno [",i+1,"] : ")
   nomb[i]=str(input(" Nombre = "))
   p=int(input("         Ingrese total prácticas = "))
   for  j in range(p):
        nota[j] = int(input("  Ingrese práctica = "))
        sumar=sumar+nota[j];
   prom=sumar/p
   print(" Promedio de alumno [",i+1,"] = ",prom)
   k=k+1
   promed[k]=prom
   sumar=0
print(" REPORTE HISTÓRICO ")
print( " ")
print("   Nro.    Nombre        Promedio")
print("_____")
for  j in range(n):
   print("     ",j,".-       ",nomb[j], "          ",promed[j])

                                                          Ln: 20  Col: 0
```

Ejemplo:

Diseñar un programa que permita leer el grado de un polinomio Pn(x) de grado n. Después, calcular para un valor x0 en x, el valor de P(x0), si en la primera derivada, P'(x0), y en la segunda derivada, P''(x0). El programa debe ser interactivo con el usuario.

El polinomio puede ser de las siguientes formas: Pn (x) = P0 + P1x + P2x2 + P2x3 +....+ Pnxn

$$Pn (x) = Pnxn + Pn-1xn-1 +....+ P1x1 + P0$$

Solución:

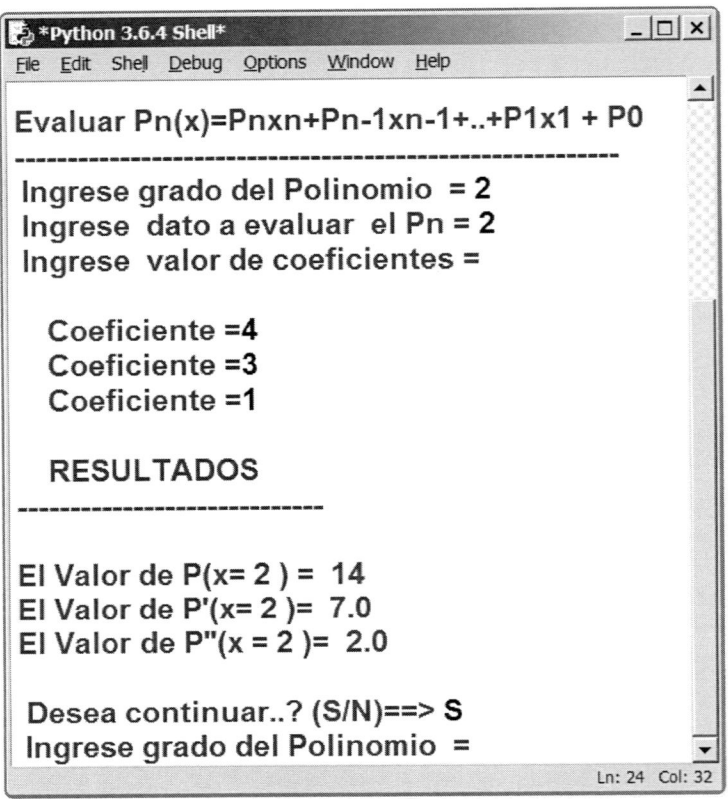

```
vector_polin.py - F:\CAP_II\USB_AMARILLO\LPE_Vectore_Set_2017_Python\...
File  Edit  Format  Run  Options  Window  Help

import math
print("")
print("Evaluar Pn(x)=Pnxn+Pn-1xn-1+..+P1x1 + P0")
print("-----------------------------------------------")
resp='S'
while(resp=='S'):
  n=int(input(" Ingrese grado del Polinomio  = "))
  a=int(input(" Ingrese  dato a evaluar del Pn = "))
  poli=[0]*6
  px=0
  dx=0
  d2x=0
  print(" Ingrese  valor de coeficientes = ")
  print("")
  for i in  range(0,n+1):
    poli[i]=int(input("    Coeficiente ="))
  if (a==0):
    px=poli[0]
  else:
    for i in range(0,n+1):
      px=px+poli[i]*pow(a,i)
      if(n>0):
        dx=dx+poli[i]*i*pow(a,i-1)
      if(n>1):
        d2x =d2x+poli[i]*i*(i-1)*pow(a,i-2)
  print("")
  print( "   RESULTADOS ")
  print("---------------------------")
  print("")
  print( "El Valor de P(x=",a,") = ",px)
  print( "El Valor de P'(x=",a,")= ",dx)
  print( "El Valorde P"(x =",a,")= ",d2x)
  print("")
  resp=input(" Desea continuar..? (S/N)==> ")

                                              Ln: 28  Col: 0
```

Ejemplo:

Diseñar un programa que permita leer un código formado por seis dígitos. Este código se autogenera mediante el algoritmo del módulo 11 y se usa para validar datos de usuario y clave (user= código autogenerado, clave= ***). Esto permite acceder al menú principal, donde se encuentran las siguientes opciones:

<1> Menor edad sin condicionales

<2> Prácticas en [0..9]

<3> Salir del sistema

El sistema solo acepta tres errores en la introducción de datos para la validación, en otro caso, la aplicación finaliza.

Solución:

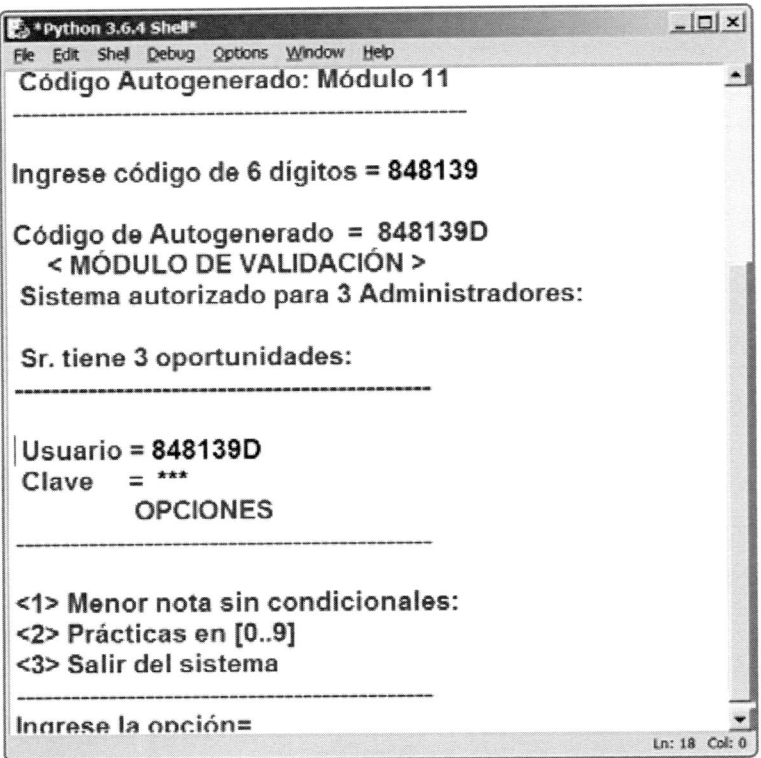

Cada opción realiza las operaciones mostradas a continuación:

<1> Generar de forma aleatoria cuatro notas y hacer el informe de la menor nota.

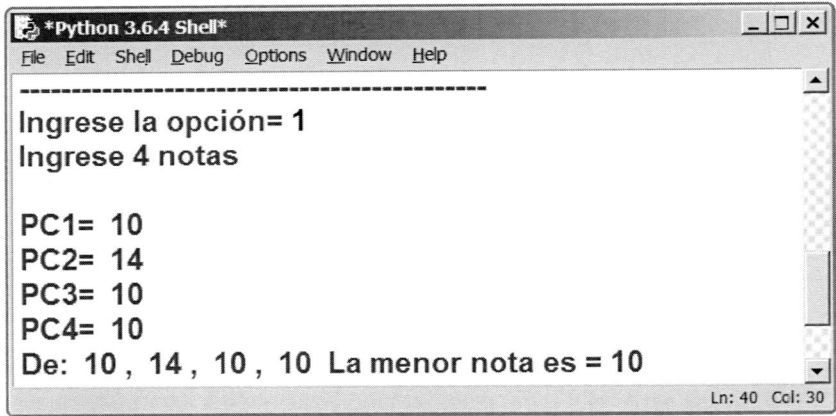

<2> Leer el nombre del curso y, después, generar las notas de forma aleatoria por sección. Asimismo, realizar varias consultas (ver interfaz).

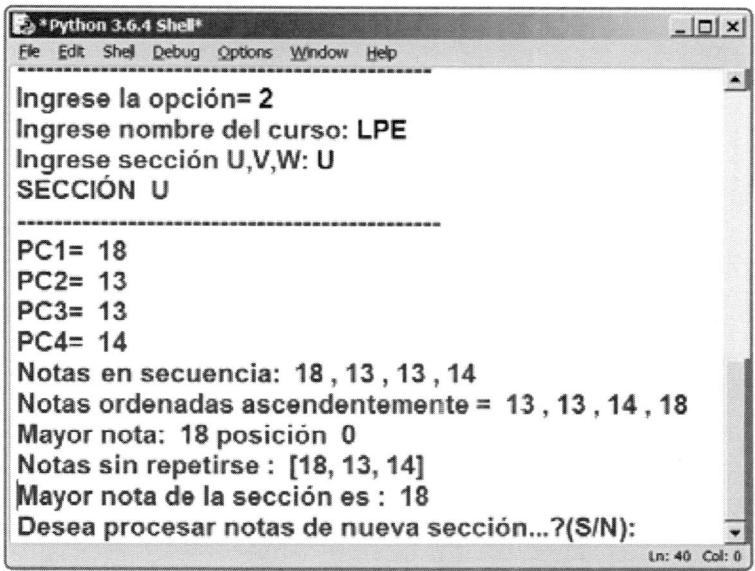

```python
from random import*  ##from random import sl
resp="S"
while resp=="S":
 if resp=="N":
   break
 print("")
 print(" Código Autogenerado: Módulo 11")
 print("----------------------------------------------")
 print("")
 cod=int(input("Ingrese código de 6 dígitos="))
 print("")
 cod1=cod
 t=1
 suma=0
 while(t<=6):
   suma=suma+(8-t)*(cod1%10)
   cod1=int(cod1/10)
   t=t+1
 mod11=suma%11
 if mod11==0:
   ncod=str(cod)+"A"
   user=ncod
 if mod11==1:
   ncod=str(cod)+"B"
   user=ncod
 if mod11==2:
   ncod=str(cod)+"C"
   user=ncod
 if mod11==3:
   ncod=str(cod)+"D"
   user=ncod
```

```python
   user=ncod
if mod11==4:
  ncod=str(cod)+"E"
  user=ncod
if mod11==5:
  ncod=str(cod)+"F"
  user=ncod
if mod11==6:
  ncod=str(cod)+"G"
  user=ncod
if mod11==7:
  ncod=str(cod)+"H"
  user=ncod
if mod11==8:
  ncod=str(cod)+"I"
  user=ncod
if mod11==9:
  ncod=str(cod)+"J"
  user=ncod
if mod11==10:
  ncod=str(cod)+"K"
  user=ncod
print("Código de Autogenerado  = ",user)
print(" <MÓDULO DE VALIDACIÓN>\n Sistema autorizado para 3 Administradores:\n")
k=0
while k<=3:
  resp="N"
  if k==3:
   print(" Sr. Superó las 3 oportunidades, hasta luego...")
   break
  print(" Sr. tiene",3-k,"oportunidades:")
  usuario=input(" Usuario = ")
  clave=str(input(" Clave    = "))
  if usuario==user and clave=="***":
   print("\tOPCIONES")
   print("--------------------------------------------\n")
   print("<1> Menor nota sin condicionales:")
   print("<2> Prácticas en [0..9]")
   print("<3> Salir del sistema")
   print("--------------------------------------------")
   n=int(input("Ingrese la opción= "))
   if n==1:
     print("Ingrese 4 notas\n")
     nota1=randint(10,20)
     nota2=nota1
     nota3=randint(10,20)
     nota4=randint(10,20)
     lista=[nota1,nota2,nota3,nota4]
     lista_desordenad=[nota1,nota2,nota3,nota4]
```

```
        shuffle(lista_desordenad)
        print("PC1= ", lista_desordenad[0])
        print("PC2= ", lista_desordenad[1])
        print("PC3= ", lista_desordenad[2])
shuffle(lista2_desordenada)
lista3_desordenada3=lista2_desordenada
print("PC1= ",lista2_desordenada[0])
print("PC2= ",lista2_desordenada[1])
print("PC3= ",lista2_desordenada[2])
print("PC4= ",lista2_desordenada[3])
print("secuencia:",lista2_desordenada[0],",",lista2_desordenada[1],",",lista2_desordenada[2],"
lista2_desordenada2.sort()
print("Notas ordenadas asc=",lista2_desordenada2[0],",",lista2_desordenada2[1],",",lista2_des
print("Mayor nota: ",max(lista2),"posición ",lista3_desordenada3.index(max(lista2)))
lista_nueva=[]
for i in lista3_desordenada3:
    if i not in lista_nueva:
        lista_nueva.append(i)
print("Notas sin repetirse : ",lista_nueva)
print("Mayor nota de la sección es : ",max(lista2))
resp=str(input("Desea procesar notas de nueva sección...?(S/N):"))
if resp=="S":
    break
if resp=="N":
    print("Gracias Ud. Realizó consulta de la sección, ",sec)
    break
        resp="N"
        break
    else:
        print("Sr. ingresó mal sus datos, volver a ingresar:")
        k=k+1
 if resp=="N":
    break
```

Ln: 136 Col: 61

Ejemplo:

Clasificación de notas: diseñar un programa para crear un vector de notas [] de longitud p. Después, clasificar las notas aprobadas y guardarlas en un vector Ap[] de longitud p-j y, asimismo, almacenar las notas suspensas en un vector D[u-h].

Los alumnos son del curso X y, por lo tanto, se deben leer las notas por cada alumno y, sobre esto, clasificar y mostrar el número de A y D.

12	12	1	1	3
9	9	3	6	15
11	11	7	7	
8	7	8		

En el programa se puede usar un tipo de bucle repetitivo para leer los alumnos. En este ejemplo se usará el bucle while, que planteará la pregunta: **"Sr., desea continuar? (S/N)"**.

Por cada alumno también se puede usar un bucle. Para poder leer las p notas por alumno, se usará el bucle for.

Solución:

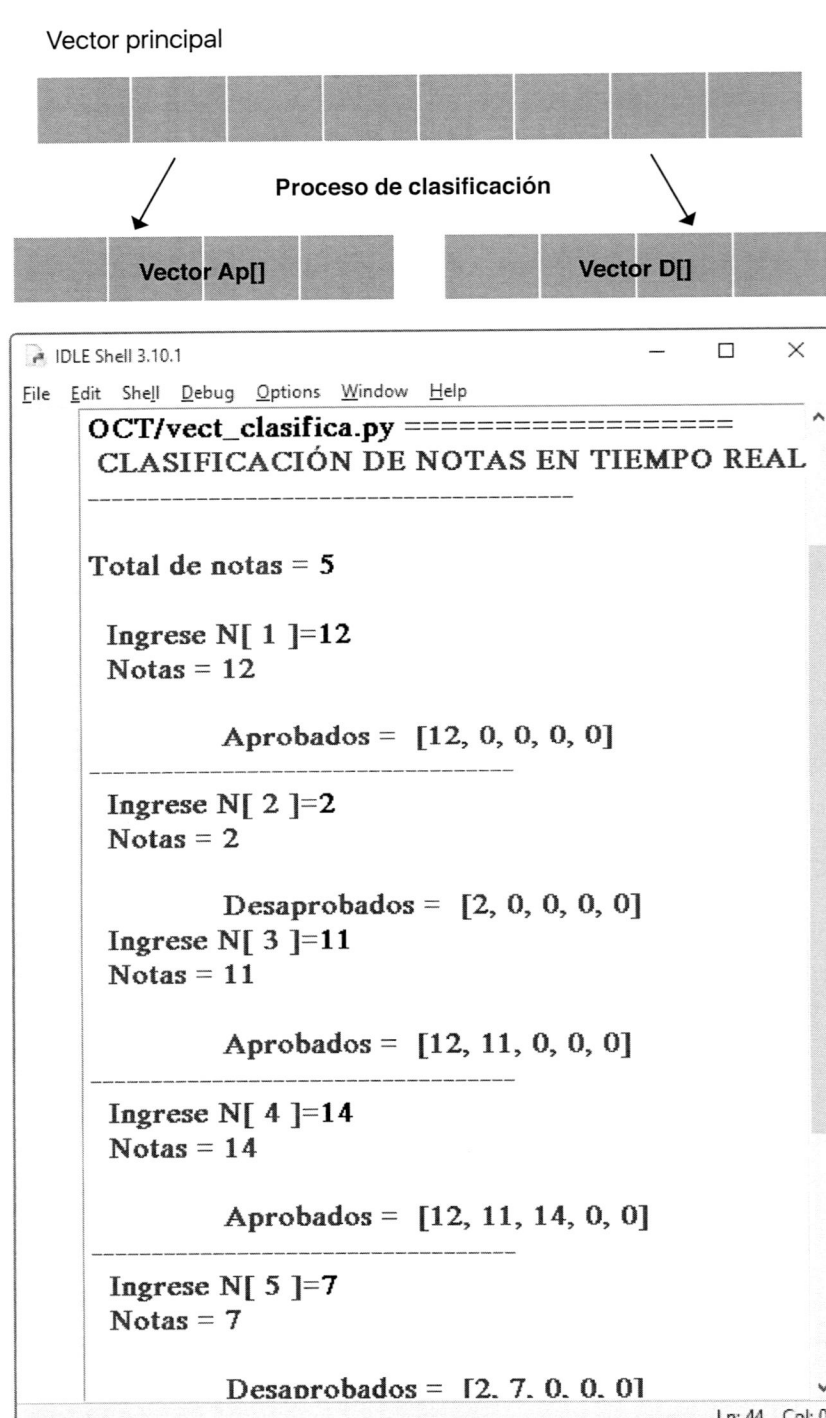

Vector principal

Proceso de clasificación

Vector Ap[]   Vector D[]

```
IDLE Shell 3.10.1                          —   □   ×
File  Edit  Shell  Debug  Options  Window  Help

OCT/vect_clasifica.py =================
CLASIFICACIÓN DE NOTAS EN TIEMPO REAL
-----------------------------------------


Total de notas = 5

  Ingrese N[ 1 ]=12
  Notas = 12

          Aprobados =  [12, 0, 0, 0, 0]
------------------------------------------
  Ingrese N[ 2 ]=2
  Notas = 2

          Desaprobados =  [2, 0, 0, 0, 0]
  Ingrese N[ 3 ]=11
  Notas = 11

          Aprobados =  [12, 11, 0, 0, 0]
------------------------------------------
  Ingrese N[ 4 ]=14
  Notas = 14

          Aprobados =  [12, 11, 14, 0, 0]
------------------------------------------
  Ingrese N[ 5 ]=7
  Notas = 7

          Desaprobados =  [2, 7, 0, 0, 0]

                              Ln: 44   Col: 0
```

```
IDLE Shell 3.10.1                                          —    □    ×
File  Edit  Shell  Debug  Options  Window  Help

    Notas Iniciales


                N[ 1 ] =  12
                N[ 2 ] =  2
                N[ 3 ] =  11
                N[ 4 ] =  14
                N[ 5 ] =  7

                ------------------------------------


                Nro.de Aprobados  =  3
                Nro.de Desaprobados=  2
>>>
                                                        Ln: 44  Col: 0
```

```
*vect_clasifica.py - H:/LP_2022_OCT/vect_clasifica.py (3.10.1)*   —   □   ×
File  Edit  Format  Run  Options  Window  Help

print(" CLASIFICACIÓN DE NOTAS EN TIEMPO REAL ")
print("-"*40)
print("\nTotal de notas = ",end="")
n=int(input())
Notas=[0]*n;notasA=[0]*n;  notasD=[0]*n; d=0 ; ap=0
print()
for i in range (0,n):
      print("  Ingrese N[",i+1,"]=",end="")
      pc=int(input())
      Notas[i]=pc
      print("  Notas =",Notas[i])
      if(pc>10):
            notasA[ap]=pc
            print()
            ap=ap+1
            print("\tAprobados = ",notasA)
            print("-"*35)
      else:
          notasD[d]=pc
          d=d+1
          print("\n\tDesaprobados = ",notasD)
print(" Notas Iniciales ")
for i in range (n):
      print(" \n\t N[",i+1,"] = ",Notas[i],end="")
print(" \n\t ","-"*35)
print(" \n\tNro.de Aprobados  = ",ap)
print(" \tNro.de Desaprobados= ",d)
                                                        Ln: 23  Col: 0
```

```
IDLE Shell 3.10.1                                    —  □  ×
File  Edit  Shell  Debug  Options  Window  Help

Ingrese longitud del vector = 4
------------------------------------
Ingrese edad =12
Ingrese edad =1
Ingrese edad =12
Ingrese edad =12
, Ingrese dato a buscar = 12
Procesando instrucciones de Búsqueda SECUENCIAL

_____

_____
Elementos repetidos:
El número  12  aparece en el índice : 1
Elementos repetidos:
El número  12  aparece en el índice : 3
Elementos repetidos:
El número  12  aparece en el índice : 4
 Vector    Índices:
------------------------------------

.

          Dato     Repetidos en un vector
------------------------------------
           0        0
------------------------------------
           12       0
------------------------------------
           12       2
------------------------------------
           12       3
                                    Ln: 21   Col: 42
```

```
*vect_buscar.py - H:\LP_2022_OCT\vect_buscar.py (3.10.1)*    —  □  ×
File  Edit  Format  Run  Options  Window  Help

A=[0]*10;t=0;R=[0]*10;Poos=[0]*10
print(" BÚSQUEDA SECUENCIAL ")
print("--------------------------------")
n=int(input("Ingrese longitud del vector = "))
print("--------------------------------")
for i in range(0,n):
    A[i]=int(input(" Ingrese edad ="))
busca=int(input(", Ingrese dato a buscar = "))
print("Procesando instrucciones de Búsqueda SECUENCIAL")
print("_____")
```

```
for i in range(0,n):
    if(A[i]==busca):
        pos=i
        if((pos>=0) and (pos<=n)):

            t=t+1
            R[t]=busca
            Poos[t]=pos
            print(" Elementos repetidos:")
            print(" El número ",busca," aparece en el índice :",i+1)
print(" Vector    Índices: ")
print("-" * 40)
print(" \n\tDato       Repetidos en un vector")
print("-" * 40)
for r in range(0,n):
    print("\t", R[r],"         ",Poos[r])
    print("-"*40)
```
Ln: 18   Col: 25

Ejemplo:

El cartero de una zona campestre debe entregar cartas en n casas de una región. Para ello, desea planificar un recorrido que le permita entregar todas las cartas y regresar a su oficina. También, quiere que el trayecto entre dos casas consecutivas sea siempre recto. Además, como le gusta pasear, pretende que el recorrido no se corte a sí mismo. Entonces, el problema consiste en escribir un programa que permita la introducción de las coordenadas (x,y) de cada una de las n casas y de la oficina de correos, y que, asimismo, proporcione una lista de las casas en el orden en el que deben ser visitadas.

Solución:

Python 3.6.2 Shell
File   Edit   Shell   Debug   Options   Window   Help

```
===> CARTERO <===

Ingrese coordenadas de la Oficina :
Ingrese número de casas a visitar = 2

Ingrese  x = 0

continuar..

Ingrese y = 0

continuar..

Ingrese Coordenadas de la Casa #  1 :
xx[ 1 , 1 ]:
Ingrese xx = 2

yy[ 1 , 1 ]:
Ingrese yy  = 4
```
Ln: 24   Col: 17

Python 3.6.2 Shell
File   Edit   Shell   Debug   Options   Window   Help

```
La Distancia de la Casa [ 0  ] = 4.47213595499958

Ingrese Coordenadas de la Casa #  2 :
xx[ 2 , 2 ]:
Ingrese xx = 3

yy[ 2 , 2 ]:
Ingrese yy  = 2

La Distancia de la Casa [ 1  ] = 3.605551275463989

Orden de casas visitar: casa[  1 ]= 3.605551275463989  metros
s

Orden de casas visitar: casa[  2 ]= 4.47213595499958  metros
>>>
```
Ln: 31   Col: 0

```
vector_Cartero.py - F:/LPE_Matriz_Python_set_2017/vector_Ca...
File  Edit  Format  Run  Options  Window  Help

from math import*
print ( "\t\n  ===> CARTERO <=== ")
print ( " \t\n Ingrese coordenadas de la Oficina : ")
n=int(input(" Ingrese número de casas a visitar = "))
casa=[100]*n;
while True:
  print("")
  x=int(input(" Ingrese  x = "))
  print("")
  if(x<0):
    print(" Error en longitud, volver a ingresar ")
  if x>=0 :
    break
print("continuar..")
while True:
  print("")
  y=int(input(" Ingrese y = "))
  print("")
  if(y<0):
    print(" Error en longitud, volver a ingresar ")
  if y>=0 :
    break
print("continuar..")
for i in range(n):
  print( "\nIngrese Coordenadas de la Casa # ",i+1,":")
  print( " xx[",i+1,",",i+1,"]: ")
  xx=int(input(" Ingrese xx = "))
  print( " yy[",i+1,",",i+1,"]:")
  yy=int(input(" Ingrese yy   = "))
  dy=(yy-y)
  cdy=dy*dy
  dx=(xx-x)
  cdx=dx*dx
  dxy=cdx+cdy
  dd = sqrt(dxy)
  casa[i]=dd
  print( " La Distancia de la Casa [",i," ] = " ,casa[i])
j=1
for i in  range (n-1):
  for j in range (n) :
    if(casa[i]>casa[j]):
      aux=casa[i]
      casa[i]=casa[j]
      casa[j]=aux
for i in  range( n ):
  print ("\t\n Orden de casas visitar: casa[ ",i+1," ]= ",casa[i]," metros ")
                                                              Ln: 29  Col: 3
```

Tarea:

Diseñar la siguiente aplicación. Los datos pueden ser de una empresa, universidad, etc.

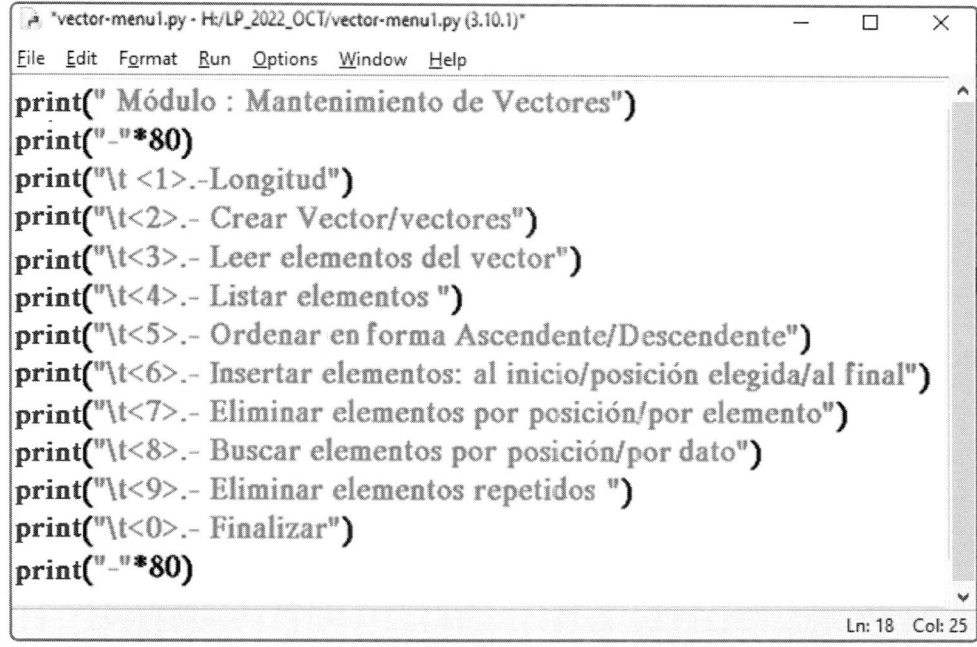

Ejemplo:

Diseñar un programa para simular el sistema de gestión de notas y promedio de n alumnos identificados por apellido y, por cada alumno, leer p prácticas y calcular su promedio respectivo.

Al finalizar con la gestión de todos los alumnos, realizar y mostrar un informe en la interfaz.

Finalmente, mostrar el mayor promedio.

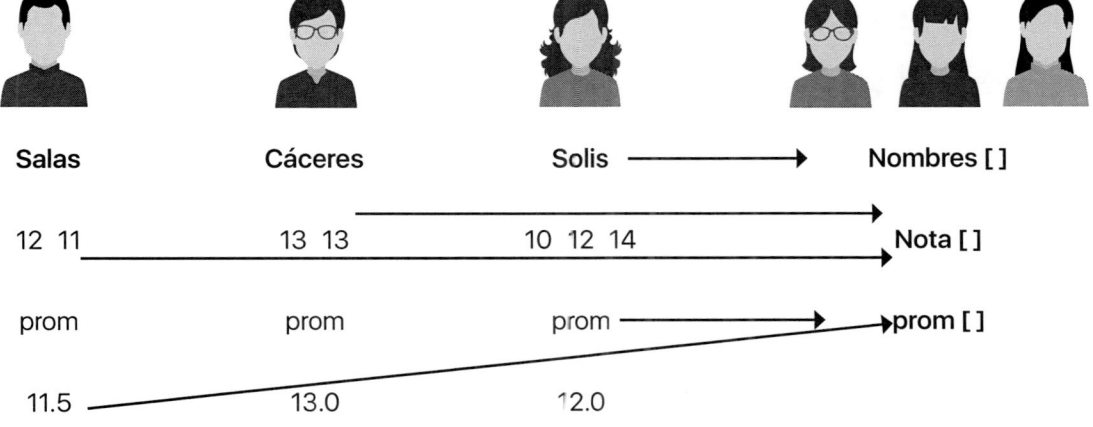

Vector	Luis		Pepe		María		Pedro	
Vectores	12	[1]	11	[1]	14	**[1]**	13	**[1]**
	13	[2]	13	[2]	12	[2]	16	**[2]**
			09	[3]	13	[3]		

Consulta de data

Nro.	Nombre	Promedio
1.-	Luis	12.5
2.-	Pepe	11
3.-	María	13

Solución:

```
*IDLE Shell 3.9.7*                                    —    □    ×
File  Edit  Shell  Debug  Options  Window  Help

Nombre = ana
        Ingrese total prácticas de Alumno[ 1 ]:
Total = 2
Aceptado el rango.
        Práctica [ 1 ] = 12
  Pc correcta..continuar
        Práctica [ 2 ] = 11
  Pc correcta..continuar
Promedio de alumno [ 1 ] =  11.5
------------------------------------------

   Alumno [ 2 ] :
Nombre = luis
        Ingrese total prácticas de Alumno[ 2 ]:
Total = 2
Aceptado el rango.
        Práctica [ 1 ] = 11
  Pc correcta..continuar
        Práctica [ 2 ] = 11
  Pc correcta..continuar
Promedio de alumno [ 2 ] =  11.0
------------------------------------------

REPORTE HISTÓRICO

   Nro.        Nombre          Promedio
   _____
        1 .-         ana             11.5
        2 .-         luis            11.0
                                            Ln: 34  Col: 0
```

De este modo, se puede continuar y, asimismo, se valida la lectura del total de los alumnos y de cada práctica que se encuentre en el intervalo de [0..20].

También, se puede usar la técnica de generar números aleatoriamente, de tal forma que no se valida n y se generan notas solo en el rango [0..20].

```
"vecotr_Ord.py - C:/Users/User/Desktop/ciclo_2021_2/Clases_2021_II/Alg_2021_II/vecotr_Ord.py (3.8.7)"    —    □    ×
File  Edit  Format  Run  Options  Window  Help
resp='S';ns=0
while resp=='S':
    ns=ns+1
    print("\t\tSección Nro.: ",ns)
    print(" SISTEMA ACADÉMICO 2021")
    print(" -------------------------------")
    while True:
        n=int(input(" Ingrese total de alumnos n = "))
        if n>0:
            print(" Dato correcto, continuar..")
            break
        else:
            print(" Volver a leer")
    nomb=[0]*2*n;nota=[0]*2*n; promed=[0]*2*n; sumar=0;    k=0;
    for i in range(n):
        print("    Alumno [",i+1,"] : ")
        nomb[i]=input(" Nombre = ")
        print("\tIngrese total prácticas de Alumno[",i+1,"]: ")
        while True:
            p=int(input(" Total = "))
            if p>0 and p<4:
                print(" Aceptado el rango.")
                break
            else:
                print(" Error en p práctica")
        for  j in range(p):
            np=np+1
            print("\tPráctica [",np,"] = ",end="")

                                                            Ln: 3  Col: 11
```

Ejemplo:

Diseñar un programa que permita insertar notas en un vector.

Solución:

```
Python 3.9.0 Shell                                          —    □    ×
File  Edit  Shell  Debug  Options  Window  Help
Python/Python39/i.py ======
 MÓDULO :INSERCIÓN DE 'P' NOTAS
 ----------------------------------------------------
--
 Ingrese total de notas = 2
 Nota [ 1 ] = 3
 Nota [ 2 ] = 4
    Nro.            Notas
 ----------------------------------
     1 .-           3
     2 .-           4
 Ingrese total de notas a INSERTAR = 2
 Nueva Nota [ 3 ] = 12
 Nueva Nota [ 4 ] = 11
  Lista actual de notas =  [3, 4, 12, 11]
>>>
                                                            Ln: 9  Col: 15
```

```
*vector_insert.py - H:/vector_insert.py (3.10.1)*                    —    □    ×

File  Edit  Format  Run  Options  Window  Help

print(" MÓDULO :INSERCIÓN DE 'P' NOTAS")
print(" _____ ")
n=int(input(" Ingrese total de notas = "))
notas=[0]*n
nnotas=[0]*1
k=0
for i in range(n):
        k=k+1
        print(" Nota [",k,"] = " ,end ="")
        notas[i]=int(input())
print("    Nro.         Notas")
print("_____ ")
for i in range(n):
        print("    ",i+1,".- "," ",notas[i])
p=int(input(" Ingrese total de notas a INSERTAR = "))
while p>0 :
        k=k+1
        print(" Nueva Nota [",k,"] = " ,end ="")
        nnotas[0]= int(input( ))
        notas=notas+nnotas
        p=p-1
print("  Lista actual de notas = ",notas)

                                              Ln: 20  Col: 22
```

Ejercicio:

Implementar las siguientes opciones usando vectores.

```
*vector-menu1.py - H:/LP_2022_OCT/vector-menu1.py (3.10.1)*          —    □    ×

File  Edit  Format  Run  Options  Window  Help

print(" Módulo : Mantenimiento de Vectores")
print("-"*80)
print("\t <1>.-Longitud")
print("\t<2>.- Crear Vector/vectores")
print("\t<3>.- Leer elementos del vector")
print("\t<4>.- Listar elementos ")
print("\t<5>.- Ordenar forma Ascendente/Descendente")
print("\t<6>.- Insertar elementos: al inicio/posición elegida/al final")
print("\t<7>.- Eliminar elementos por posición/por elemento")
print("\t<8>.- Buscar elementos por  posición/por dato")
print("\t<9>.- Eliminar elementos repetidos ")
print("\t<0>.- Finalizar")
print("-"*80)

                                              Ln: 18  Col: 25
```

Ejemplo:

Leer n sesiones, p alumnos por sección y n notas por cada alumno. Después, mostrar.

Notas: 12, 13, 11...   15, 11, 12...   10, 16, 12...

a. Los tres primeros puestos de alumnos por sección.

b. El mayor por sección.

c. Los tres primeros puestos por sección.

Solución:

```
V1[ 1 ] = 11
V1[ 2 ] = 2
V1[ 3 ] = 13
V1[ 4 ] = 11
V1[ 5 ] = 4

V2[ 1 ] = 3
V2[ 2 ] = 4
V2[ 3 ] = 13
V2[ 4 ] = 20
V2[ 5 ] = 6

V3[ 1 ] = 10
V3[ 2 ] = 10
V3[ 3 ] = 19
V3[ 4 ] = 17
V3[ 5 ] = 1

Ordenando Vectores:V1
------------------------
-------
V[ 1 ] = 13
V[ 2 ] = 11
V[ 3 ] = 11
V[ 4 ] = 4
V[ 5 ] = 2
```

```
Ordenando Vectores:V2
------------------------
-------
V2[ 1 ] = 20
V2[ 2 ] = 13
V2[ 3 ] = 6
V2[ 4 ] = 4
V2[ 5 ] = 3

Ordenando Vectores:V3
------------------------
-------
V3[ 1 ] = 19
V3[ 2 ] = 17
V3[ 3 ] = 10
V3[ 4 ] = 10
V3[ 5 ] = 1

Primeros tres puestos

Alumnos sección U:
------------------------
-------
V1[ 1 ] = 13
V1[ 2 ] = 11
V1[ 3 ] = 11
```

```
Alumnos sección V:
------------------------------
V2[ 1 ] = 20
V2[ 2 ] = 13
V2[ 3 ] = 6

Alumnos sección W:
------------------------------
V3[ 1 ] = 19
V3[ 2 ] = 17
V3[ 3 ] = 10

Primer puesto por sección
Sección       Notas
------------------------------
U= 13   V= 20   w = 19

Primeros 3 puestos por Sección
------------------------------
Tres notas mayores por sección=  13 , 2
0 , 19
Puestos

Puestos por sección
------------------------------
1.- Primer Puesto  = 20
2.- Segundo puesto = 19
3.- Tercer puesto  = 13
```

```python
from random import*
"""
3 secciones cada sección tiene n alum
a) los 3 primeros alumnos por secció
b) los 1 primeros puestos por secció
"""
v1=[0]*5;v2=[0]*5;v3=[0]*5
for i in range(5):
    v1[i]=randint(0,20)
    v2[i]=randint(0,20)
    v3[i]=randint(0,20)
print()
for i in range(5):
    print("\tV1[",i+1,"]=",v1[i])
print()
for i in range(5):
    print("\t V2[",i+1,"]=",v2[i])
print()
for i in range(5):
    print("\t V3[",i+1,"]=",v3[i])
print(" \nOrdenando Vectores:V1")
print("-" * 30)
j=1
for i in range(len(v1)):
    for j in range(len(v1)):
        if v1[i]>v1[j]:
```

```python
                aux=v1[i]
                v1[i]=v1[j]
                v1[j]=aux
print(" \nMostrar Vector:V1")
print("-" * 30)
for i in range(5):
    print("\tV[",i+1,"]=",v1[i])

print(" \nOrdenando Vectores:V2")
print("-" * 30)
j=1
for i in range(len(v2)):
    for j in range(len(v2)):
        if v2[i]>v2[j]:
                aux=v2[i]
                v2[i]=v2[j]
                v2[j]=aux
for i in range(5):
    print("\tV2[",i+1,"]=",v2[i])

print(" \nOrdenando Vectores:V3")
print("-" * 30)
j=1
for i in range(len(v3)):
    for j in range(len(v3)):
        if v3[i]>v3[j]:
                aux=v3[i]
```

```python
                v3[i]=v3[j]
                v3[j]=aux
for i in range(len(v3)):
    print("\tV3[",i+1,"]=",v3[i])
print(" Primeros tres puestos")
print(" \n Alumnos sección U:")
print("-" * 30)
for i in range(3):
    print("\tV1[",i+1,"]=",v1[i])
print(" \n Alumnos sección V:")
print("-" * 30)
for i in range(3):
    print("\tV2[",i+1,"]=",v2[i])
print(" \n Alumnos sección W:")
print("-" * 30)
for i in range(3):
    print("\tV3[",i+1,"]=",v3[i])
print(" Primer puesto por sección")
print("Sección      Notas" )
print("-" * 30)
print(" U=", v1[0]," V=",v2[0]," w = ",v3[0])

print( " Primeros 3 puestos por Sección")
print("-" * 40 )
a=v1[0];b=v2[0];c=v3[0]
print (" Tres notas mayores por sección= ",a,","",b,'
print(" Puestos")
```

```python
mayor=max(a,b,c)
menor=min(a,b,c)
medio =(a+b+c)-(mayor+menor)
print()
print(" Puestos por sección")
print("-" *30)
print("1.- Primer Puesto  =",mayor)
print("2.- Segundo puesto =",medio)
print("3.- Tercer puesto = ",menor)
```

Ejemplo:

Diseñar un programa que realice lo siguiente:

a. Descomponer un número en dígitos.

b. Jugar o adivinar.

c. Copiar elementos en un vector.

Solución:

```
Python 3.9.0 Shell                          —    □    ✕
File  Edit  Shell  Debug  Options  Window  Help

========== RESTART: C:\Users\
User\Desktop\ciclo_2021_2\vec
tor-union.py =========

Edite su número  =56
 longitud = 2
 1.- Última posición =  2
 2.- Primera posición =  1
 3.- Unión = [0, 0, 6, 0, 5]
 4.- Perdió
  Su número fue =  86
>>>
                                        Ln: 6  Col: 20
```

```
vector-union.py - C:\Users\User\Desktop\ciclo_2021_2\vector-union.py (3.9.0)   —    □    ✕
File  Edit  Format  Run  Options  Window  Help

from random import*
p=randint(10,99)
v=[0]*3;b=[0]*2
while True:
    n=input(" \nEdite su número  =")
    nn=int(n)
    if nn>9 and nn<99:
        long1=len(n)
        print(" longitud =",long1)
        d1=nn%10
        v[long1]=d1
        ps1=long1
        print(" 1.- Última posición = ",ps1)
        p1=nn//10

        d2=p1%10
        ps2=long1-1
        print(" 2.- Primera posición = ",ps2)

        v[long1]=d1
        b[long1-1]=d2
        c=v+b
        print(" 3.- Unión =",c)
        if nn==p:
            print(" encontrado, gané")
        else:
            print(" 4.- Perdió")
            print("  Su número fue = ",p)
                                        Ln: 16  Col: 16
```

Ejemplo:

Diseñar un programa para leer un número formado por dos o más dígitos y devolver lo siguiente:

a. Un número binario en una lista.

b. Una cadena.

Solución:

IDLE Shell 3.10.1

File Edit Shell Debug Options Window Help

```
>>>
==================== RESTART: C:/Users/User/Desktop/ss
s.py ====================

        Módulo: Binarios
----------------------------------------

        n = 23
----------------------------------------
        Invertido= [0, 0, 0, 0, 0, '1']
        Invertido= [0, 0, 0, 0, 0, '1', '11']
        Invertido= [0, 0, 0, 0, 0, '1', '11', '111']
        Invertido= [0, 0, 0, 0, 0, '1', '11', '111', '0111']
        Invertido= [0, 0, 0, 0, 0, '1', '11', '111', '0111', '10111']

        Solo Binarios = 10111
>>>
```
Ln: 7 Col: 40

vect.binar.py - H:/libro_python_Macro_oct_2022/vect.binar.py (3.10.1)

File Edit Format Run Options Window Help

```python
print(" \n\tMódulo: Binarios ")
print("-"*40)
n=int(input("\n\t n = "))
print("-"*40)
b=""
vb=[0]*5

while n>0:
    d=n%2

    n=n//2
    b=str(d)+b
    vb.append(b)
    print("  \t Invertido=",vb)
print(" \n\tSolo Binarios =",b)
```
Ln: 11 Col: 0

Ejercicio:

En la siguiente figura se ilustra una población identificada por apellidos, sexo y edad. Diseñar un programa que permita leer estos datos y, después, muestre a los alumnos según los siguientes criterios:

a. Ordenados por nombres de forma ascendente.

b. Listado de alumno de mayor edad y su nombre.

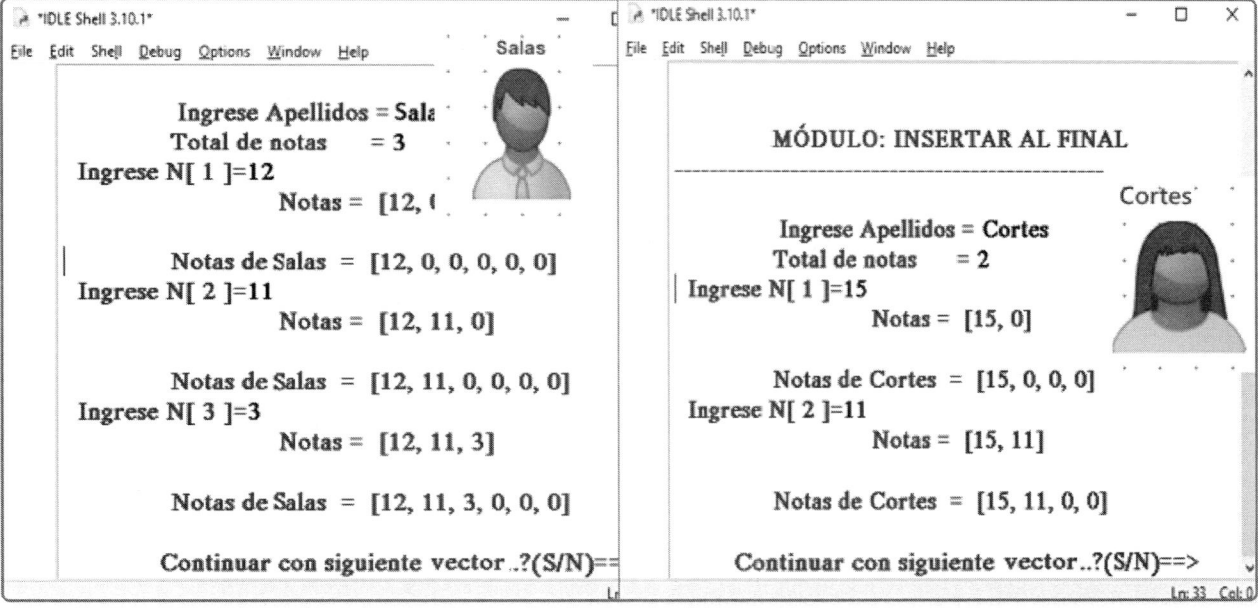

Pedro	María	Luisa	Juan	...
M	F	F	M	
15	13	14	15	

Ejemplo:

Diseñar un programa para registrar n alumnos>1 y, por cada alumno, se debe leer p notas>1 y guardarlas en un vector. Después, para continuar registrando más alumnos, usar el bucle repetitivo while. Al usar la pregunta: **"Sr. Desea continuar? (S/N)"**, se puede continuar con el registro de nuevos alumnos si se selecciona S.

Solución:

```
vector_insertar.py - C:/Users/User/Desktop/ciclo_2021_2/Clases_2021_II/computac_2021_II/vector_insertar.py (3.9.7)    —   □   ×
File  Edit  Format  Run  Options  Window  Help

resp='S'
while resp=='S':
        print()
        print("MÓDULO: INSERTAR AL FINAL ")
        print("--------------------------------------------------")
        print()
        n=int(input("Ingrese total de notas= "))
        notas=[0]*n
        nnotas=[0]*n
        k=0
        apell=input(" Ingrese apellidos = ")
        for i in range(n):
                notas[i]=int(input("Ingrese nota= "))
                print(" \tNotas = ",notas)
                print()
                print("  Insertar al final : ")
                nnotas[k]= int(input("Ingrese nueva nota= "))
                k=k+1
                tnotas=notas+nnotas
                print("Notas de" ,apell," = ",tnotas)

        resp=(input(" Continuar con siguiente vector..?(S/N)==>"))
        if resp=='N':
                print(" Saldrá del sistema...")
                input(" Presione una tecla...")
                exit()
                                                            Ln: 20  Col: 44
```

Ejemplo:

Diseñar un programa para leer n alumnos por código, considerando que n>1. Después, comprobar que los códigos no se repitan.

Códigos	Repeticiones
100	
100	Existe en posición 1
100	Existe en posición 2
100	....

Solución:

```
IDLE Shell 3.10.1                                    —    □    ×
File   Edit   Shell   Debug   Options   Window   Help

                Código válido en rango continuar.....
                código[ 1 ]   100 Aceptado
    |

     Ingrese código  = 100

                Código válido en rango continuar.....
                código[ 2 ]   100 Aceptado
    Código Ya Existe en posición :  1

     Ingrese código  = 200

                Código válido en rango continuar.....
                código[ 3 ]   200 Aceptado

     Ingrese código  = 300

                Código válido en rango continuar.....
                código[ 4 ]   300 Aceptado
>>> 300
    300
>>>
                                              Ln: 15   Col: 0
```

```python
vect_codig_unico.py - H:\LP_2022_OCT\vect_codig_unico.py (3.10.1)    —    □    ×
File   Edit   Format   Run   Options   Window   Help

print("")
print("  MÓDULO: Valida Código ÚNICO  "     )
print("_____")
while True:
    print("")
    n=int(input(" Ingrese longitud de vector= "))

    if(n<0):
        print(" Error en longitud, volver a ingresar ")
    if(n>0):
        break
codigo=[0]*n
pos=0;
for i  in range(0,n):
    while True:
        b1=False
        codigo[i]=int(input("\n Ingrese código  = "))
        print()
                                              Ln: 13   Col: 6
```

Ejemplo:

Diseñar un programa que permita leer la nota y el sexo de n alumnos (n definido por el usuario) y, después, genere un informe que permita conocer lo siguiente:

a. Listado de alumnos aprobados y posición original.

b. Cantidad de alumnos aprobados de sexo masculino.

Solución:

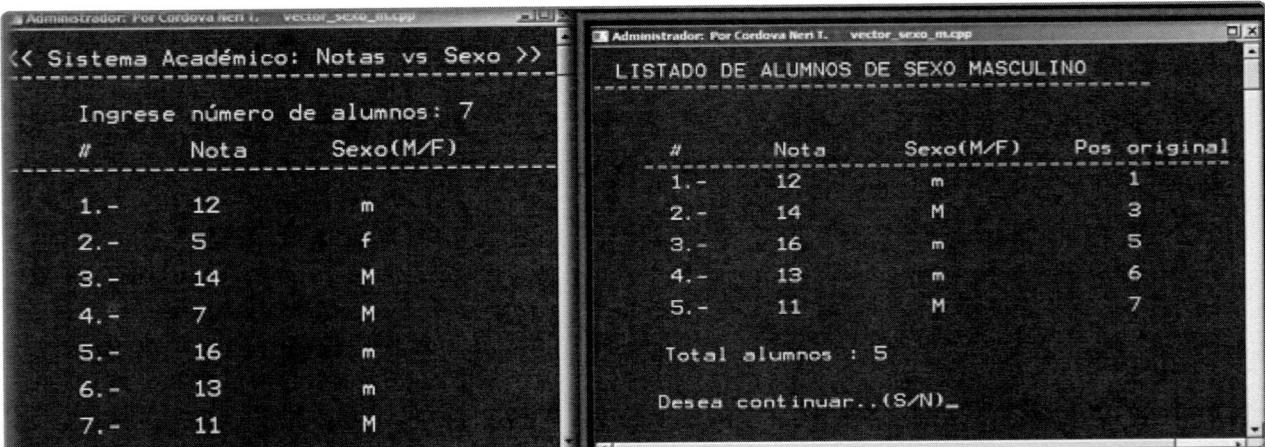

Ejemplo:

Diseñar un programa que permita disponer de las opciones mostradas en la imagen y ejecutar cada opción.

Como se observa en la imagen, el problema está definido en dos perfiles:

a. Módulo de validación.- Se realiza de forma aleatoria y solo acepta hasta tres errores, de lo contrario, abandona el programa.

b. Mantenimiento de datos del vector.- Insertar por posición, eliminar por índice o por elemento, ordenar de forma ascendente y descendente, buscar y exiliar elementos repetidos. Finalmente, solo debe quedar un elemento: informes.

Solución:

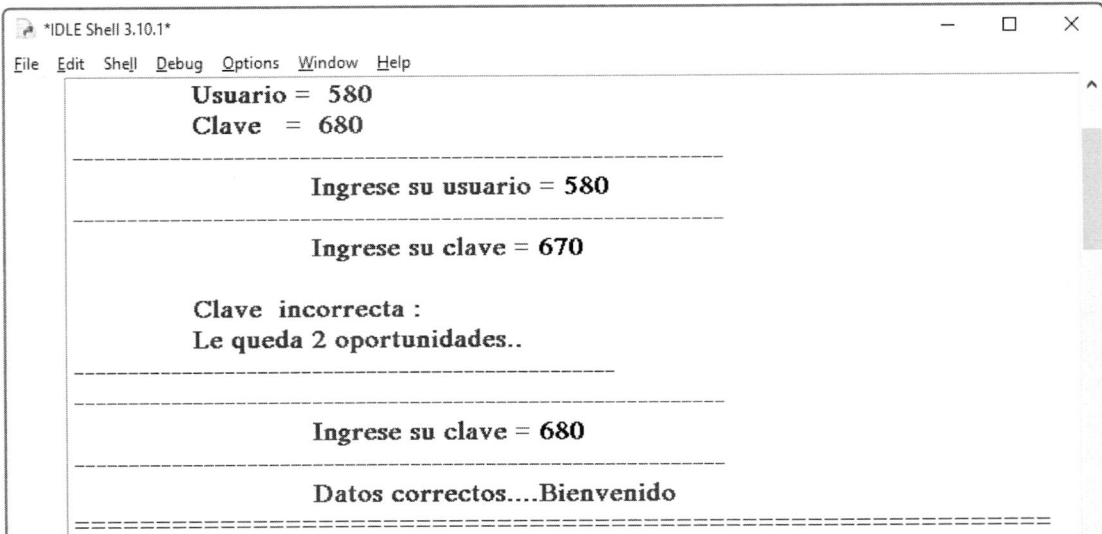

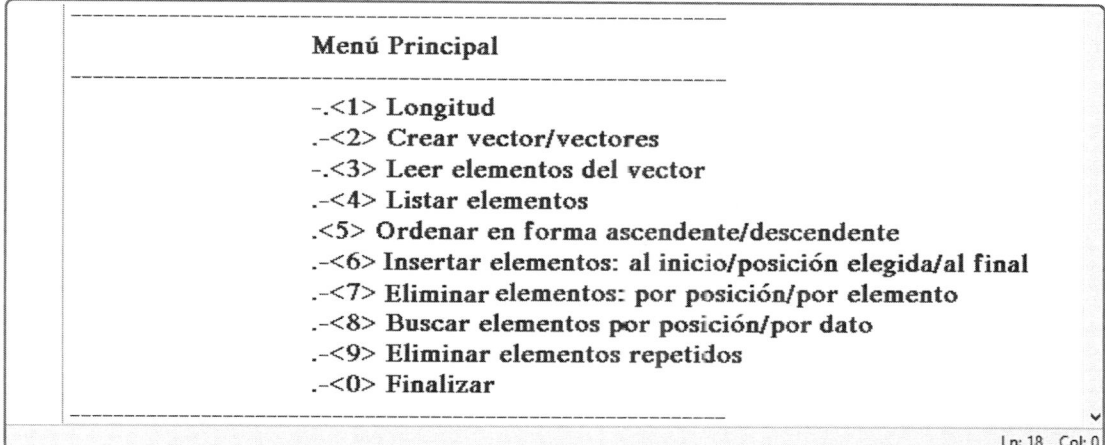

Por cada opción que se ejecute, siempre volverá a mostrarse el menú principal para poder elegir una nueva opción.

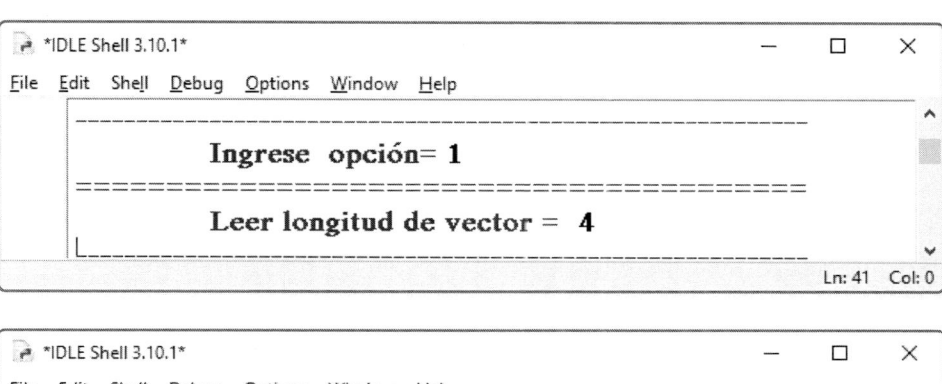

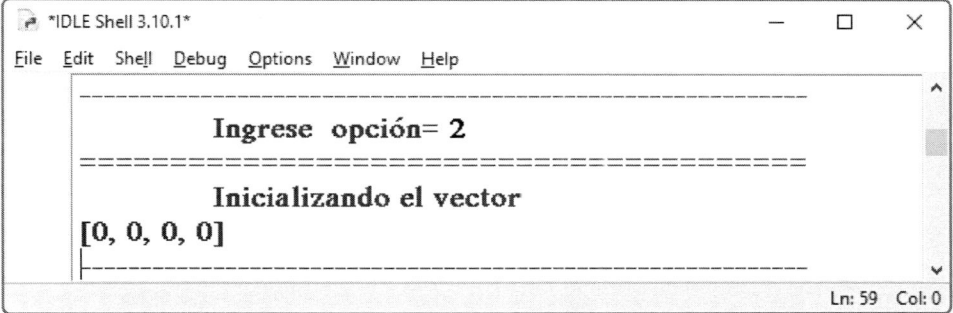

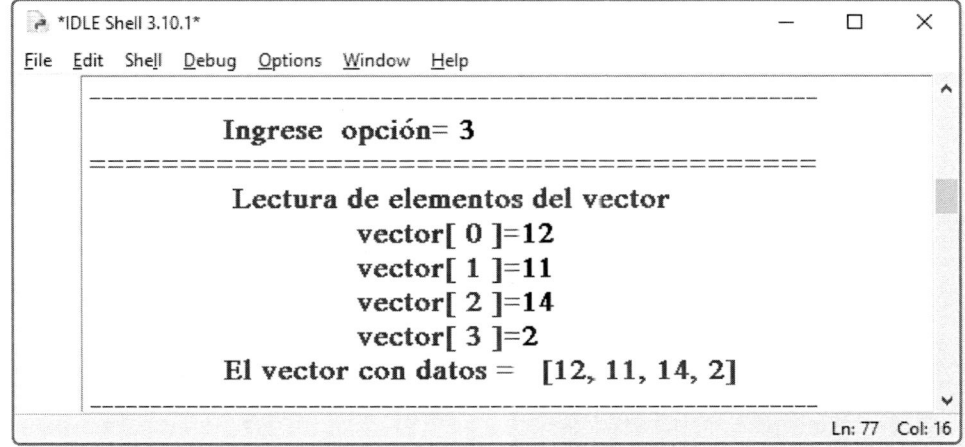

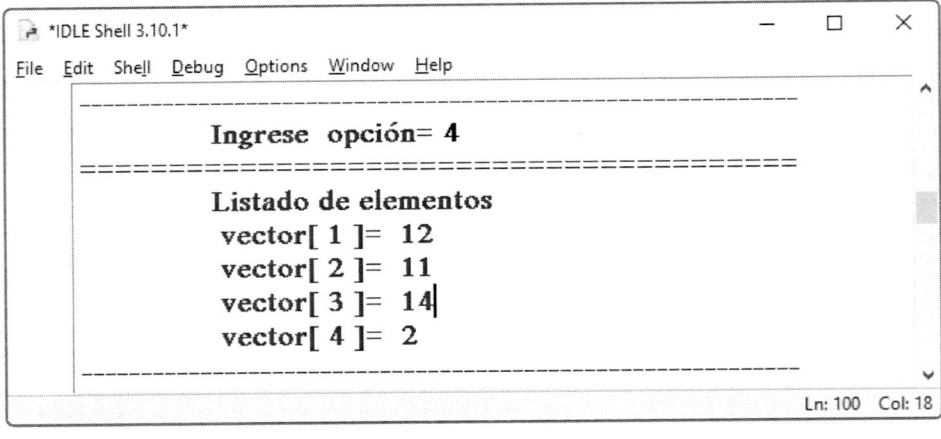

```
------------------------------------------------
         Ingrese  opción= 4
================================================
         Listado de elementos
         vector[ 1 ]=  12
         vector[ 2 ]=  11
         vector[ 3 ]=  14
         vector[ 4 ]=  2
------------------------------------------------
```

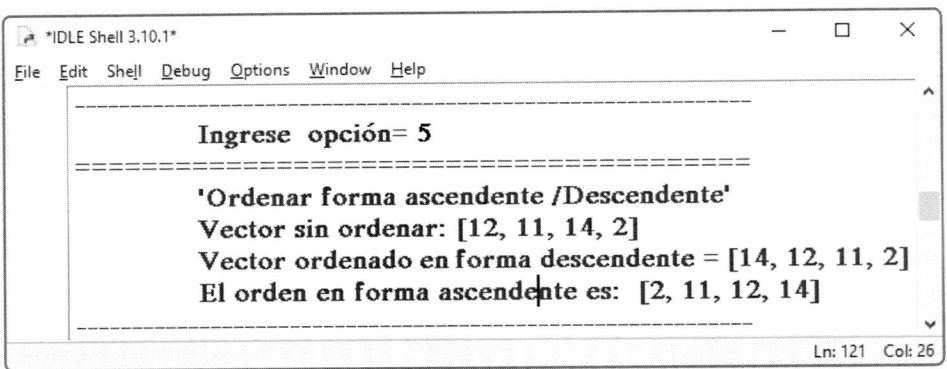

```
------------------------------------------------
         Ingrese  opción= 5
================================================
    'Ordenar forma ascendente /Descendente'
    Vector sin ordenar: [12, 11, 14, 2]
    Vector ordenado en forma descendente = [14, 12, 11, 2]
    El orden en forma ascendente es:  [2, 11, 12, 14]
------------------------------------------------
```

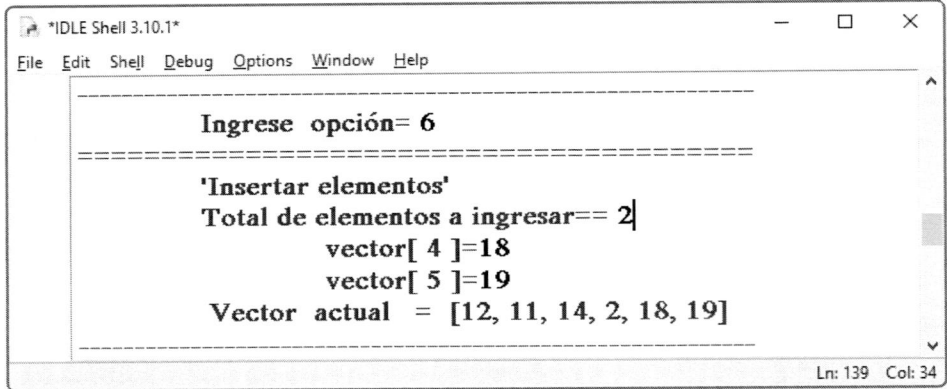

```
------------------------------------------------
         Ingrese  opción= 6
================================================
    'Insertar elementos'
    Total de elementos a ingresar== 2
             vector[ 4 ]=18
             vector[ 5 ]=19
       Vector  actual  = [12, 11, 14, 2, 18, 19]
------------------------------------------------
```

```
------------------------------------------------
         Ingrese  opción= 7
================================================
       Eliminar elementos
    Ingrese  total de elementos a eliminar: 1
             Elemento eliminado  1  :11
    Vector actual =  [12, 14, 2, 18, 19, 12]
------------------------------------------------
```

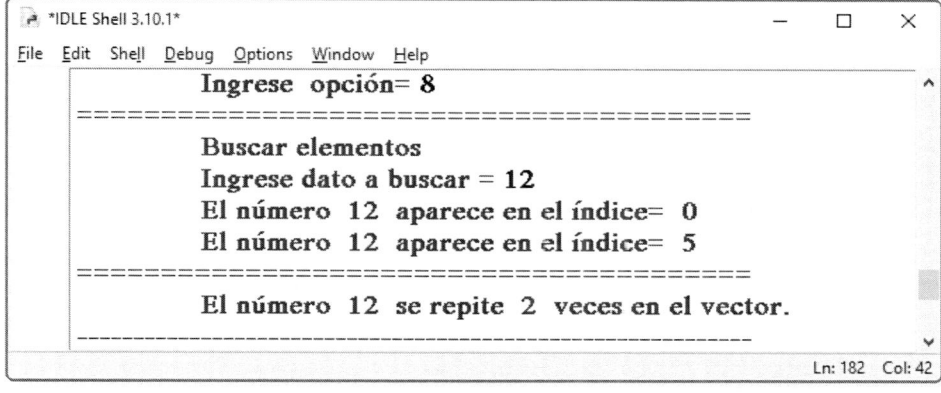

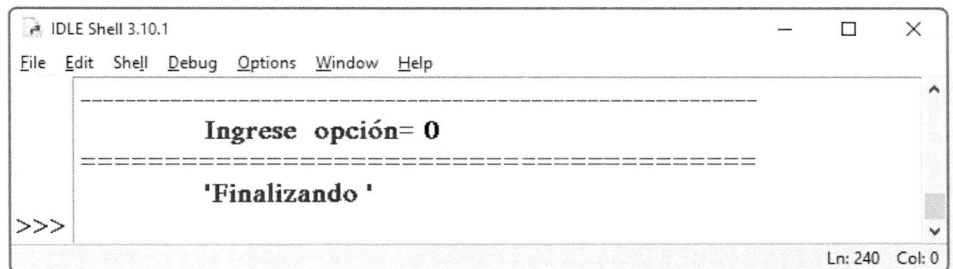

Se mostrará desde el diseño de opciones, pues el módulo de validación ya se ha desarrollado en su oportunidad.

```
if 3-g>0:
    nv=0
    while nv<3:
        print ("-"*60)
        contraseña1=int(input("\t\tIngrese su clave = "))
        if contraseña1!=Clave:
            print(" \n \tClave  incorrecta :")
            g=g+1
            print(" \tLe queda " + str(3-g)+" oportunidades..")
            print("-"*50)
    if (usuario==user and contraseña1==Clave):
        print("-"*60)
        print("\t\tDatos correctos....Bienvenido")
        print("="*60)
        resp="S"
```

```
while resp=="S" or resp=="s":
    print("-"*60)
    print("\t\tMenú Principal ")
    print("-"*60)
    print("\t\t.<1> Longitud")
    print("\t\t.-<2> Crear vector/vectores")
    print("\t\t.<3> Leer elementos del vector")
    print("\t\t.<4> Listar elementos")
    print("\t\t.<5> Ordenar en forma ascendente/descendente")
    print("\t\t.<6> Insertar elementos: al inicio/posición elegida/al final")
    print("\t\t.<7> Eliminar elementos: por posición/por elemento")
    print("\t\t.<8> Buscar elementos por posición/por dato")
```

Ln: 50   Col: 60

vector_menu.py - H:/LP_2022_OCT/vector_menu.py (3.10.1) — ☐ ✕

File Edit Format Run Options Window Help

```
    print("\t\t. <9> Eliminar elementos repetidos")
    print("\t\t.-<0> Finalizar")
    print("-"*60)
    opc=int(input("\tIngrese  opción= "))
    if (opc==1):
        print ("="*40)
        print("\tLeer longitud de vector = ",end=" ")
        n=int(input(""))
    if (opc==2):
        print ("="*40)
        print("\tInicializando el vector ")
        vector=[0]*n
        print(vector)
    if (opc==3):
        print ("-"*40)
        print("\t Lectura de elementos del vector")
        k=0
        for i in range(0,n):
            print("\t\tvector[",i,"]=",end="")
            vector[i]=int(input())
            k=k+1
        print("\tEl vector con datos = ", vector)
    if (opc==4):
        print ("="*40)
        print("\tListado de elementos ")
```

Ln: 75   Col: 0

vector_menu.py - H:/LP_2022_OCT/vector_menu.py (3.10.1) — ☐ ✕

File Edit Format Run Options Window Help

```
        print("\tListado de elementos ")
        j=0
        for i in range(0,n):
            print("\t vector[",j+1,"]= ", vector[j])
            j=j+1
    if (opc==5):
        print ("-"*40)
        print("\t'Ordenar en forma ascendente /Descendente'")
        m=1
        vecA=[0]*n
        vecD=[0]*n
        for i in range(0,n):
            nv=vector[i]
            vecA[i]=nv
            vecD[i]=nv
```

```
            print("\tVector sin ordenar:",vector)
            for i in range(0,n):
                for m in range(n):
                    if vecA[i]>vecA[m]:
                        aux=vecA[i]
                        vecA[i]=vecA[m]
                        vecA[m]=aux
            print("\tVector ordenado en forma descendente = ",vecA)
            for i in range(0,n):
                for m in range(n):
```
Ln: 98   Col: 0

---

vector_menu.py - H:/LP_2022_OCT/vector_menu.py (3.10.1)   —   □   ×

File   Edit   Format   Run   Options   Window   Help

```
                    if vecD[i]<vecD[m]:
                        aux=vecD[i]
                        vecD[i]=vecD[m]
                        vecD[m]=aux
            print("\tEl orden en forma ascendente es: ",vecD)
        if (opc==6):
            print ("="*40)
            print("\t'Insertar elementos'")
            inser=int(input("\tTotal de elementos a ingresar== "))
            for i in range (0,inser):
                print("\t\tvector[",i+n,"]=",end="")
                adicionado=int(input())
                vector.append(adicionado)
            print("\t Vector  actual  = ",vector)
            n=len(vector)
        if (opc==7):
            print ("="*40)
            print("\t Eliminar elementos")
            delte=int(input("\tIngrese  total de elementos a eliminar: "))
            for i in range (0,delte):
                print("\t\tElemento eliminado ",i+1," :",end="")
                eliminado=int(input())
                vector.remove(eliminado)
            print(" \tVector actual = ",vector)
        if (opc==8):
```
Ln: 119   Col: 33

---

vector_menu.py - H:/LP_2022_OCT/vector_menu.py (3.10.1)   —   □   ×

File   Edit   Format   Run   Options   Window   Help

```
            print("\tBuscar elementos")
            busca=int(input("\tIngrese dato a buscar = "))
            cont=0
            for i in range (0,len(vector)):
                if (vector[i]==busca):
                    print("\tEl número ",busca," aparece en el índice= ",i)
                    cont=cont+1
            print ("="*40)
            print("\tEl número ",busca," se repite ",cont," veces en el vector
        if (opc==9):
            print ("="*40)
            print("\t'Eliminar elementos repetidos'")
            unicos=[]
            for i in vector:
```

```
            if i not in unicos:
                unicos.append(i)
            print("\tVector sin elementos repetidos es = ",unicos)
        if (opc==0):
            print ("="*40)
            print("\t'Finalizando '",end="")
            break
    else:
        resp=="N" or resp=="n"
        print("\nSaliendo del sistema")
    break
```

```
🖹 vector_menu.py - H:/LP_2022_OCT/vector_menu.py (3.10.1)         —   □   ×

File  Edit  Format  Run  Options  Window  Help
            break                                                    ^
        else:
            resp=="N" or resp=="n"
            print("\nSaliendo del sistema")
        break
        elif (3-nv==0):
            print()
            print("\nUsted no está autorizado")
    else:
        print("\nAgotó todas sus oportunidades..adiós")
                                                                     ˅
                                                        Ln: 157  Col: 0
```

2.5. Arreglos bidimensionales: matriz

El término matriz está conceptualizado según el sistema cartesiano en ciencias y es aplicado en ingeniería, tanto en terrenos como en reconocimiento de imágenes, campos deportivos, almacenes, etc. Este se ilustra en las siguientes figuras:

Por lo tanto, una matriz o arreglo de dos dimensiones es una estructura rectangular o cuadrada de dimensión filas/columnas.

En ingeniería, una matriz es una lista cuyos elementos son sublistas que tienen la misma longitud y contienen elementos del mismo tipo.

Finalmente, se dice que una matriz está definida en el plano R^2, es decir, usa puntos de coordenadas (x,y) para definir sus aplicaciones.

A continuación, se presenta una tabla con los siguientes elementos: alumnos identificados por su nombre y su equivalente en la sintaxis Python.

Usar la siguiente interfaz, correspondiente al tratamiento de alumnos y sus cursos, como datos del sistema permite conocer la asistencia de cada alumno.

Variable: ausencias

Cursos \ Nombres	Álgebra (0)	Español (1)	Biología (2)	Sociales (3)	Cívica (4)
Juan (0)	2	4	0	3	4
Miguel (1)	3	1	8	2	11
Arnulfo (2)	1	2	1	0	2

Si se suman los datos de cada columna, se obtendrá el total de faltas por cada curso, pero, si sumamos los datos de cada fila, se conocerá el total de faltas por cada alumno.

En particular, considerar la siguiente matriz en teoría, después, expresarla en términos de listas y, finalmente, en sintaxis de Python.

$$\begin{bmatrix} 12 & 2 & 14 \\ 8 & 1 & 12 \\ 4 & 6 & 8 \end{bmatrix} = \begin{matrix} [12,\ 2,\ 14] \\ [8,\ 1,\ 12] \\ [4,\ 6,\ 8] \end{matrix} = [[12\ 2\ 14],[8,1,12],[4,6,8]]$$

Matriz [m][n]   3 Listas   En Python= [[12 2 14],[8,1,12],[4,6,8]]

m=filas

n=columnas

Ejemplo:

Diseñar un programa para inicializar una matriz de dimensión 3*3.

Solución:

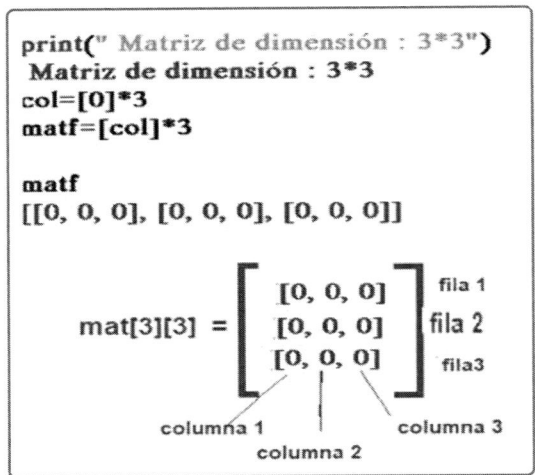

```
print(" Matriz de dimensión : 3*3")
 Matriz de dimensión : 3*3
col=[0]*3
matf=[col]*3

matf
[[0, 0, 0], [0, 0, 0], [0, 0, 0]]
```

A continuación, de forma aleatoria, introducir los elementos de la matriz.

```
IDLE Shell 3.10.1                                    —   □   ×
File  Edit  Shell  Debug  Options  Window  Help
>>>
>>> matf[0][0]=randint(0,9)
>>> matf[0][0]=randint(0,9)
>>> matf[0][0]=randint(0,9)
>>> matf[0][0]=randint(0,9)
>>> matf[0][0]=randint(0,9)
>>>
>>> matf[0][1]=randint(0,9)
>>> matf[0][0]=randint(0,9)
>>> matf[0][2]=randint(0,9)
>>>
>>> matf[1][0]=randint(0,9)
>>> matf[1][1]=randint(0,9)
>>> matf[1][2]=randint(0,9)
>>>
>>> matf[2][0]=randint(0,9)
>>> matf[2][1]=randint(0,9)
>>> matf[2][2]=randint(0,9)
>>>
    Matriz=  [[7, 0, 1], [7, 0, 1], [7, 0, 1]]
                                        Ln: 54  Col: 0
```

Ejemplo:

Considerar la siguiente matriz de cuatro filas y tres columnas y expresarla en sintaxis Python.

	0	1	2
0	23	45	63
1	72	81	91
2	56	64	37
3	34	75	26

Solución:

Su representación conceptual es un cuadrado de dos dimensiones. Las filas son horizontales y las columnas son verticales.

Mat=[[23,45,63],[72,81,91],[56,64,37],[34,75,26]]

Usar la librería NumPy para facilitar el manejo de vectores y matrices.

2.6. Generalizando la sintaxis

2.6.1. Primera técnica

Matriz=[[lista1],[lista2],[....], [listaN]]

Se puede inicializar una matriz según la dimensión deseada.

Inicializando: **Lista=[0] *Nro_columnas**

Crear matriz: **Matriz= [Lista]* Nro_filas**

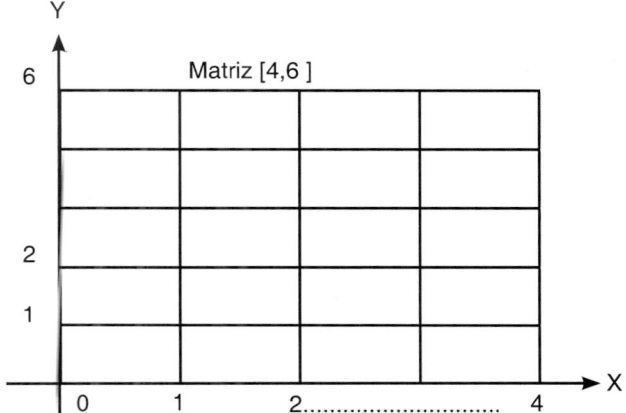

Ejemplo:

Diseñar los procedimientos para crear una matriz de tres filas por cinco columnas.

Solución:

Lista inicializada= vector=[0] * 5

Vector= [0,0,0,0,0]

Matriz a crear = [vector] * 3   Columnas

Matriz 3 * 5 = [[0, 0 0 0 0], [0, 0 0 0, 0], [0, 0 0 0, 0]]

Fila 0   Fila 1   Fila 2

Conceptualización lógica

		0	1	2	3	4
	0	0	0	0	0	0
	1	0	0	0	0	0
	2	0	0	0	0	0

Ejemplo:

Considerar la siguiente matriz de 4*3:

Mat=[[2,4,6],[2,1,1],[5,6,3],[4,5,6]]

Expresarla de forma analítica y, después, hacer las operaciones.

Matriz=Array[1..4,1..3] de tipo enteros

Solución:

2	4	6
2	1	1
5	6	3
4	5	6

Operaciones:

a. Hacer un informe de la sublista1: **Mat [1]**.

b. Hacer un informe del componente fila 1, columna 2 **Mat[1][2]**.
Componente ubicado en la fila 1, columna 2.

c. Hacer un informe del tercer componente (fila2, columna2)
Mat [2][2].

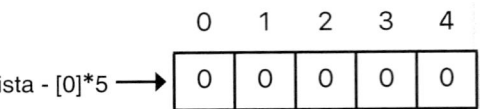

Ejemplo:

Inicializar la siguiente estructura:

Lista=[0]*5

Después, con base en esta lista, crear una matriz de dimensión 3*5.

Finalmente, asignar a las últimas filas los siguientes valores, según las filas indicadas:

a. **Segunda fila.- Mat[1]=[1,3,4,3,5]**

b. **Tercera fila.- Mat[2]=[-2,1,3,6,2]**

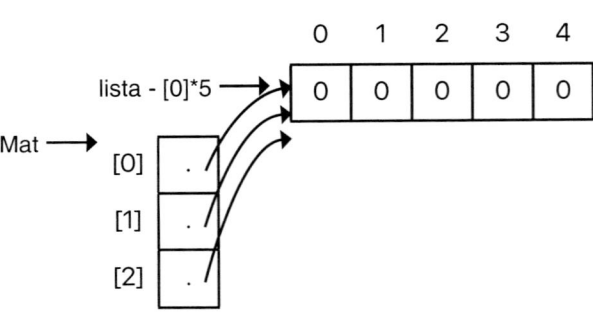

En las siguientes tablas se muestra los resultados finales:

Mat=[lista]*3

Solución:

	0	0		0	0
0	0	0		0	0
0	0	0		0	0

0	0	0	0	0
1	3	4	3	5
-2	1	3	6	2

En la siguiente imagen, se ilustra la técnica Python con matrices.

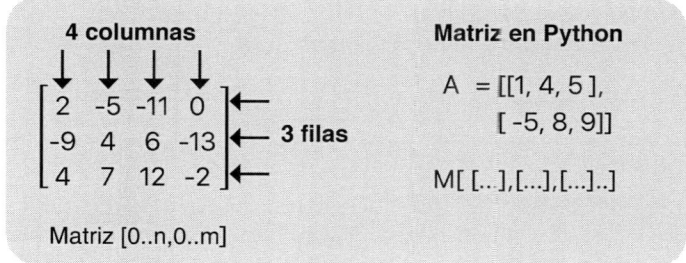

Objetivo: Matriz Teórica M[ ] a expresar en técnicas Python.

Ejemplo:

Inicializar una matriz de dimensión 3*3 y, después, asignar los datos Comprobar si se repite un dato introducido y, para evitar esto, usar la técnica de listas por comprensión.

Solución:

```
IDLE Shell 3.10.1                                         —    □    ×
File  Edit  Shell  Debug  Options  Window  Help
        Inicializar en forma constante una Matriz:3*3
>>> cols=[0]*3
>>> cols
    [0, 0, 0]
>>> Matriz=[cols]*3
>>> print(" Matriz inicializada=",Matriz)
     Matriz inicializada= [[0, 0, 0], [0, 0, 0], [0, 0, 0]]
>>>
>>> Matriz
    [[0, 0, 0], [0, 0, 0], [0, 0, 0]]
>>> print(" Asignando datos ")
     Asignando datos
>>>
>>> Matriz[0][0]=12
>>> Matriz[0][1]=14
>>> Matriz
    [[12, 14, 0], [12, 14, 0], [12, 14, 0]]
>>> Print("Observe que 12,14 se repiten en cada fila ")
```

Observación:

Como se puede observar, un valor asignado a la primera posición también se repite en la segunda y tercera fila. Esto es un error que se debe a que Python evalúa solo una vez la expresión que, posteriormente, será copiada y concatenada (filas)-veces. Es decir, la expresión M=[[0] * (cols)] siempre hace referencia a la misma lista y, en consecuencia, al escribir matriz[i][j] = dato se modifica más de una celda a la vez, porque dichas celdas harán referencia al mismo objeto. Ante este problema, se debe declarar e iterar usando la siguiente sintaxis.

2.6.2. Segunda técnica

Matriz = [[0] * (3 for i in range(3)]

La dimensión puede leerse.

En esta sintaxis, los datos son introducidos correctamente en cada celda de la matriz, tal como se observa en la interfaz anterior.

Ejemplo:

Diseñar un programa en modo shell que inicialice una matriz de dimensión 2*2 y, después, asignar los datos mostrados en la siguiente figura:

$$\text{Matriz [2] [2]}=\begin{bmatrix} 13 & 11 \\ 16 & 17 \end{bmatrix}\begin{matrix}\text{Fila 1}\\\text{Fila 1}\end{matrix}$$

Solución:

```
IDLE Shell 3.10.1                              —    □    ×
File  Edit  Shell  Debug  Options  Window  Help
>>>
>>>  print(" Técnica II: Por Comprensión")
      Técnica II: Por Comprensión
>>>
>>>  M=[[0] * (2) for i in range(2)]
>>>  M
      [[0, 0], [0, 0]]
>>>
>>>  print(" Ingreso de datos")
      Ingreso de datos
>>>
>>>  M[0][0]=12
>>>  M[0][0]=13
>>>  M[0][1]=11
>>>
>>>  M[1][0]=16
>>>  M[1][1]=17
>>>
>>>  M
      [[13, 11], [16, 17]]
>>>  print(" El 12 fue reemplazado por 13")
      El 12 fue reemplazado por 13

                                          Ln: 59  Col: 0
```

Ejemplo:

Diseñar un programa en modo shell que inicialice una matriz de dimensión 3*3 y, después, asignar los siguientes datos correspondientes:

Matriz inicializada

$$\text{Matriz [2] [2]}=\begin{bmatrix} 0 & 0 & 0 \\ 0 & 0 & 0 \\ 0 & 0 & 0 \end{bmatrix}$$

Solución:

La matriz recorre 0,1,2 filas y 0,1,2 columnas.

```
IDLE Shell 3.10.1                              —    □    ×
File  Edit  Shell  Debug  Options  Window  Help
>>>  print(" técnica: Lista por comprensión")
      técnica: Lista por comprensión
>>>
>>>  matrizc = [[0] * (3) for i in range(3)]
>>>  matrizc
      [[0, 0, 0], [0, 0, 0], [0, 0, 0]]
>>>
>>>  matrizc[0][0]=11
>>>  matrizc[0][1]=14
>>>  matrizc
      [[11, 14, 0], [0, 0, 0], [0, 0, 0]]
>>>  print(" se acepta el ingreso correctamente")
      se acepta el ingreso correctamente
```

```
>>> print(" continuando")
    continuando
>>> matrizc[0][2]=19
>>> matrizc[1][0]=18
>>> matrizc[1][1]=17
>>> matrizc[1][2]=19
>>> matrizc
    [[11, 14, 19], [18, 17, 19], [0, 0, 0]]
>>> print("datos con ingreso correcto..")
    datos con ingreso correcto..
>>>
```
Ln: 59 Col: 0

Ejemplo:

Inicializar una matriz y asignar los datos. Se debe observar que esta técnica, para un valor de una celda, apunta a todas las demás. A continuación, se verá cómo se resuelve este problema.

Solución:

IDLE Shell 3.10.1 — □ ×
File Edit Shell Debug Options Window Help
```
>>> print(" Inicializar Matriz:técnicas")
    Inicializar Matriz:técnicas
>>> print(" Técnica I: forma constante")
    Técnica I: forma constante
>>> col=[0]*3
>>> print(" Columnas =",col)
    Columnas = [0, 0, 0]
>>> Matf=[col]*2
>>>
>>>
>>> print(" Matriz filas = ",Matf)
    Matriz filas =  [[0, 0, 0], [0, 0, 0]]
>>>
```
Ln: 10 Col: 0

IDLE Shell 3.10.1 — □ ×
File Edit Shell Debug Options Window Help
```
>>> print(" Ingreso de elementos")
    Ingreso de elementos
>>> Matf[0][0]=12
>>>
>>> Matf[0][1]=13
>>> Matf[0][2]=6
>>> Matf[1][0]=3
>>> Matf[1][2]=6
>>> Matf[1][2]=6
>>> Matf[0][1]=18
>>> Matf
    [[3, 18, 6], [3, 18, 6]]
```

```
>>>
>>> sumf1=Matf[0][0]+Matf[0][1]+Matf[0][2]
>>> print(" Suma Fila1 =",sumf1)
     Suma Fila1 = 27
>>>
>>> sumf2=Matf[1][0]+Matf[1][1]+Matf[1][2]
>>> print(" Suma Fila 2=",sumaf2)
    Traceback (most recent call last):
      File "<pyshell#33>", line 1, in <module>
        print(" Suma Fila 2=",sumaf2)
    NameError: name 'sumaf2' is not defined. Did you mean
    : 'sumf2'?
>>> print(" Suma Fila 2=",sumf2)
     Suma Fila 2= 27
                                            Ln: 59  Col: 36
```

Observación:

Si se suman las filas en esta matriz, se podrá observar que los resultados coinciden. Esto se debe a que esta forma de inicializar una dirección apunta a todas las demás celdas. A continuación, se verá otra forma de dar la sintaxis.

Ejemplo:

Diseñar un programa para inicializar una matriz de dimensión 2*2 y, después, asignar los datos. Finalmente, calcular el promedio y hacer los informes.

$$\text{Notas} = \begin{bmatrix} 13 & 11 \\ 16 & 17 \end{bmatrix} \begin{matrix} \text{Luis} \\ \text{Ana} \end{matrix}$$

Solución:

```
IDLE Shell 3.10.1                          —   □   ×
File  Edit  Shell  Debug  Options  Window  Help
>>> print(" Primero hallar total de notas de cada alumno:")
     Primero hallar total de notas de cada alumno:
>>> Luis_notas=M[0][0]+M[0][1]+M[0][2]
    Traceback (most recent call last):
      File "<pyshell#37>", line 1, in <module>
        Luis_notas=M[0][0]+M[0][1]+M[0][2]
    IndexError: list index out of range
>>> Luis_notas=M[0][0]+M[0][1]
>>> Luis_notas
    24
>>> Ana_notas=M[1][0]+M[1][1]
>>> Ana_notas
    33
>>> print(" Ahora, su promedio ")
     Ahora, su promedio
>>> print(" Promedio de Luis =",Luis_notas/2)
     Promedio de Luis = 12.0
>>>
>>> print(" Promedio de Ana =",Ana_notas/2)
     Promedio de Ana = 16.5
>>>
                                            Ln: 74  Col: 0
```

Ejemplo:

Diseñar un programa para expresar, en una matriz con productos, el proceso de distribución de los productos desde un almacén principal a otros almacenes localizados en otros distritos.

Almacén de productos

Se dirigen a distritos

Solución:

Proceso de distribución

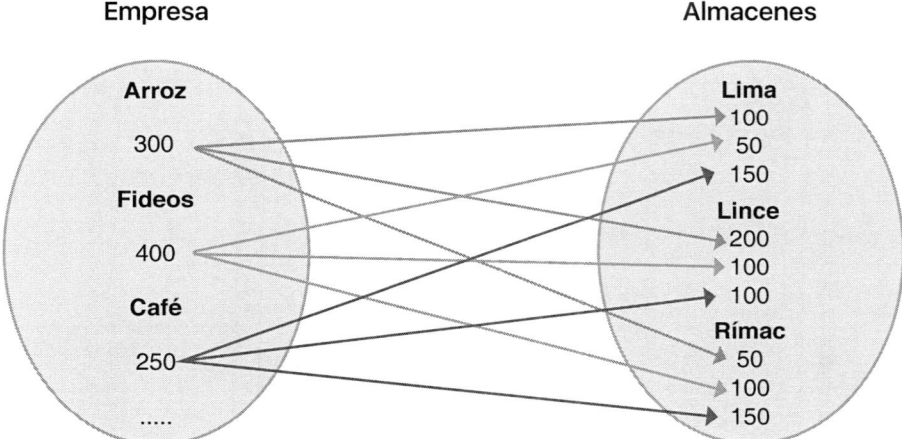

Columnas	0	1	2	3
Filas	Producto	Lima	Lince	Rímac
0	Arroz	100	50	150
1	Fideos	200	100	100
2	Café	50	100	150

Cia [3,4]

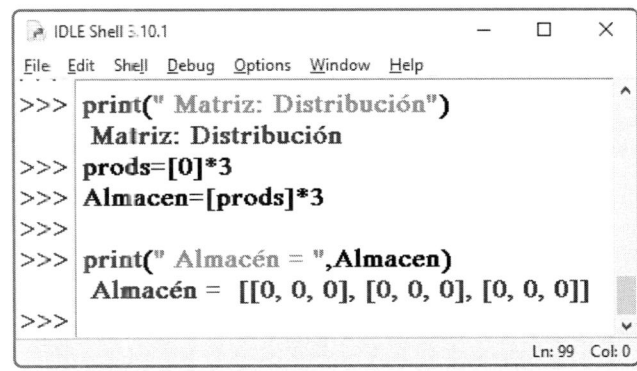

Finalmente, generalizar la teoría en la práctica y en Python.

Sintaxis:

Crear matriz

1. **Inicializando:** Lista [0] * Nro_columnas

2. **Crear matriz:** Matriz= [Listas]* Nro_filas

Usando el lenguaje de programación de Python se ilustran sus resultados.

2.7. Estructura repetitiva

a. Leer la dimensión.

```
n=int(input(" Ingrese filas = "))
m=int(input(" Ingrese columnas = "))
```

Se puede usar la siguiente sintaxis:

```
print(" Ingrese fila ",end="")
n=int(input())
print(" Ingrese columna ",end="")
m=int(input())
```

b. Leer la matriz. Con la siguiente instrucción se crea una matriz y se pueden leer los elementos correctamente.

```
mat=[[ 0 for x in range(n)] for y in range(m)]
```

Ejemplo:

Definir una matriz de dimensión 2*2 e iterar la dimensión.

Solución:

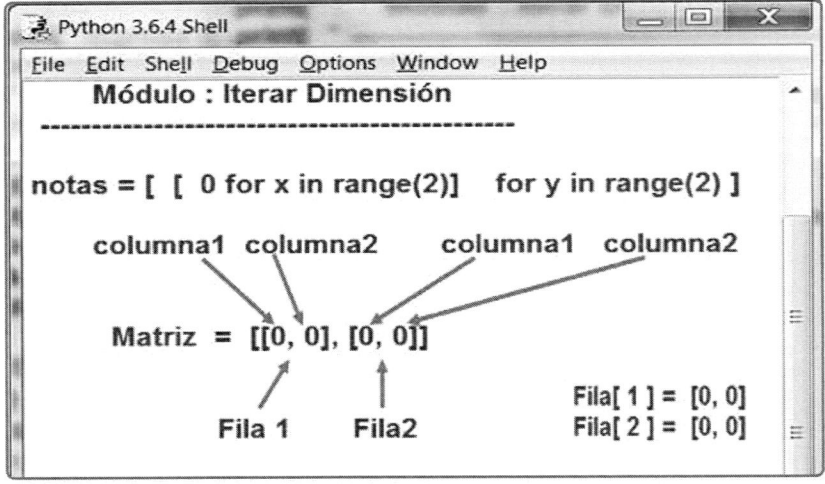

c. Tercera técnica: usar el método append().

```
matriz = []
n=int(input(" Filas        = "))
m=int(input(" Columnas = "))
print(" Inicializar matriz en 0 ")
for i in range(n):
    matriz.append([0]*m)
```

2.8. Dimensión de forma variable

a. Leer dimensión

Nro_filas (f) = int(input(" filas = "))

Nro_columnas (c)=int(input(" columnas = "))

b. Iterar y cargar datos

for i in range(f) :

for j in range(c) :

• **Matriz[f,c]=int(input(" Datos))**

• **matriz = [[0] * (c) for i in range(f)]**

Ejemplo:

Diseñar un programa que permita crear una matriz en forma de lista de dimensión 2*3 y, después, hacer un informe para mostrar sus elementos inicializados.

Solución:

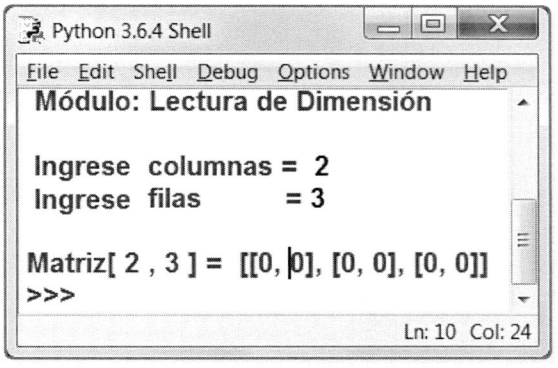

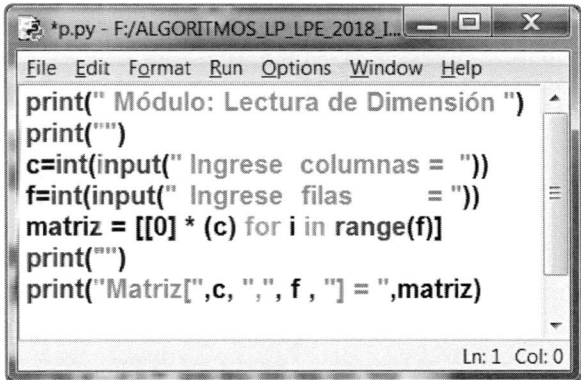

Ejercicio:

Se deja como ejercicio crear un programa que permita leer la dimensión de la matriz, almacenar datos de tipo enteros y hacer un informe.

Para fines prácticos y de ilustración, leer solo la dimensión de 3*2.

		C=1	C=2
		1	2
F=1	1	1	2
F=2	2	3	4
F=3	3	5	6

Ejemplo:

Diseñar un programa que permita leer la dimensión de una matriz y, después, hacer lo siguiente:

a. Un informe de sus elementos.

b. Buscar elemento. Si existe, mostrar el dato repetido como un solo número e indicar el número de repeticiones.

Solución:

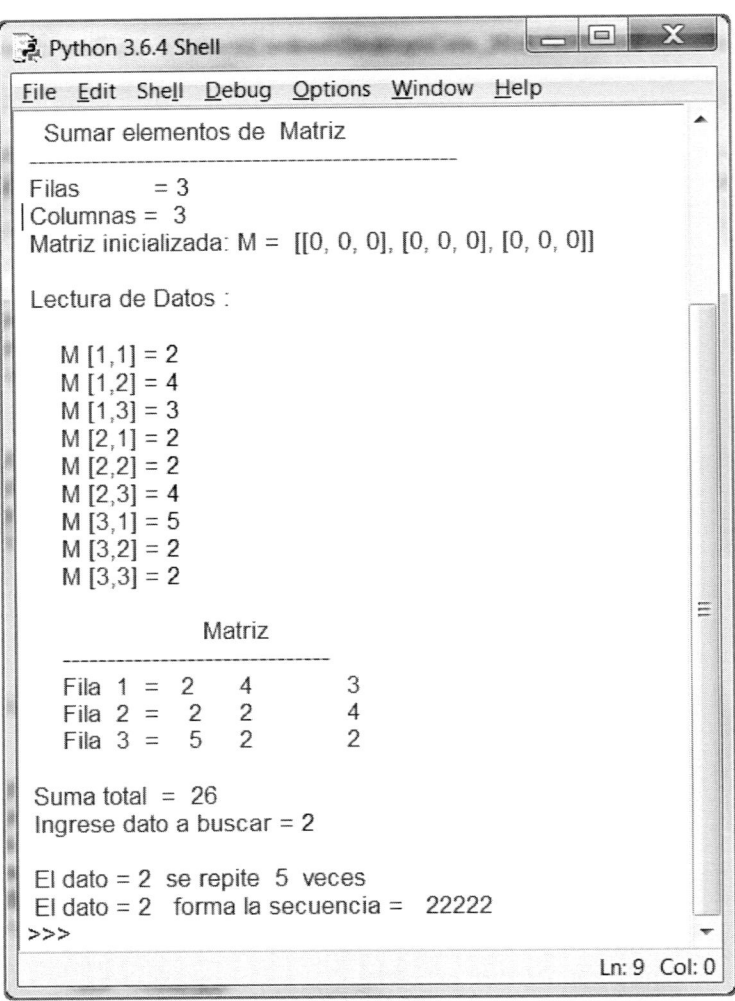

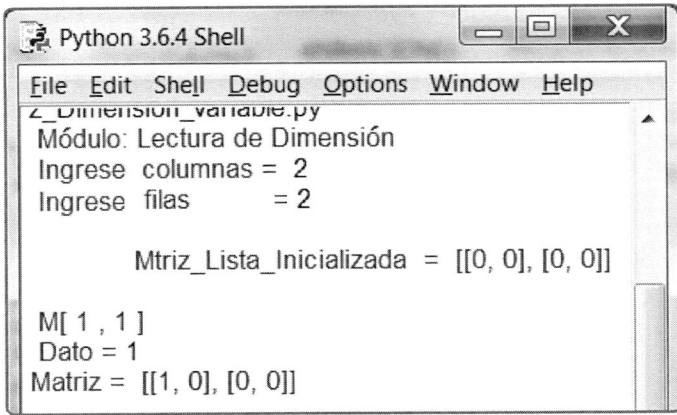

```
 M[ 1 , 2 ]
 Dato = 2
Matriz =  [[1, 2], [0, 0]]

 M[ 2 , 1 ]
 Dato = 3
Matriz =  [[1, 2], [3, 0]]

 M[ 2 , 2 ]
 Dato = 4
Matriz =  [[1, 2], [3, 4]]

     Matriz Actual:

---------------------------------
 Matriz [ 1 , 1 ]=  1
 Matriz [ 1 , 2 ]=  3
 Matriz [ 2 , 1 ]=  2
 Matriz [ 2 , 2 ]=  4
```

Ln: 35 Col: 4

---

*Matriz_Dimension_variable.py - G:\A...

File Edit Format Run Options Window Help

```python
print(" Módulo: Lectura de Dimensión ")
columnas=int(input(" Ingrese  columnas = "))
filas=int(input(" Ingrese    filas     = "))

matriz = [[0] * (columnas) for i in range(filas)]

print("")
print("         Mtriz_Lista_Inicializada  = ",matriz)
print("")
for j in range (filas) :
   for i in range(columnas):
      print(" M[",j+1,",",i+1,"]")
      matriz[j][i]=int(input(" Dato = "))
      print("Matriz = ",matriz)
      print(" ")

print("       Matriz Actual: ")
print("-----------------------------------")
for j in range (columnas) :
   for i in range(filas):

      print(" Matriz [",j+1,",",i+1,"]= ", matriz[i][j])
```

Ln: 18 Col: 0

```
*Matriz_Dimension_variable.py - G:\A...

File   Edit   Format   Run   Options   Window   Help

print(" Módulo: Lectura de Dimensión ")
columnas=int(input(" Ingrese  columnas = "))
filas=int(input(" Ingrese   filas      = "))

matriz = [[0] * (columnas) for i in range(filas)]

print("")
print("          Mtriz_Lista_Inicializada  = ",matriz)
print("")
for j in range (filas) :
   for i in range(columnas):
      print(" M[",j+1,",",i+1,"]")
      matriz[j][i]=int(input(" Dato = "))
      print("Matriz = ",matriz)
      print(" ")

print("      Matriz Actual: ")
print("----------------------------------")
for j in range (columnas) :
   for i in range(filas):

      print(" Matriz [",j+1,",",i+1,"]= ", matriz[i][j])
for i in  range(n):
   for j in range(m):
      mat[i][j]=int(input("    M [%d,%d] = " % (i+1,j+1)))
print("")
print("              Matriz  ")
print("      ----------------------------")
for i in  range(n):
   for j in range(m):
      ma=ma+str(mat[i][j])+"\t"
   print("   Fila ",i+1," = ",ma)
   ma="  "
   sm=0
for i in  range(n):
   for j in range(m):
      sm=sm+mat[i][j]
print("")
print(" Suma total  = ",sm)
k=0
sec=0
db=int(input(" Ingrese dato a buscar = "))
for i in  range(n):
   for j in range(m):
      if(db==mat[i][j]):
         k=k+1
         sec=sec*10+db
print("")
print(" El dato =",db," se repite ",k ," veces ")
print(" El dato =",db," forma la secuencia =  ",sec)
```

Ln: 37 Col: 0

Ejemplo:

Diseñar un programa que permita leer la dimensión de una matriz y, cespués, realizar lo siguiente:

a. Cargar datos.

b. Hacer un informe de sus elementos.

c. Mostrar los datos en un vector.

d. Mostrar la matriz ordenada por filas y de forma ascendente.

e. Mostrar el mayor elemento de la matriz y ordenar la matriz y la posición que ocupa.

Solución:

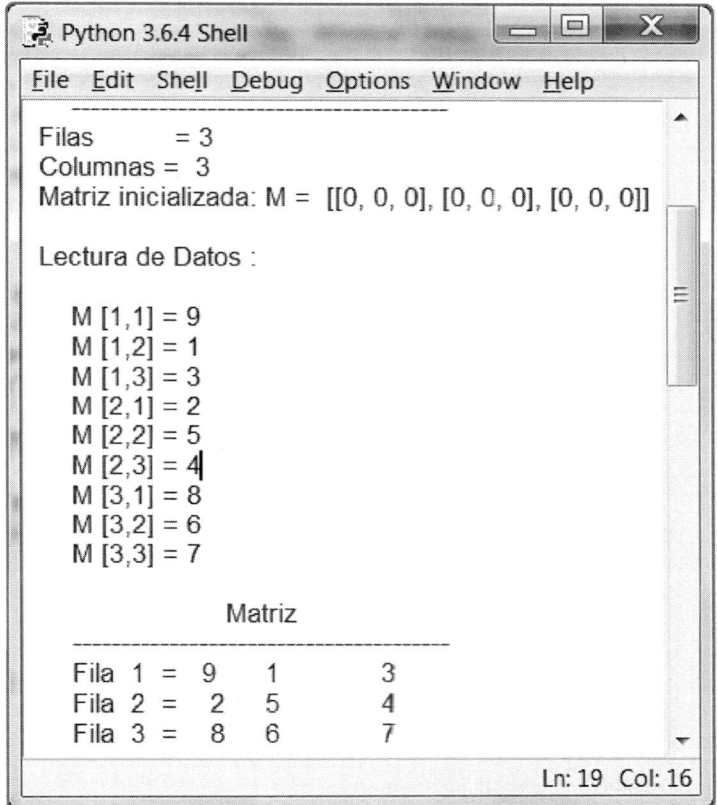

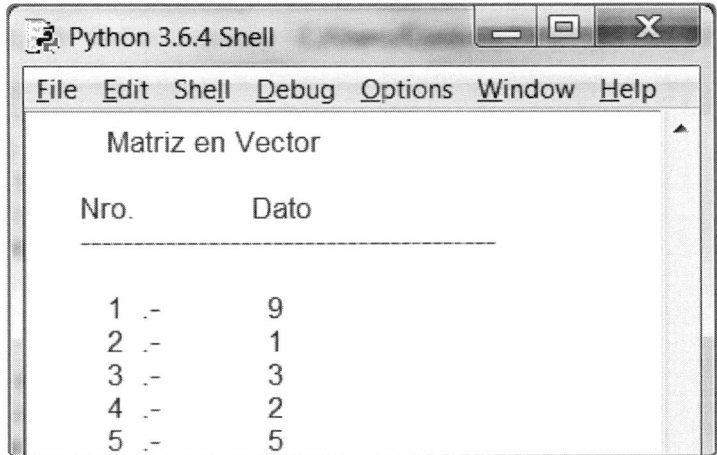

```
      5 .-          5
      6 .-          4
      7 .-          8
      8 .-          6
      9 .-          7


            Ordenar Vector : Descendente
      --------------------------------------------

      Nro.          Dato
      --------------------------------------------

      1 .-          1
      2 .-          2
      3 .-          3
      4 .-          4
      5 .-          5
      6 .-          6
      7 .-          7
      8 .-          8
      9 .-          9
```
Ln: 43 Col: 0

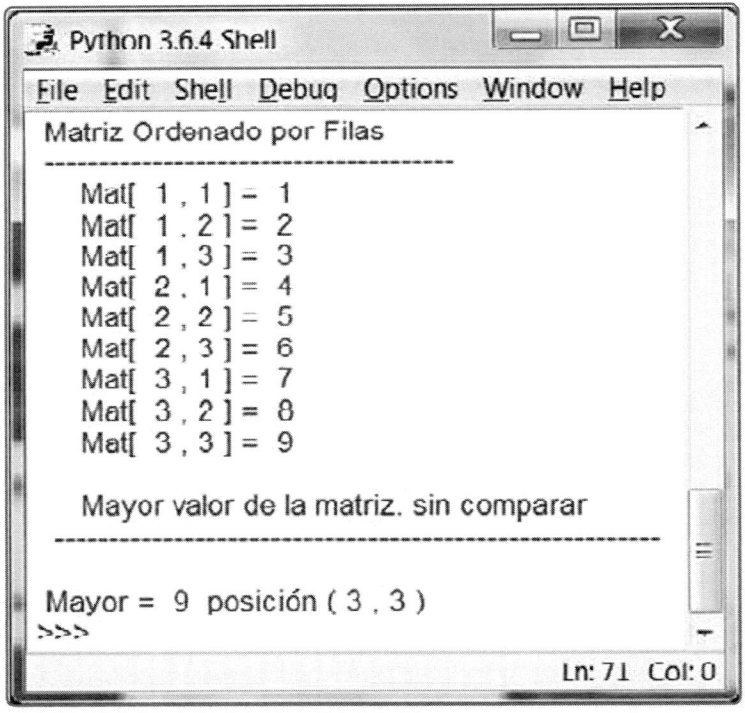

```
Matriz Ordenado por Filas
-----------------------------------------
    Mat[ 1 , 1 ] = 1
    Mat[ 1 . 2 ] = 2
    Mat[ 1 , 3 ] = 3
    Mat[ 2 . 1 ] = 4
    Mat[ 2 , 2 ] = 5
    Mat[ 2 , 3 ] = 6
    Mat[ 3 , 1 ] = 7
    Mat[ 3 , 2 ] = 8
    Mat[ 3 , 3 ] = 9

    Mayor valor de la matriz. sin comparar
-----------------------------------------------------

Mayor =  9  posición ( 3 , 3 )
>>>
```
Ln: 71 Col: 0

*matriz_leer_Vector_Copia.py - C:\Users\C...

File   Edit   Format   Run   Options   Window   Help

```python
print(""); ma =" "
print("   Sumar elementos de  Matriz ")
print("   ---------------------------------------")
n=int(input(" Filas       = "))
m=int(input(" Columnas = "))
p=n*m
mat=[[ 0 for x in range(n)] for y in range(m)]
print(" Matriz inicializada: M = ", mat)
print("")
print(" Lectura de Datos : ")
print("")
for i in  range(n):
    for j in range(m):
        mat[i][j]=int(input("    M [%d,%d] = " % (i+1,j+1)))
print("")
print("                       Matriz   ")
print("      ---------------------------------------")
for i in  range(n):
    for j in range(m):
        ma=ma+str(mat[i][j])+"\t"
    print("    Fila ",i+1," = ",ma)
    ma=" "
    v=[0]*p; k=0
print("          Ordenar Vector : Descendente ")
for i in  range(n):
    for j in range(m):
            v[k]=mat[i][j]
            k=k+1
print("")
print("       Matriz en Vector  ")
print("")
print("    Nro.          Dato ")
print("      ---------------------------------")
print("")
for i in  range(k):
    print("      ",i+1," .-          ",v[i])
print("")
print("")
print("          Ordenar Vector : Descendente ")
print("      -----------------------------------------")
j=1
for i in  range(p):
    for j in range(p):
        if v[i]<v[j]::          aux=v[i]:          v[i]=v[j]:          v[j
print("")
print("    Nro.          Dato ")
print("      ----------------------------------")
for i in  range(k):
    print("      ",i+1," .-          ",v[i])
print("")
print(" Matriz Ordenado por Filas ")
print("      -----------------------------------")
d=0
for i in  range(n):
    for j in range(m):
        mat[i][j]=v[d]
        d=d+1
        print("    Mat[ ",i+1, ",", j+1, "] = ", mat[i][j])
print(" ")
print("     Mayor valor de la matriz. sin comparar ")
print("      -------------------------------------------")
print("" )
print(" Mayor = ", mat[n-1][m-1], " posición (",n,",",m,")")
```

Ejemplo:

Considerar la Matriz Mat[][], inicializada de dimensión 3*3 y de datos tipo enteros. Después, mostrar la primera y penúltima fila y los elementos en las posiciones (1,2) y (3,2).

Solución:

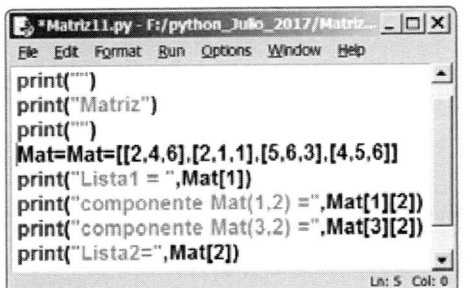
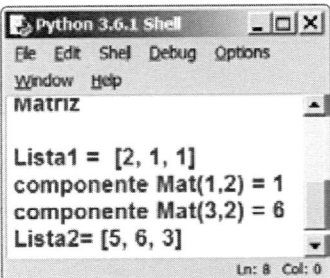

Ejemplo:

Diseñar un programa que permita inicializar una matriz de dimensión 3*3 y después mostrar sus elementos de forma independiente.

Solución:

Considerar la siguiente matriz: **Mat=[[11,12,13], [14,15,16], [11,13,19]]**

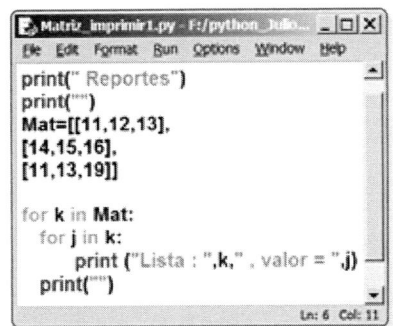
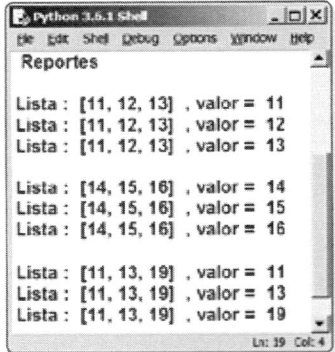

Ejemplo:

Diseñar un programa que permita inicializar una matriz de dimensión 3*3 y, después, mostrar sus elementos por cada fila.

Solución:

Considerar la matriz: **Mat=[[1,2,3], [4,5,6], [7,8,9]]**

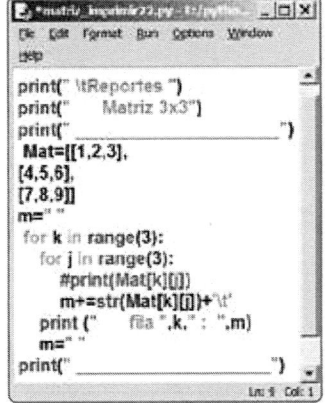
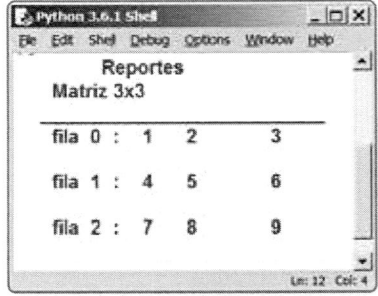

Ejemplo:

Diseñar un programa que permita inicializar una matriz y, después, leer la dimensión y registrar datos en la matriz. Finalmente, hacer un informe de sus datos y la suma de los elementos diagonales.

Solución:

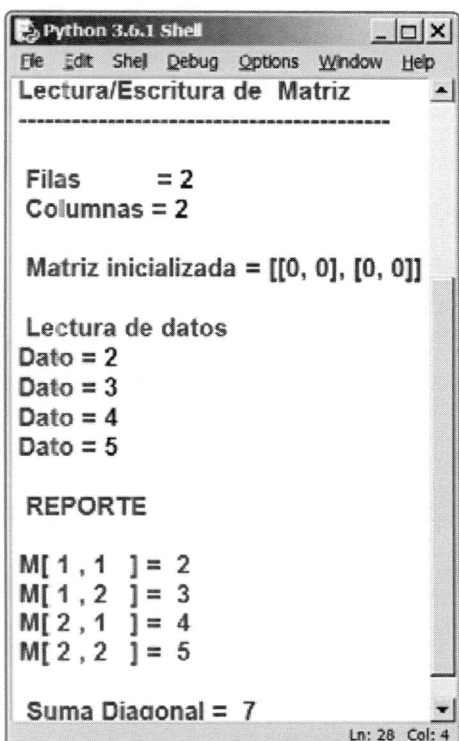

```python
print("Lectura/Escritura de  Matriz ")
print("-----------------------------------")
print("")
n=int(input(" Filas     = "))
m=int(input(" Columnas = "))
matriz = [[0 for i in  range(n)] for j in range(m) ]
print(" \n Matriz inicializada = ", matriz)
print("\n Lectura de datos ")
for i in range(n):
    for j in range(m):
        matriz[i][j]=int(input("Dato = "))
print("")
print(" REPORTE\n ")

for i in range(n):
    for j in range(m):
        print("M[",i+1,",",j+1,"  ] = ",matriz[i][j])
sumad=0
for i in range(n):
    for j in range(m):
        if(i==j):
            sumad=sumad+matriz[i][j]
print("\n Suma Diagonal = ",sumad)
```

```
Lectura/Escritura de  Matriz
-----------------------------------

Filas      = 2
Columnas = 2

Matriz inicializada = [[0, 0], [0, 0]]

Lectura de datos
Dato = 2
Dato = 3
Dato = 4
Dato = 5

 REPORTE

M[ 1 , 1  ] = 2
M[ 1 , 2  ] = 3
M[ 2 , 1  ] = 4
M[ 2 , 2  ] = 5

Suma Diagonal =  7
```

Ejemplo:

Diseñar un programa para inicializar una matriz usando el método append().

Solución:

```
Módulo: Inicializar Matriz usando método append
-----------------------------------------------
Matriz de dimensión: 3*3
-----------------------------------------------
Matriz= [[0, 0, 0]]
Matriz= [[0, 0, 0], [0, 0, 0]]
Matriz= [[0, 0, 0], [0, 0, 0], [0, 0, 0]]
>>>
```

```python
print("")
print(" Módulo: Inicializar Matriz u
print("-"*40)
matriz=[]
print(" Matriz de dimensión: 3*3")
print("-"*40)
for i in range(3):
    matriz.append([0]*3)
    print(" Matriz=",matriz)
```

Ejemplo:

Diseñar un programa que permita inicializar una matriz con ceros (usar método append) y después leer datos de tipo enteros. Finalmente, hacer un informe de la matriz.

Solución:

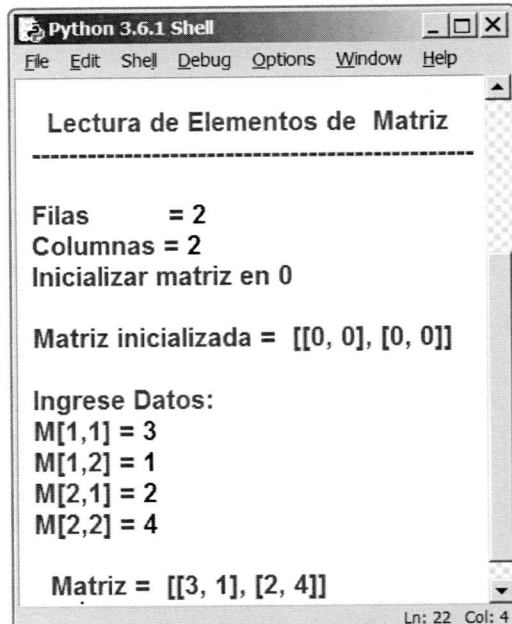

```python
print(" Lectura de Elementos de  Matriz ")
print(" ---------------------------------------------")
print("")
matriz = []
n=int(input(" Filas        = "))
m=int(input(" Columnas = "))
print(" Inicializar matriz en 0 ")
for i in range(n):
    matriz.append([0]*m)

print("")
print(" Matriz inicializada = ",matriz )
print("\n Ingrese Datos: ")

for i in  range(n):
    for j in range(m):
        matriz[i][j]=int(input(" M[%d,%d] = " %(i+1,j+1)))
print("")
```

```
Lectura de Elementos de  Matriz
-----------------------------------------------

Filas        = 2
Columnas = 2
Inicializar matriz en 0

Matriz inicializada =  [[0, 0], [0, 0]]

Ingrese Datos:
M[1,1] = 3
M[1,2] = 1
M[2,1] = 2
M[2,2] = 4

Matriz =  [[3, 1], [2, 4]]
```

Ejemplo:

Diseñar un programa que permita imprimir notas, correspondientes a tres cursos, inicializadas en una matriz de dimensión 3*2. Finalmente, hacer un informe.

Solución:

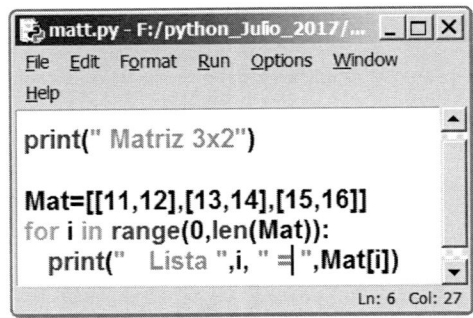

```python
print(" Matriz 3x2")

Mat=[[11,12],[13,14],[15,16]]
for i in range(0,len(Mat)):
    print("   Lista ",i, " = ",Mat[i])
```

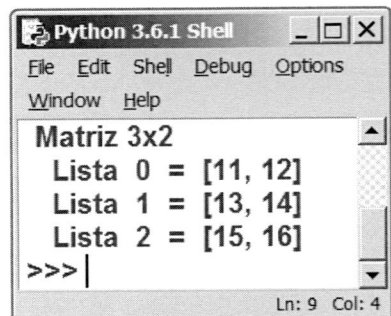

```
Matriz 3x2
  Lista  0  =  [11, 12]
  Lista  1  =  [13, 14]
  Lista  2  =  [15, 16]
>>>
```

Ejemplo:

Diseñar un programa que permita inicializar una matriz de dimensión 2*2. Después, mostrar lo siguiente:

a. Elementos modificados (multiplicar por 2).

b. Matriz con nuevos elementos.

c. Mayor elemento y la posición que ocupa en la matriz original.

Solución:

```
*m66_mod.py - F:/python_Julio_2017/Matriz/m66_mod.py (3.6.1)*
File  Edit  Format  Run  Options  Window  Help

print("     Matriz = [[3,2],[4,7]]) ")
print("------------------------------------------\n")
print("Modificar elementos *2 ")
b=[[3,2],[4,7]]
for i in range(0,2):
    for j in range(0,2):
        b[i][j]=b[i][j]*2
print (b)
print(" \n Elementos de B ")
for i in range(0,2):
    for j in range(0,2):
        print(" b[",i+1,"][",j+1,"]=" ,b[i][j])
print("\nNueva Matriz b = ",b)
print("\n Buscando máximo elemento : ")
b=[[3,2],[4,7]]
maxi=b[0][
  0]
for i in range(0,2):
    for j in range(0,2):
        if (b[i][j]>maxi ):
            maxi=b[i][j]
            posi=i
            posj=j
print(" \nEl máximo es =",maxi,"está (",posi+1,",",posj+1,")" )
                                            Ln: 25  Col: 10
```

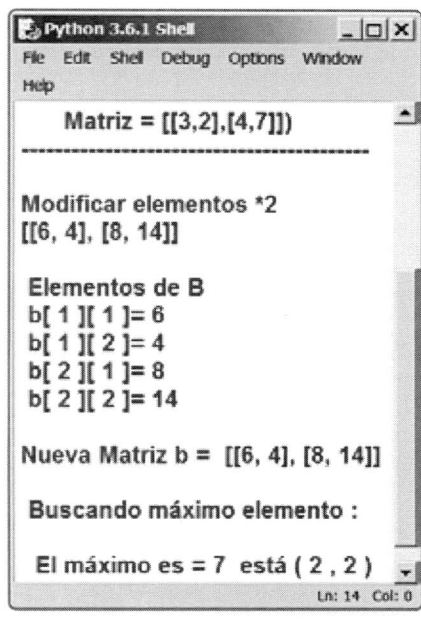

Ejemplo:

Diseñar un programa que permita leer las filas y columnas de las dos matrices A y B. Después, en una matriz C, almacenar la suma de las matrices A y, finalmente, mostrar el resultado.

Solución:

```
*matriz_Diagonal.py - F:\python_Julio_2017\Matri...
File  Edit  Format  Run  Options  Window  Help

print(" Lectura de filas , columnas ")
n = int(input(" Filas      = "))
m = int(input(" Columnas ="))
A =[[0 for x in range(n)] for y in range(m)]
print("  Matriz A:")
print(" Lectura de Datos: Matriz A")
for i in range(n):
    for j in range(m):
        A[i][j] = int(input(" Dato = "))
B =[[ 0 for x in range(n)] for y in range(m)]
print(" Matriz B:")
```

```
print(" Lectura de Datos: Matriz B")
for i in range(n):
    for j in range(m):
        B[i][j] = int(input(" Dato = "))
C =[[0 for x in range(n)] for y in range(m)]
print(" Matriz  C[][]=A[][]+B[][]")
for i in range(n):
    for j in range(m):
        C[i][j] = A[i][j]+ B[i][j]
        p=p+str(C[i][j])+"\t"
    print ("  fila ",i," =  ",p)
    p=""
                                            Ln: 17  Col: 0
```

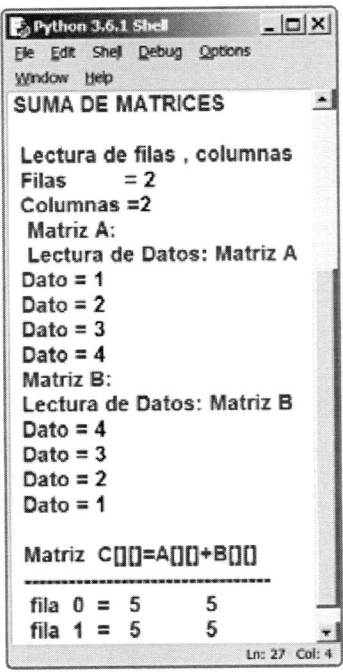

Ejemplo:

Diseñar un programa que permita leer las filas y columnas de una matriz. Después, mostrar sus elementos, sumar por filas y por columnas y mostrar el resultado.

Solución:

```
ma=""
n=int(input(" Filas= ")) m=int(input("Columnas = "))
mat=[[0 for x in range(n) ] for y in range(m)]
print(" Inicializar matriz: ")
print(" Matriz = ",mat )
print(" Lectura de Datos : ")
for i in  range(n):
    for j in range(m):
        mat[i][j]=int(input(" M [%d,%d] = " % (i+1,j+1)))
for i in  range(n):
    for j in range(m):
        ma=ma+str(mat[i][j])+"\t"
    print(" Fila ",i," = ", ma )

for i in range (n):
    sf=0
    for j in range (m):
        sf=sf+mat[i][j]
    print("Suma fila :",i," = ",sf)
for j in range (m):
    sc=0
    for i in range (n):
        sc=sc+mat[i][j]
    print("Suma Columna :",i," = ",sc)
```

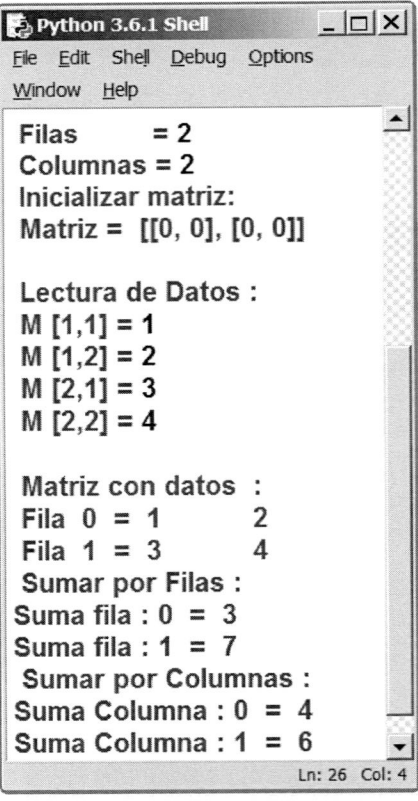

Ejemplo:

Diseñar un programa que permita crear una matriz de forma aleatoria de dimensión fila*columna, definidas por el usuario. Después, mostrar sus elementos.

Solución:

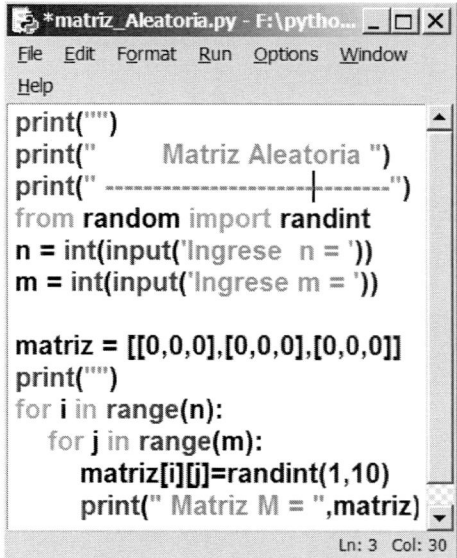

```
print("")
print("      Matriz Aleatoria ")
print(" -------------------------------")
from random import randint
n = int(input('Ingrese  n = '))
m = int(input('Ingrese  m = '))

matriz = [[0,0,0],[0,0,0],[0,0,0]]
print("")
for i in range(n):
    for j in range(m):
        matriz[i][j]=randint(1,10)
        print(" Matriz M = ",matriz)
```

```
      Matriz Aleatoria
-----------------------------------
Ingrese  n = 3
Ingrese  m = 3

Matriz M =  [[1, 0, 0], [0, 0, 0], [0, 0, 0]]
Matriz M =  [[1, 10, 0], [0, 0, 0], [0, 0, 0]]
Matriz M =  [[1, 10, 4], [0, 0, 0], [0, 0, 0]]
Matriz M =  [[1, 10, 4], [4, 0, 0], [0, 0, 0]]
Matriz M =  [[1, 10, 4], [4, 9, 0], [0, 0, 0]]
Matriz M =  [[1, 10, 4], [4, 9, 3], [0, 0, 0]]
Matriz M =  [[1, 10, 4], [4, 9, 3], [3, 0, 0]]
Matriz M =  [[1, 10, 4], [4, 9, 3], [3, 8, 0]]
Matriz M =  [[1, 10, 4], [4, 9, 3], [3, 8, 1]]
>>>
```

Ejemplo:

Diseñar un programa que permita leer la dimensión n*m de una matriz, después leer las notas y almacenarlas en una matriz de dimensión nxm n>0, m>0. Finalmente, hacer un informe.

Solución:

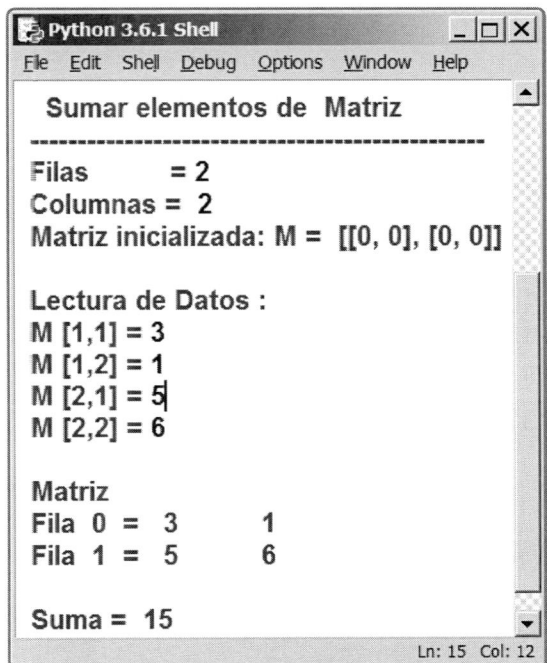

```
ma =" "
print("   Sumar elementos de  Matriz ")
n=int(input(" Filas       = "))
m=int(input(" Columnas =  "))
mat=[[ 0 for x in range(n)] for y in range(m)]
print(" Matriz inicializada: M = ", mat)
print(" Lectura de Datos : ")
for i in  range(n):
    for j in range(m):
        mat[i][j]=int(input("M [%d,%d]=" % (i+1,j+1)))
print("")
print(" Matriz ")
for i in  range(n):
    for j in range(m):
        ma=ma+str(mat[i][j])+"\t"
    print(" Fila ",i," = ",ma)
    ma=" "
sm=0
for i in  range(n):
    for j in range(m):
        sm=sm+mat[i][j]
print(" Suma = ",sm)
```

```
   Sumar elementos de  Matriz
-----------------------------------------
Filas       = 2
Columnas = 2
Matriz inicializada: M =  [[0, 0], [0, 0]]

Lectura de Datos :
M [1,1] = 3
M [1,2] = 1
M [2,1] = 5
M [2,2] = 6

Matriz
Fila  0 =  3         1
Fila  1 =  5         6

Suma =  15
```

Ejemplo:

Diseñar un programa que permita leer las notas en una matriz de dimensión n*m, donde n>0 y m>0. Después, mostrar los datos introducidos en la matriz. Usar el formato %(arg1,arg2).

Solución:

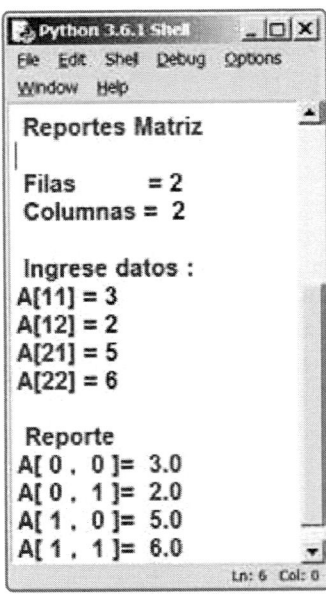

```python
print(" Reportes Matriz ")
print("")

n=int(input(" Filas      = "))
m=int(input(" Columnas = "))
A=[[0 for x in range(n)] for y in range(m)]
print("")
print(" Ingrese datos : ")
for i in range(m):
    for j in range(n):
        A[i][j]=float(input("A[%d  %d] = "%(i+1,j+1)) )

print(" ")
print(" Reporte ")

for i in range(n):
    for j in range(m):
        print("A[",i,", ",j,"]= ", A[i][j] )
```

```
Reportes Matriz

 Filas      = 2
 Columnas = 2

 Ingrese datos :
A[11] = 3
A[12] = 2
A[21] = 5
A[22] = 6

 Reporte
A[ 0 , 0 ]= 3.0
A[ 0 , 1 ]= 2.0
A[ 1 , 0 ]= 5.0
A[ 1 , 1 ]= 6.0
```

Ejemplo:

Diseñar un programa que permita registrar los datos de una empresa por tipo de productos. Después, hacer una distribución de los productos, clasificados por cada tipo, a diferentes almacenes. Finalmente, mostrar la cantidad de productos por tipo y por cada almacén.

Solución:

```python
print("  Empresa: Cia ")

n=int(input(" Productos   = "))
m=int(input(" Almacenes = "))
cia = [[0 for i in range(n)] for j in range(m) ]
print(" \n Matriz inicializada = ",cia )
print("\n Lectura de productos/Almacenes ")
for i in range(n):
    for j in range(m):
        cia[i][j]=int(input("Total Producto = "))
print(" REPORTE\n ")
for i in range(n):
    for j in range(m):
        print("Cia[",i+1,",",j+1," ] = ",cia[i][j])
for i in range(n):
    sumatp=0
    for j in range(m):
        sumatp=sumatp+cia[i][j]
    print("Total Producto [",i+1,"] = ",sumatp)
for j in range(m):
    sumatpa=0
    for i in range(n):
        sumatpa=sumatpa+cia[i][j]
    print("Total Almacén[",j+1,"] = ",sumatpa)
```

```
 Empresa: Cia
--------------------------
 Productos   = 2
 Almacenes  = 2

 Matriz inicializada =  [[0, 0], [0, 0]]

 Lectura de productos/Almacenes
Total Producto = 2
Total Producto = 3
Total Producto = 4
Total Producto = 5

 REPORTE

Cia[ 1 , 1  ] = 2
Cia[ 1 , 2  ] = 3
Cia[ 2 , 1  ] = 4
Cia[ 2 , 2  ] = 5
Total Producto [ 1 ] = 5
Total Producto [ 2 ] = 9

Total Almacén[ 1 ] = 6
Total Almacén[ 2 ] = 8
```

Ejemplo:

Diseñar un programa que permita registrar los tiempos de los controles de cuatro velocistas que compiten por una plaza de la clasificación nacional.

Cada velocista recorre un carril y se deben realizar tres controles por cada velocista. Se debe registrar el nombre del velocista que recorre cada carril, registrar el tiempo de cada prueba y su tiempo promedio. Se debe tener en cuenta que el nombre del competidor tiene una longitud máxima de 40 caracteres.

1	Luis C.
2	Juan V.
3	Ligia C.
4	Simón V.

competidores [4] [40]

	1	2	3
1	10	10.4	10.1
2	12.4	12.9	12.3
3	11	11.5	11.3
4	14.2	14.1	14.4

carreras [4] [3]

10.2
12.6
11.6
14,3

prom_competidores [4]

Solución:

```
matriz_competidores.py - C:/Users/Cordova/Desktop/matriz_co...

File  Edit  Format  Run  Options  Window  Help

print("")
print("   Lectura/escritura de matriz")
print("--------------------------------------------")
print("")
matriz=[[0 for i in range(4)]for j in range(4)]
print(" matriz inicializada=", matriz)
print("    Lectura de datos")
print("")
for i in range(4):
    for j in range(4):
        if (j!=0):## j>0 para no tomar la primera columna, sin nombres
            matriz[i][j]=float(input("Carrera "+str(j)+" = "))
        else:
            t=0
            while (t==0):
                matriz[i][j]=str(input("Nombre del velocista "+str(i+1)+" =" ))
                if (len(matriz[i][j])<=40):
                    t=1
```

```
print("")
print("  Reporte")
print("")
for i in range(4):
    for j in range(4):
        print("M[", i+1,",",j+1,"]=", matriz[i][j])
acumuladorfilas=0
for i in range(4):
    acumuladorfilas=0
    for j in range(4):
        if (j!=0):
            acumuladorfilas=acumuladorfilas+matriz[i][j]
    print("El promedio del velocista ",i+1," es de {0:.2f}".format(acumuladorfilas/3))
j=1
while (j<4):
    acum=0
    for i in range(4):
        acum=acum+matriz[i][j]
    print(" Promedio del tramo "+str(j)+"  es de {0:.2f}".format(acum/4))
    j=j+1
```

Ln: 23 Col: 0

Python 3.6.4 Shell

File Edit Shell Debug Options Window Help

```
  Lectura/escritura de matriz
-----------------------------------------

 matriz inicializada= [[0, 0, 0, 0], [0, 0, 0, 0], [0, 0, 0, 0], [0, 0, 0, 0]]
   Lectura de datos

Nombre del velocista 1 =Luis C.
Carrera 1 = 10
Carrera 2 = 10.4
Carrera 3 = 10.1
Nombre del velocista 2 =Juan
Carrera 1 = 12.4
Carrera 2 = 12.9
Carrera 3 = 12.3
Nombre del velocista 3 =Ligia C.
Carrera 1 = 11
Carrera 2 = 11.55
Carrera 3 = 11.3
Nombre del velocista 4 =Simon V.
Carrera 1 = 14.2
Carrera 2 = 14.1
Carrera 3 = 14.4
Carrera 3 = 14.4
```

```
Reporte

M[ 1 , 1 ]= Luis C.
M[ 1 , 2 ]= 10.0
M[ 1 , 3 ]= 10.4
M[ 1 , 4 ]= 10.1
M[ 2 , 1 ]= Juan
M[ 2 , 2 ]= 12.4
M[ 2 , 3 ]= 12.9
M[ 2 , 4 ]= 12.3
M[ 3 , 1 ]= Ligia C.
M[ 3 , 2 ]= 11.0
M[ 3 , 3 ]= 11.55
M[ 3 , 4 ]= 11.3
M[ 4 , 1 ]= Simón V.
M[ 4 , 2 ]= 14.2
M[ 4 , 3 ]= 14.1
M[ 4 , 4 ]= 14.4

                                    Ln: 40  Col: 16
```

Ejemplo:

Diseñar un programa que, dada una matriz de orden n impar, proporcione números enteros positivos de tres cifras y determine la suma de todos los elementos que sean cubos mágicos y que no pertenezcan a las dos diagonales principales de la matriz.

Un número de tres cifras es un cubo mágico si la suma de los cubos de sus cifras equivale al número dado. Por ejemplo, 370 es un cubo mágico porque $370 = 3^3 + 7^3 + 0^3$.

103	203	370	200	401
410	370	140	202	702
905	121	153	207	151
320	220	301	403	451
215	**153**	816	708	623

Solución:

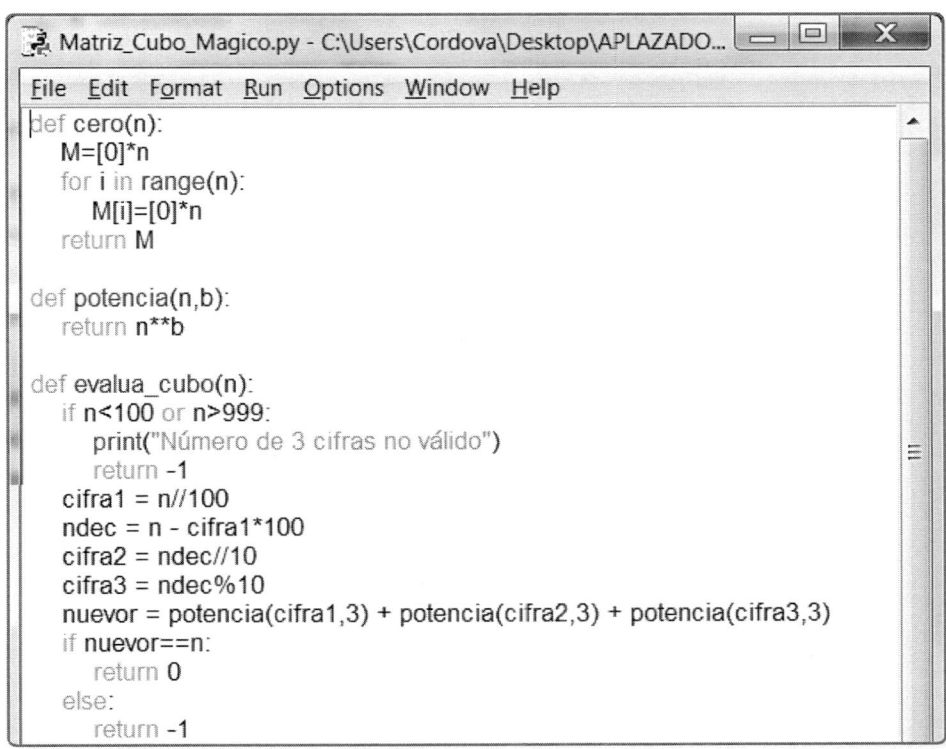

```python
def cero(n):
    M=[0]*n
    for i in range(n):
        M[i]=[0]*n
    return M

def potencia(n,b):
    return n**b

def evalua_cubo(n):
    if n<100 or n>999:
        print("Número de 3 cifras no válido")
        return -1
    cifra1 = n//100
    ndec = n - cifra1*100
    cifra2 = ndec//10
    cifra3 = ndec%10
    nuevor = potencia(cifra1,3) + potencia(cifra2,3) + potencia(cifra3,3)
    if nuevor==n:
        return 0
    else:
        return -1
```

```python
def leer(M,n):
    print("Ingrese valores en la matriz ")
    for i in range(n):
        for j in range(n):
            print("Matriz[",i,"][",j,"] ")
            M[i][j]=int(input("Ingrese valor : "))
N=int(input("Ingrese orden de la matriz : "))
M=cero(N)
leer(M,N)
Resultado=0
for i in range(N):
    for j in range(N):
        if(i!=j):
            if((i+j)!=N-1):
                if(evalua_cubo(M[i][j])==0):
                    Resultado=Resultado+M[i][j]
print("Resultado:",Resultado)
```

Ln: 35   Col: 0

Ejemplo:

Diseñar un programa que permita registrar los datos de una empresa por tipo de productos. Después, hacer una distribución de los productos, clasificados por tipo, a diferentes almacenes. Finalmente, mostrar la cantidad de productos por tipo y por cada almacén al que fueron distribuidos.

Imagen que representa el proceso de distribución:

Almacén de productos   Se dirigen a distritos

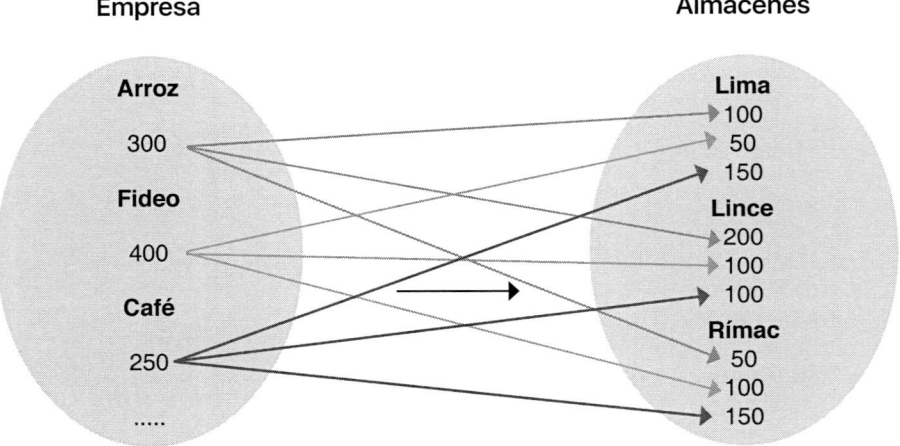

Imagen que representa la técnica de la matriz; está disponible para procesar los productos y obtener varias consultas:

Columnas	0	1	2	3
Filas Producto		Lima	Lince	Rímac
0 Arroz		100	50	150
1 Fideos		200	100	100
2 Café		50	100	150

Cia [3,4]

Solución:

1. Formulario de lectura de datos por tipo de productos, estos datos deben ser validados.

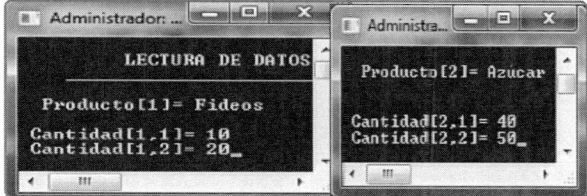

2. Formulario que contiene la cantidad mayor y la posición del producto respectivo, además del listado de los productos por tipo y cantidad en cada almacén.

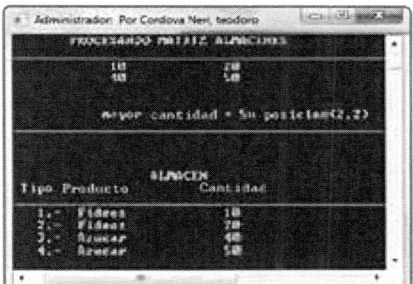

3. Formulario que contiene la cantidad total de productos por tipo, pero ordenados por nombre.

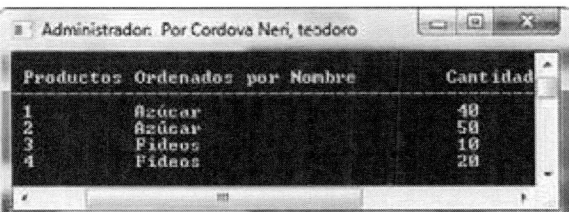

4. Formulario que contiene la cantidad de productos por tipo.

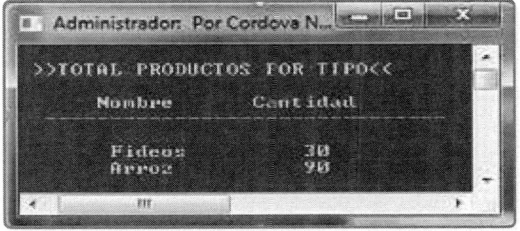

```
IDLE Shell 3.10.1                                    —   □   ×
File  Edit  Shell  Debug  Options  Window  Help

    Ingrese total Productos = 2
    Ingrese total Distritos = 2

            Matriz inicializada
    --------------------------------

    Técnica de Inicializar una Matriz : [[0, 0], [0, 0]]


    Nombre de producto[ 1 ]=Arroz
    ----------------------------------------
            Cantidad[ 1 , 1 ]= 10
            Cantidad[ 1 , 2 ]= 20


    Nombre de producto[ 2 ]=Fideos
    ----------------------------------------
            Cantidad[ 2 , 1 ]= 40
            Cantidad[ 2 , 2 ]= 30


    --------------------------------------------
    |        MATRIZ
    --------------------------------------------


            10      20
            40      30

                                         Ln: 30  Col: 0
```

```
IDLE Shell 3.10.1                                    —   □   ×
File  Edit  Shell  Debug  Options  Window  Help
    Total Productos por Tipo :
    ==========================================
    =====
    Producto: 1 ,cantidad[ 1 , 2 ]= 30
    Producto: 2 ,cantidad[ 2 , 2 ]= 70
    ==========================================
    =====

        Total Productos por Distrito :
    ----------------------------------------
            Ppt[ 2 , 1 ]= 50
            Ppt[ 2 , 2 ]= 50


        Productos  por tipo en un vector
    ----------------------------------------


        vpp[ 0 ] =  30

        vpp[ 1 ] =  70
    Buscando Mayor y Menor
    ----------------------------------------

    Ordenando Vectores:vpp
    ----------------------------------------
            V3[ 1 ]= 70
            V3[ 2 ]= 30

        Mayor  = 70
                                         Ln: 60  Col: 0
```

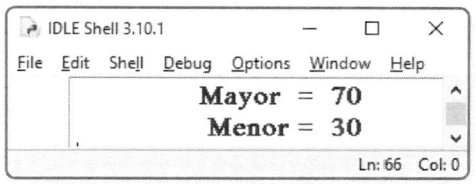

```
IDLE Shell 3.10.1                — □ ×
File  Edit  Shell  Debug  Options  Window  Help
            Mayor  =  70
            Menor  =  30
                              Ln: 66   Col: 0
```

```
mat_ventas.py - C:\Users\User\Desktop\Taller_2022_1\Taller 2022-1...  — □ ×
File  Edit  Format  Run  Options  Window  Help

print(" \n\tMódulo: Almacén – Inventario")
print("–"*40)
n=int(input("\n Ingrese total Productos = "))
m=int(input(" Ingrese total Distritos = "))
vp=[0]*10
cia=[[0] * n for i in range(m)]
##cia = [[ 0 for i in range(n)] for j in range(m)]
print("\n\t Matriz inicializada")
print("–" * 30)
print("\nTécnica de Inicializar una Matriz :",cia)
k=1
for i in range(n):
    print()
    print("\nNombre de producto[",i+1,"]=",end="")
    prod=input()
    print("–"*40)
    vp[k]=prod
    k=k+1
    for j in range(m):
        print("\tCantidad[",i+1,",",j+1,"]=",end=' ')
        a=int(input())
        cia[i][j]=a
print()
print("—————————————————————————————")
print("            MATRIZ  ")
print("—————————————————————————————")
                              Ln: 24   Col: 0
```

Validar la lectura de los productos y almacenes. Considerar lo siguiente:

a. Vp[]: vector productos.

b. Cia[][]: empresa.

```
mat_ventas.py - C:\Users\User\Desktop\Taller_2022_1\Taller 2022-1...  — □ ×
File  Edit  Format  Run  Options  Window  Help

for i in range(n):
    print()
    for j in range(m):
        print("\t ",cia[i][j],end="  ")
print()
print("—————————————————————————————")
```

```
print("_____")
print("_" * 30)
print(" \n  Total Productos por Tipo :")
print("="*40)
lo=n*m
vpp=[0]*n
h=0
for i in range(n):
    pd=0
    for j in range(m):
        pd=pd+cia[i][j]
    vpp[h]=pd
    h=h+1
    print("Producto:",i+1,",cantidad[",i+1,",",j+1,"]=", p
print("="*40)
print(" \n  Total Productos por Distrito :")
print("_"*30)
for j in range(n):
    pAl=0
    for i in range(m):
        pAl=pAl+cia[i][j]
    print("\t Ppt[",i+1,",",j+1,"]= ", pAl)
print("_"*30)
```

Ln: 42   Col: 0

Ejemplo:

En el siguiente programa se ilustra de forma más general los procesos que se realizan en una empresa o tienda comercial.

Se diseñan las siguientes estructuras:

a. Vector código: almacena el código.

b. Vector cadena: almacena los nombres de los productos.

c. Matriz Cia: almacena los productos.

d. Vector precio: almacena los precios de cada producto.

Observación:

Realizar el diseño o los gráficos de cada estructura y su relación correspondiente.

Solución:

*vector_Matriz_Ventas_prod.py - C:\Users\Administrador\Desktop\Nueva carp...

File Edit Format Run Options Window Help

```
codigo=[0]*5
producto=[0]*5
nomb=[0]*5
precio=[0]*5
print("")
cant=int(input(" Ingrese total productos en  Cia = "))
n=int(input(" Ingrese total  a  Vender           = "))
print("")
cia = [[0 for i in range(n)] for j in range(n) ]
```

```
cia = [[0 for i in range(n)] for j in range(n) ]
print("   LISTADO DE PRODUCTOS ")
print("_____")
m=" "
print("")
for i in range(n):
  for j in range(n):
    m=m+str(cia[i][j])+"\t"
  print(" Producto ",i, " :  ",m)
  m=" "
print("")
print( " Reporte de productos  ")
print("")
print(" Nro.     Código       Nombre          Precio   ")
print("_____")

for i  in range(0,n):
  print(" ",i," .-   ",codigo[i]," ",nomb[i], "  ", precio[i]  )
print(" ")
print(" Ventas ")
print(" " )
print(" Nro.    Código    Nombre     Precio     Cantidad")
print("_____")
print(" ")
totaVe =int(input(" Ingrese total  de ventas....?  = "))
for i in range(1,totaVe+1):
  codigo2=int(input(" Código prod. venta   = "))
  print("")
  for  i in range(0,cant+1):
    if(codigo2==codigo[i]):
      print(" Nombre de producto  = ",nomb[i])
      print(" Precio de producto   = ",precio[i])
      num=int(input(" Total de ventas = "))
      print(" Venta de producto = ", num*precio[i])
      total=total+num*precio[i]
print(" Total de ventas  = ",total)
```
Ln: 55 Col: 0

Ejemplo:

Diseñar un programa que permita leer n alumnos por nombre y, por cada alumno, leer p prácticas p (p forma constante). Después, leer los exámenes parcial y final y, con esta data, obtener el promedio final bajo las siguientes reglas:

a. El examen final tiene peso doble.

b. Eliminar la menor nota.

Si el alumno está suspenso, leer el examen sustitutorio (de recuperación) y reemplazar con este el examen, parcial o final de menor nota. Con estos nuevos datos, obtener el promedio final e indicar el estado, aprobado o suspenso.

Los informes son de dos tipos:

a. Informe con las notas introducidas originalmente (sin recuperación). El valor se representa con NSP.

Python 3.6.4 Shell
File Edit Shell Debug Options Window Help

Notas sin incluir Sustitutorio

#	Nombre	PC1	PC2	PC3	EP	EF	ES	PP	PromFinal	Estado
1	Luisa	10	2	3	13	12	NSP	5.0	10.5	A

Ln: 38 Col: 79

b. Informe con notas, donde se incluye el examen de recuperación.

```
SISTEMA ACADEMICO FIIS 2018 I
------------------------------------------------


Ingrese Total de Alumnos        = 2
Ingrese nro. de prácticas/Alumno = 3


Nombre de alumno 1 = Luisa
Nombre de alumno 2 = Mario


     Ingresando notas del alumno Luisa
-----------------------------------------------------


Ingrese PC 1= 10
Ingrese PC 2= 2
Ingrese PC 3= 3
Ingrese nota de EP = 13
Ingrese nota de EF = 12


     Ingresando notas del alumno Mario
-----------------------------------------------------

Ingrese PC 1= 10
Ingrese PC 2= 9
Ingrese PC 3= 9
Ingrese nota de EP = 10
Ingrese nota de EF = 4
El alumno ha DESAPROBADO
Ingrese Sustitutorio = 14

     REPORTE DE NOTAS POR ALUMNO
---------------------------------------------------------
Notas sin incluir Sustitutorio
```

#	Nombre	PC1	PC2	PC3	EP	EF	ES	PP	PromFinal	Estado	
1	Luisa	10	2	3	13	12		NSP	5.0	10.5	A
2	Mario	10	9	9	10	4		14	9.33	6.8325	D

INCLUYENDO SUSTITUTORIO

#	Nombre	PC1	PC2	PC3	EP	EF	ES	PP	PromFinal	Estado	
1	Luisa	10	2	3	13	12		NSP	5.0	10.5	A
2	Mario	10	9	9	10	4		14	9.33	11.8325	A

Solución:

```
*Matr_acad_OK.py - C:/Users/Administrador/Desktop/Nueva carpeta/LPE_Matriz_Python_set_2017/MATRIZ ...
File  Edit  Format  Run  Options  Window  Help
print("  SISTEMA ACADEMICO FIIS 2018 1 ")
p=12; n=1500
while n>1500 or n<1:
  n=int(input("Ingrese Total de  Alumnos          = "))
while p>8 or p<1:
  p=int(input("Ingrese nro. de prácticas/Alumno = "))
vnomb=[0]*n;vpos=[0]*n;vsp=[0]*n;vmen=[0]*n;vpp=[0]*n;vpf=[0]*n;est=[0]*n
notas=[[0]*(p+3) for i in range(n)]
for i in range (n):
  print("Nombre de alumno ",i+1," = ",end=" ")
  vpos[i]=i+1
  vnomb[i]=input("")
for i in range(n):
  print("    Ingresando notas del alumno ",vnomb[i])
  print("--------------------------------------------------------")
  for j in range(p):
    print("Ingrese PC",j+1,end="= ")
    notas[i][j]=int(input(""))
    if j <= p:
      if vmen[i]<=notas[i][j]:
        vmen[i]=notas[i][j]
      vsp[i]=vsp[i]+notas[i][j]
  vpp[i]=round(vsp[i]/p,2)
  print("Ingrese nota de EP = ", end="")
  notas[i][p]=int(input(""))
  print("Ingrese nota de EF = ", end="")
  notas[i][p+1]=int(input(""))
  vpf[i]=(vpp[i]+notas[i][p]+(2*notas[i][p+1]))/4
  if vpf[i]<10:
    est[i]="D"
    print("El alumno ha DESAPROBADO ")
    notas[i][p+2]=int(input("Ingrese Sustitutorio = "))
  else:
    est[i]="A"
    notas[i][p+2]="NSP"
print("   REPORTE DE NOTAS POR ALUMNO")
print("-----------------------------------------------------")
print("Notas sin incluir Sustitutorio  ")
print(" # Nombre PC1    PC2    PC3    EP    EF    ES    PP    PromF
print("---------------------------------------------------------------------------
for i in range(n):
  print(" ",vpos[i],"   ",vnomb[i],end="    ")
  for j in range (p+3):
    print("   ",notas[i][j],end="      ")
  print("   ", vpp[i]," ",vpf[i]," ",est[i])
print("")
for i in range(n):
```

```
      print(" ",vpos[i]," ",vnomb[i],end="    ")
      for j in range (p+3):
         print("   ",notas[i][j],end="    ")
      print("   ", vpp[i],"    ",vpf[i]," ",est[i])
print("")
for i in range(n):
   sus=[0]*3;   may=0
   if vpf[i]<10:
      sus[0]=vpf[i]
      sus[1]=(vpp[i]+notas[i][p+2]+(2*notas[i][p+1]))/4
      sus[2]=(vpp[i]+notas[i][p]+(2*notas[i][p+2]))/4
      for j in range(0,3):
         if sus[j]>may:
            may=sus[j]
      vpf[i]=may
      if vpf[i]<10:
         est[i]="D" ## D:desaprobado
      else:
         est[i]="A"## A:Aprobado
print("INCLUYENDO SUSTITUTORIO\n")
print(" # Nombre PC1    PC2    PC3    EP    EF    ES    PP    PromF
print("-----------------------------------------------------------
for i in range(n):
   print(" ",vpos[i]," ",vnomb[i],end=" ")
   for j in range (p+3):
      print("   ",notas[i][j],end="    ")
   print("    ", vpp[i],"      ",vpf[i],"      ",est[i])
```

Ln: 69 Col: 69

Ejemplo:

Diseñar un programa para intercambiar filas de una matriz de dimensión n*m, n,m. Los datos son introducidos y leídos por el usuario.

Solución:

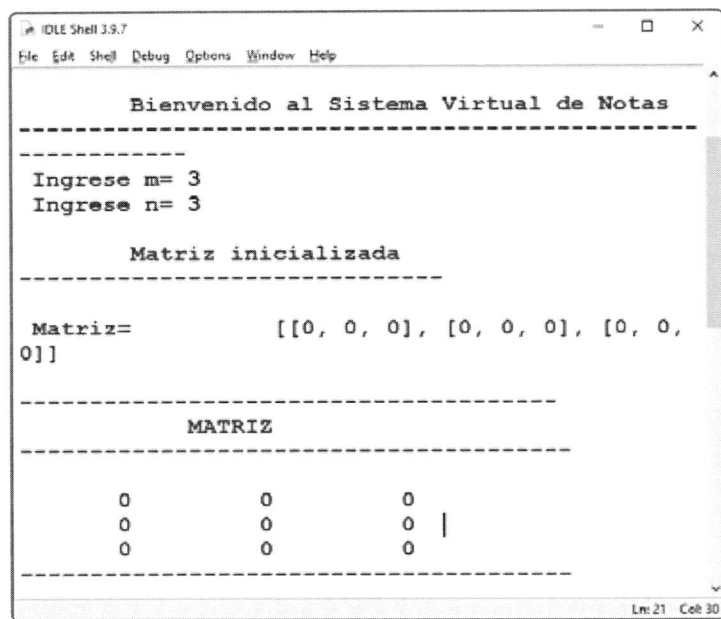

```
IDLE Shell 3.9.7                                                    —    □    ×
File  Edit  Shell  Debug  Options  Window  Help

Mat[ 0 , 0 ]=1
Mat[ 0 , 1 ]=2
Mat[ 0 , 2 ]=3

Mat[ 1 , 0 ]=4
Mat[ 1 , 1 ]=5
Mat[ 1 , 2 ]=6

Mat[ 2 , 0 ]=7
Mat[ 2 , 1 ]=8
Mat[ 2 , 2 ]=9
-----------------------------------------
                  MATRIZ
-----------------------------------------

        1            2            3
        4            5            6
        7            8            9
-----------------------------------------


-------------------------------------------------
        MATRIZ - CAMBIO DE ÚLTIMA FILA POR PRIMERA
-------------------------------------------------

        7            8            9
        4            5            6
        1            2            3
>>>
                                                        Ln: 42  Col: 0
```

```
*matriz_cambia.py - C:\Users\User\Desktop\ciclo_2021_2\Clases_2021_II\matriz_cambia.py (3.9.7)*    —    □    ×
File  Edit  Format  Run  Options  Window  Help

from time import*
print("\n\tBienvenido al Sistema Virtual de Notas")
print("-"*60)
f=int(input(" Ingrese m= "))
c=int(input(" Ingrese n= "))
print("\n\tMatriz inicializada ")
print("-"*30)
mat=[[ 0]*(c) for i in range(f)]
print("")
print(" Matriz=\t ", mat)
print()
print("----------------------------------------")
print("                 MATRIZ   ")
print("----------------------------------------")
for i in range(c):
    print()
    for j in range(f):
        print("        ",mat[i][j],end="   ")
print()
print("----------------------------------------")
sleep(2)
for i in range(c):
    print()
    for j in range(c):
        print("Mat[",i,",",j,"]=",end="")
        a=int(input())
        mat[i][j]=a
print("----------------------------------------")
                                                        Ln: 9  Col: 9
```

Ejemplo:

Las notas de los alumnos de un curso están en una línea y de la siguiente manera:

Notas = 121311171512141617

Diseñar un programa que permita mostrarlas de forma ordenada (usar estructuras de datos).

Solución:

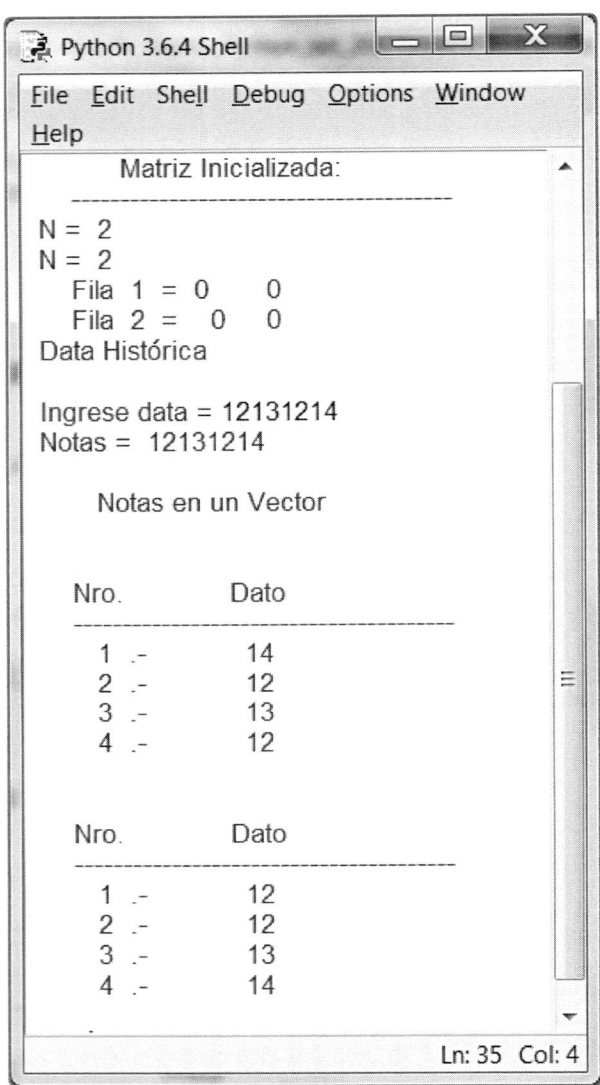

```python
print("")
ma=""
lista=[0]*2
mat=[lista]*2
print("        Matriz Inicializada: ")
print("        --------------------------------------")
n=len(lista)
m=len(mat)
p=n*m
vn=[0]*2*p
print(" N = ",n)
print(" N = ",m)
for i in  range(n):
    for j in range(m):
        ma=ma+str(mat[i][j])+"\t"
    print("    Fila ",i+1," = ",ma)
    ma="  "
print(" Data Histórica ")
print("")
notas=int(input(" Ingrese data = "))
print(" Notas = ",notas )
k=0
while(notas>0):
    d=notas%100
    vn[k]=d
    k=k+1
    notas=notas//100
```

Ln: 26 Col: 0

Ejemplo:

Diseñar un programa que permita invertir los elementos de una matriz.

Solución:

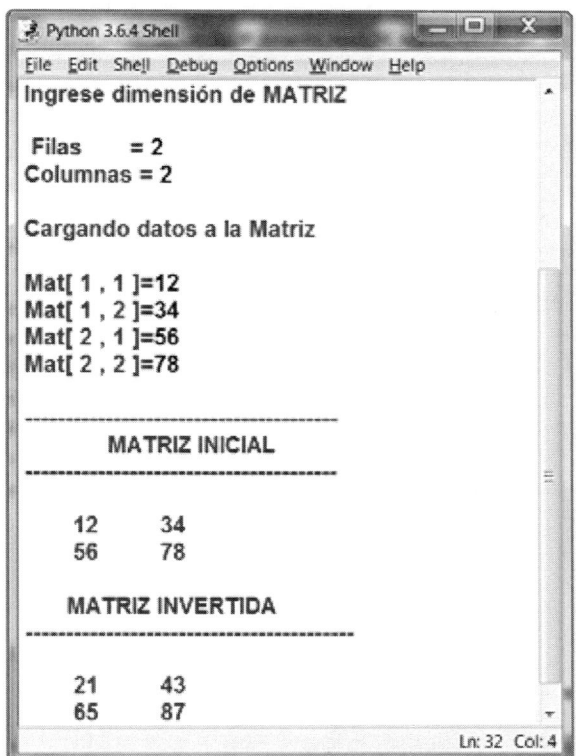

```
print("Ingrese dimensión de MATRIZ")
m = int(input(" Filas     = "))
n = int(input("Columnas = "))
matriz = [[0] * n for i in range(m)]
inver = [[0] * n for i in range(m)]
print("Cargando datos a la Matriz")
for i in range(m):
    for j in range(n):
        print("Mat[",i+1,",",j+1,"]=",end="")
        a=int(input(""))
        matriz[i][j]=a
        cont=0
        res=a
        val=0
        while res>0:
            val=res//10
            res=val
            cont=cont+1
        res=a
        ai=0
```

```
        for k in range(cont):
            val=res%10
            ai=(ai*10)+val
            res=res//10
        inver[i][j] = ai
print()
print("------------------------------------")
print("        MATRIZ INICIAL       ")
print("------------------------------------")

for i in range(0,m):
    print()
    for j in range(0,n):
        print("      ",matriz[i][j],end="  ")
print()
print()
print("      MATRIZ INVERTIDA       ")
print("------------------------------------")
for i in range(0,m):
    print()
    for j in range(0,n):
        print("      ",inver[i][j],end="  ")
```

Matriz Aleatoria: matriz[i][j]=randint(1,10)

Ejemplo:

Diseñar un programa que permita llenar los elementos de una matriz de forma aleatoria.

Solución:

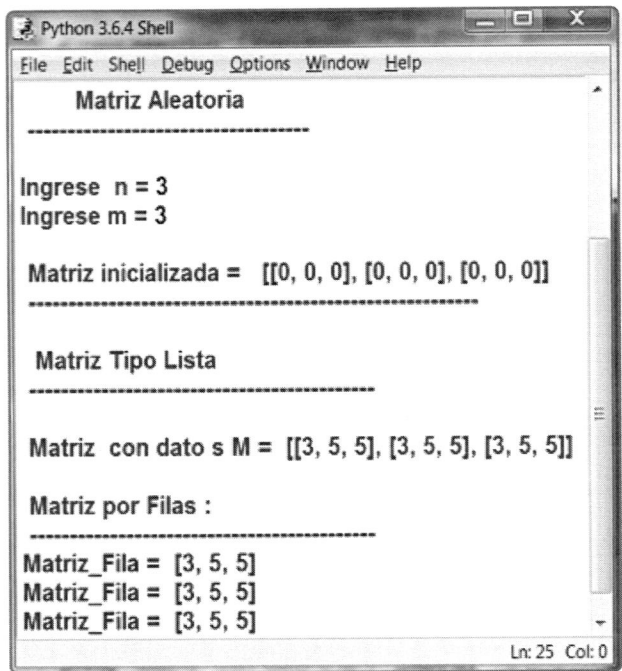 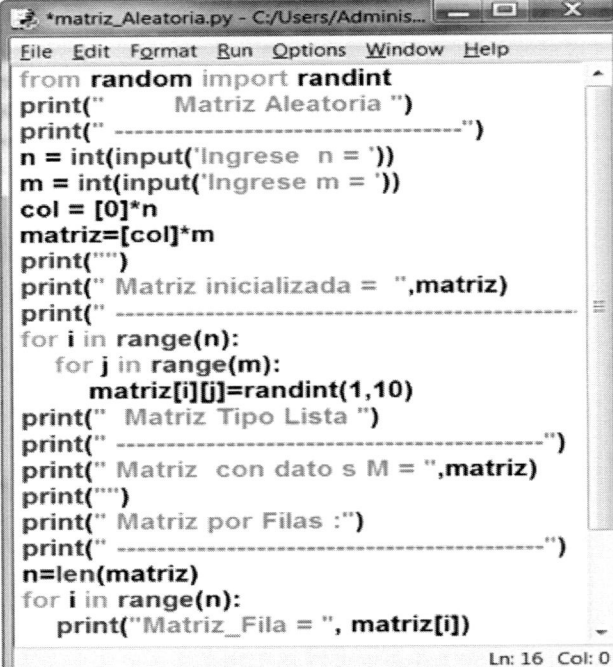

Ejemplo:

Diseñar un programa para procesar una matriz mediante las siguientes opciones.

Solución:

a. Cuando se genere una matriz de forma aleatoria.

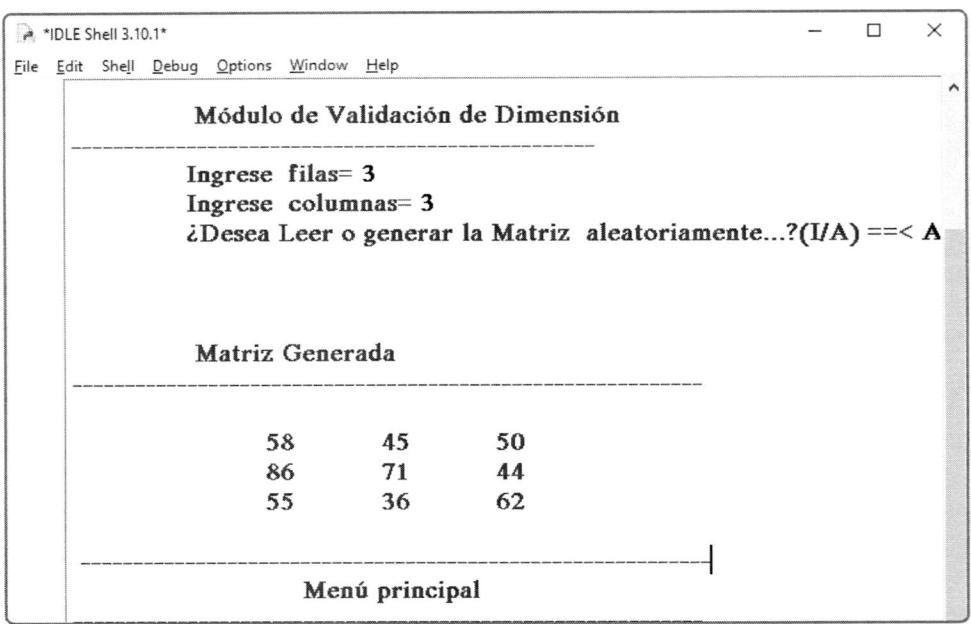

```
<1> Invertir Matriz por filas
<2> Invertir Matriz por columnas
<3>  Invertir toda la matriz
<4> Rotar filas de la Matriz
<5>  Fila con mayor o Menor dato repetido
<6>  Buscar columna donde se repite un dato y más veces
<7>  Salir del programa
```

Ln: 21   Col: 61

b. Cuando se leen los datos de la matriz.

```
Ingrese filas: 3
Ingrese columnas: 3
¿Desea leer la matriz o generar aleatoria(I/A) ->
 M [1,1] = 21
 M [1,2] = 46
 M [1,3] = 21
 M [2,1] = 34
 M [2,2] = 97                    21      46      21
 M [2,3] = 73        Matriz=     34      97      73
 M [3,1] = 92                    92      46      59
 M [3,2] = 46
 M [3,3] = 59
```

Matriz_menu-7opcx.py - H:/LP_2022_OCT/Matriz_menu-7opcx.py (3.10.1)   —   □   ×

File Edit Format Run Options Window Help

```python
    cols = int(input("\tIngrese  columnas= "))
matriz = [[0]*cols for i in range(filas)]
resp_0 = input("\t¿Desea Leer o generar la Matriz  aleatoriamente...?(I/A) ==< ")
while resp_0 not in ['I','i','A','a']:
    print('Error,ingrese una respuesta válida...')
    resp_0 = input('¿Desea Leer o generar la Matriz en forma  aleatoria...?(I/A)==> ')

if resp_0 == 'I' or resp_0 == 'i':
    for i in range(filas):
        for j in range(cols):
            matriz[i][j] = int(input(f'M [{i+1},{j+1}] = '))
else:
    for i in range(filas):
        print()
        for j in range(cols):
            matriz[i][j] = random.randint(10,99)
print("\t Matriz Generada ")
print("-"*60)

for i in range(filas):
    print()
    for j in range(cols):
        print("\t"," "*4,matriz[i][j], end="")
print()
resp_1 = 'S'
while resp_1 == 'S' or resp_1 == 's':
    print("\n","-"*60)
    print("\t\tMenú principal ")
    print("-"*60)
```

Ln: 28   Col: 11

```
*Matriz_menu-7opcx.py - H:/LP_2022_OCT/Matriz_menu-7opcx.py (3.10.1)*          —   □   ×

File  Edit  Format  Run  Options  Window  Help

print("\t\tMenú principal  ")
print("-"*60)
print()
print("\t<1> Invertir Matriz por filas")
print("\t<2> Invertir Matriz por columnas")
print("\t<3>  Invertir toda la matriz")
print("\t<4> Rotar filas de la Matriz")
print("\t<5>  Fila con mayor o Menor dato repetido")
print("\t<6>  Buscar columna donde se repite un dato y mayor veces ")
print("\t<7>  Salir del programa")
print("-"*60)
print()
resp_2 = input('Elija una Opción: ')

while resp_2 not in ['1','2','3','4','5','6','7']:
    print('Error,ingrese una respuesta válida...')
    resp_2 = input('Elija  Opción = ')

if resp_2 == '1':
    row_inv = int(input('Edite  fila a invertir: '))
    while row_inv < 1 or row_inv > filas:
        print('Error,Ingrese una respuesta válida...')
        row_inv = int(input('Edite  fila a invertir: '))

    for i in range(cols):
        invertido = 0
        div_ent = matriz[row_inv-1][i]
        while div_ent > 0:
            residuo = div_ent%10

                                                          Ln: 64   Col: 42
```

3: Usar opciones disponibles.   **OPCIÓN 1**

```
resp_2 == '1':                                              MATRIZ
 row_inv = int(input('Ingrese fila a invertir: '))
while row_inv < 1 or row_inv > rows:
    print('Error...Ingrese una respuesta válida...')
    row_inv = int(input('Ingrese fila a invertir: '))       21    46    21
                                                            34    97    73
                                                            92    46    59
for i in range(columns):
    invertido = 0
    div_ent = matriz[row_inv-1][i]

    while div_ent > 0:                                  Matriz Invertida
        residuo = div_ent%10
        invertido= (invertido)*10 + residuo
        div_ent = div_ent // 10
    matriz[row_inv-1][i] = invertido                    Elija una Opción: 1
                                                        Ingrese fila a invertir: 3
for i in range(rows):
    print()                                                 21    46    21
    for j in range(columns):                                34    97    73
        print(" "*(6-len(str(j))),matriz[i][j], end="")     29    64    95
print()                                         [[21, 46, 21], [34, 97, 73], [29, 64, 95]] S
print(matriz)                                   ¿Desea volver al menú de opciones? (S/N) ->
```

```
elif resp_2 == '2':
    col_inv = int(input('Ingrese columna a invertir: '))
    while col_inv < 1 or col_inv > columns:
        print('Error...Ingrese una respuesta válida...')
        col_inv = int(input('Ingrese columna a invertir: '))

    for i in range(rows):
        invertido = 0
        div_ent = matriz[i][col_inv-1]

        while div_ent > 0:
            residuo = div_ent%10
            invertido= (invertido)*10 + residuo
            div_ent = div_ent // 10
        matriz[i][col_inv-1] = invertido

    for i in range(rows):
        print()
        for j in range(columns):
            print(" "*(6-len(str(j))),matriz[i][j], end="")

    print()
    print(matriz)
```

```
    21      46      21
    34      97      73
    92      46      59


Elija una Opción: 2
Ingrese columna a invertir: 1

    12      46      21
    43      97      73
    29      46      59

[[12, 46, 21], [43, 97, 73], [29, 46, 59]]
¿Desea volver al menú de opciones? (S/N) ->S
```

```
elif resp_2 == '3':
    for i in range(rows):
        for j in range(columns):
            invert = 0
            div_ent = matriz[i][j]

            while div_ent > 0:
                residuo = div_ent%10
                invert= (invert)*10 + resi(
                div_ent = div_ent // 10

            matriz[i][j] = invert
    for i in range(rows):
        print()
        for j in range(columns):
            print(" "*(6-len(str(j))),matriz[i][j], end="")

    print()
    print(matriz)
```

```
    21      46      21
    34      97      73
    92      46      59


Elija una Opción: 3

    12      64      12
    43      79      37
    29      64      95
[[12, 64, 12], [43, 79, 37], [29, 64, 95]]
¿Desea volver al menú de opciones? (S/N) -> S
```

```
elif resp_2 == '4':
    matriz = [matriz[i] for i in range(rows-1,-1,-1)]

    for i in range(rows):
        print()
        for j in range(columns):
            print(" "*(6-len(str(j))),matriz[i][j], end="")

    print()
    print(matriz)
```

```
    21      46      21
    34      97      73
    92      46      59


Elija una Opción: 4

    92      46      59
    34      97      73
    21      46      21
[[92, 46, 59], [34, 97, 73], [21, 46, 21]]
¿Desea volver al menú de opciones? (S/N) ->S
```

```
elif resp_2 == '5':
    repeted_data_per_row=[0]*rows
    for f in range(rows):
        for c in range(columns):
            if c==0:
                dato_a_evaluar=matriz[f][c]
            elif dato_a_evaluar==matriz[f][c]:
                repeted_data_per_row[f]+=1
    if repeted_data_per_row==[0]*rows:
        print('Ninguna fila tiene datos repetidos')
    else:
        max_n=max(repeted_data_per_row)
        min_n=min(repeted_data_per_row)
        print('Tiene menor valor repetido la fila N°',end=': '
        for i in range(rows):
            if repeted_data_per_row[i]==min_n:
                print(i+1,end=', ')
        print()
        print('Tiene mayor valor repetido la fila N°',end=': '
        for i in range(rows):
            if repeted_data_per_row[i]==max_n:
                print(i+1,end=', ')
        print()
```

```
21      46      21
34      97      73
92      46      59
```

```
Elija una Opción: 5
Tiene menor valor repetido la fila N°: 2, 3,
Tiene mayor valor repetido la fila N°: 1,
¿Desea volver al menú de opciones? (S/N) ->S
```

```
elif resp_2 == '6':
    repeted_data_per_column=[0]*columns
    for c in range(columns):
        for f in range(rows):
            if f==0:
                dato_a_evaluar=matriz[f][c]
            elif dato_a_evaluar==matriz[f][c]:
                repeted_data_per_column[c]+=1
    if repeted_data_per_column==[0]*columns:
        print('Ninguna columna tiene datos repetidos')
    else:
        print('Se repite datos en la columna N°',end=': ')
        for i in range(columns):
            if repeted_data_per_column[i]>0:
                print(i+1,end=', ')
        print()
        max_n=max(repeted_data_per_column)
        print('La columna que tiene mayor repetición de datos es la N°',end=': ')
        for i in range(columns):
            if repeted_data_per_column[i]==max_n:
                print(i+1,end=', ')
        print()
```

opción 6

Matriz original

```
21      46      21
34      97      73
92      46      59
```

```
Elija una Opción: 6
Se repite datos en la columna N°: 2,
La columna que tiene mayor repetición de datos es la N°: 2,
¿Desea volver al menú de opciones? (S/N) -> S
```

```
elif resp_2 == '7':
    print("\nFIN")
    break

else:
    print('Sesión finalizada, vuelva pronto')
    exit()

resp_1 = input('¿Desea volver al menú de opciones? (S/N) -> ')
while resp_1 not in ['S','s','N','n']:
    print('Error...Ingrese una respuesta válida...')
    resp_1 = input('¿Desea volver al menú de opciones? (S/N) -> ')

        Elija una Opción: 7

        FIN
```

Ejemplo:

Diseñar un programa para listar, de forma aleatoria, las notas de n alumnos y p prácticas.

Solución:

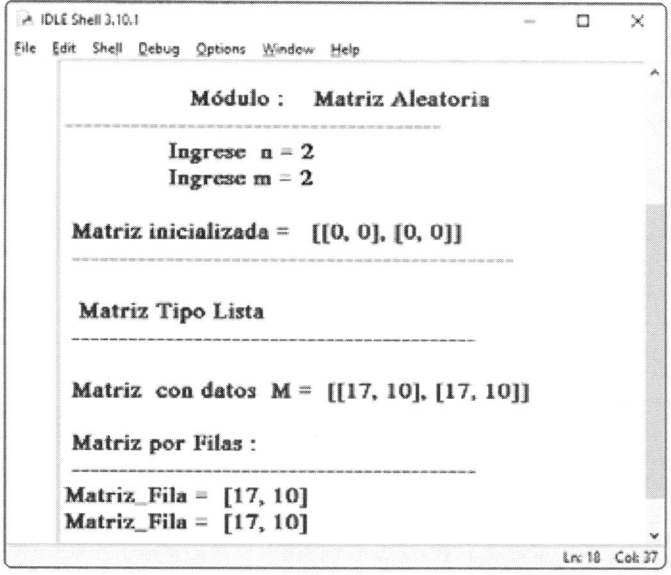

```
from random import randint
from random import uniform,random
print("")
print(" \n\t   Módulo :    Matriz Aleatoria ")
print("-"*40)
n = int(input('\tIngrese  n = '))
m = int(input('\tIngrese  m = '))
col = [0]*n
matriz=[col]*m
print("")
print(" Matriz inicializada =  ",matriz)
print(" _____")
print("")
for i in range(n):
    for j in range(m):
        matriz[i][j]=randint(0,20)
        "matriz[i][j]=uniform(0,20)%1000000"
print("  Matriz Tipo Lista ")
print(" _____")
print("")
print(" Matriz  con datos  M = ",matriz)
print("")
print(" Matriz por Filas :")
print(" _____")
n=len(matriz)
for i in range(n):
    print("Matriz_Fila = ", matriz[i])
print(" ")
```

Ejemplo:

Diseñar un programa que convierta las columnas de una matriz inicializada en filas. Después, hacer un informe.

Solución:

```
                    Módulo: Matriz columnas

Matriz inicializada =[[11, 2, 13],[4, 15, 16], [17, 18, 9] ]


        TRANSFORMACIÓN DE COLUMNAS EN FILAS


        Columna[ 1 ]= [11, 4, 17]
        Columna[ 2 ]= [2, 15, 18]
        Columna[ 3 ]= [13, 16, 9]
```

```python
print("\n\t Módulo: Matriz columnas ")
print("-"*50)
v=[0]*4
print(" Matriz inicializada =[[11, 2, 13],[4, 15, 16], [17, 18, 9] ]")
print("-"*50)
v=[0]*4
notas =[[11, 2, 13],
        [4, 15, 16],
        [17, 18, 9]
        ]
print(" \n\tTRANSFORMACIÓN DE COLUMNAS EN FILAS ")
print("-"*50)
k=0
for i in range(3):
    col = [fila[i] for fila in notas]
    v[k]=col
    k=k+1
##    print(" \tColumnas",k,"] = ",v[i])
print()
for j in range(k):
    print(" \tColumna[",j+1,"]=",v[j])
print("")
print("-"*50)
```

Ejemplo:

Diseñar un programa para crear una matriz que almacene notas y después mostrarlas de forma invertida.

Solución:

```
                Módulo: Invertir Matriz
----------------------------------------
 Ingrese Filas    = 2
 Ingrese Columnas = 2

 Matriz=   [[0, 0], [0, 0]]

----------------------------------------
                MATRIZ
----------------------------------------
mat[ 1 ][ 1 ]=12
mat[ 1 ][ 2 ]=13
mat[ 2 ][ 1 ]=14
mat[ 2 ][ 2 ]=15

                Matriz Inicial
----------------------------------------

        12        13
        14        15

                Matriz Invertida
----------------------------------------

        21        31
        41        51
```

```python
print("\n\t Módulo: Invertir Matriz  ")
print("-" *40)
m=int(input(" Ingrese Filas    = "))
n=int(input(" Ingrese Columnas = "))
mat=[[ 0]*(n) for i in range(m)]
inv=[[ 0]*(n) for i in range(m)]
print("")
print(" Matriz=\t ", mat)
print()
print("----------------------------------------")
print("            MATRIZ  ")
print("----------------------------------------")
for i in range(m):
    for j in range(n):
        print("mat[",i+1,"][",j+1,"]=",end="")
        a=int(input())
        mat[i][j]=a
        cont=0
        num=a
        val=0
        while num>0:
            val=num%10
            num=val
            cont=cont+1
        num=a
        ai=0
```

```python
        ai=0
        for k in range(cont):
            val=num%10
            ai=(ai*10)+val
            num=num//10
        inv[i][j]=ai
print("\n\tMatriz Inicial ")
print("----------------------------------------")
for i in range(m):
    print()
    for j in range(n):
        print("\t",mat[i][j],end=" ")
print()
print("\n\t Matriz Invertida")
print("----------------------------------------")
for i in range(m):
    print()
    for j in range(n):
        print("\t ",inv[i][j],end=" ")
```

Ejemplo:

Repetir el ejemplo anterior pero con una nueva técnica de desarrollo.

Solución:

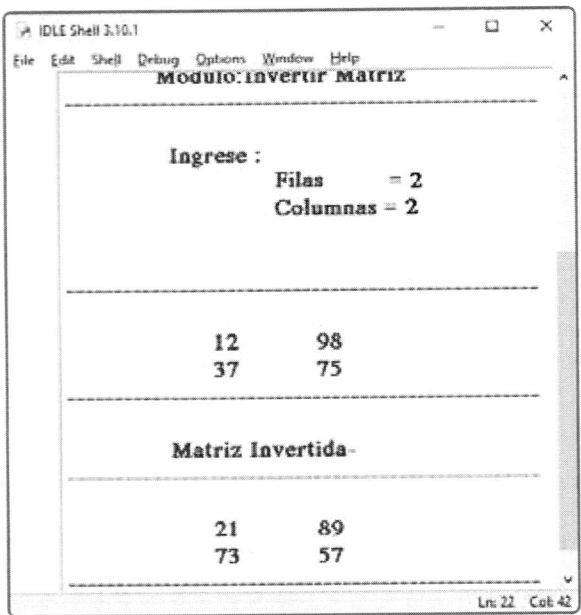

```
IDLE Shell 3.10.1
File Edit Shell Debug Options Window Help

          Modulo:Invertir Matriz
  ------------------------------------------

       Ingrese :
              Filas      = 2
              Columnas = 2


  ------------------------------------------

            12        98
            37        75

  ------------------------------------------

       Matriz Invertida-


            21        89
            73        57
                                      Ln: 22  Col: 42
```

```
matr.py - C:/Users/User/Desktop/ciclo_2021_2/Matriz2022/...
File Edit Format Run Options Window Help

import random
print()
print(" \n\tMódulo:Invertir Matriz")
print("-"*50)
print(" \n\tIngrese :")
f = int(input("\t\tFilas        = "))
c = int(input("\t\tColumnas = "))
matriz = [[0]*c for i in range(f)]
matriz1 = [[0]*c for i in range(c)]
for i in range(f):
    print()
    for j in range(c):
        matriz[i][j] = random.randint(10,99)
print("-"*50)
for i in range(f):
    print()
    for j in range(c):
        print("\t"," "*2,matriz[i][j], end="")
print()
print("-"*50)
for i in range(f):
    for j in range(c):
        num= matriz[i][j]
        invertido = 0
        while num > 0:
            d = num%10
            invertido= (invertido)*10 + d
            num = num // 10
            matriz1[i][j] = invertido
                                      Ln: 14  Col: 44
```

```
*matr_invers_2022.py - H:/LP_2022_OCT/matr_...
File Edit Format Run Options Window Help

print()
print("-"*50)
for i in range(f):
    for j in range(c):
        num= matriz[i][j]
        invertido = 0
        while num > 0:
            d = num%10
            invertido= (invertido)*10 + d
            num = num // 10
            matriz1[i][j] = invertido
print("\n\tMatriz Invertida-")
print("-"*50)
for i in range(f):
    print()
    for j in range(c):
        print("\t"," "*2,matriz1[i][j], end="")
print("")
print("-"*50)
                                      Ln: 25  Col: 0
```

Ejemplo:

Diseñar un programa para leer la dimensión de una matriz y, después, introducir las notas de n alumnos. Ordenar la matriz y mostrar las posiciones originales de los datos. Ver las figuras.

Solución:

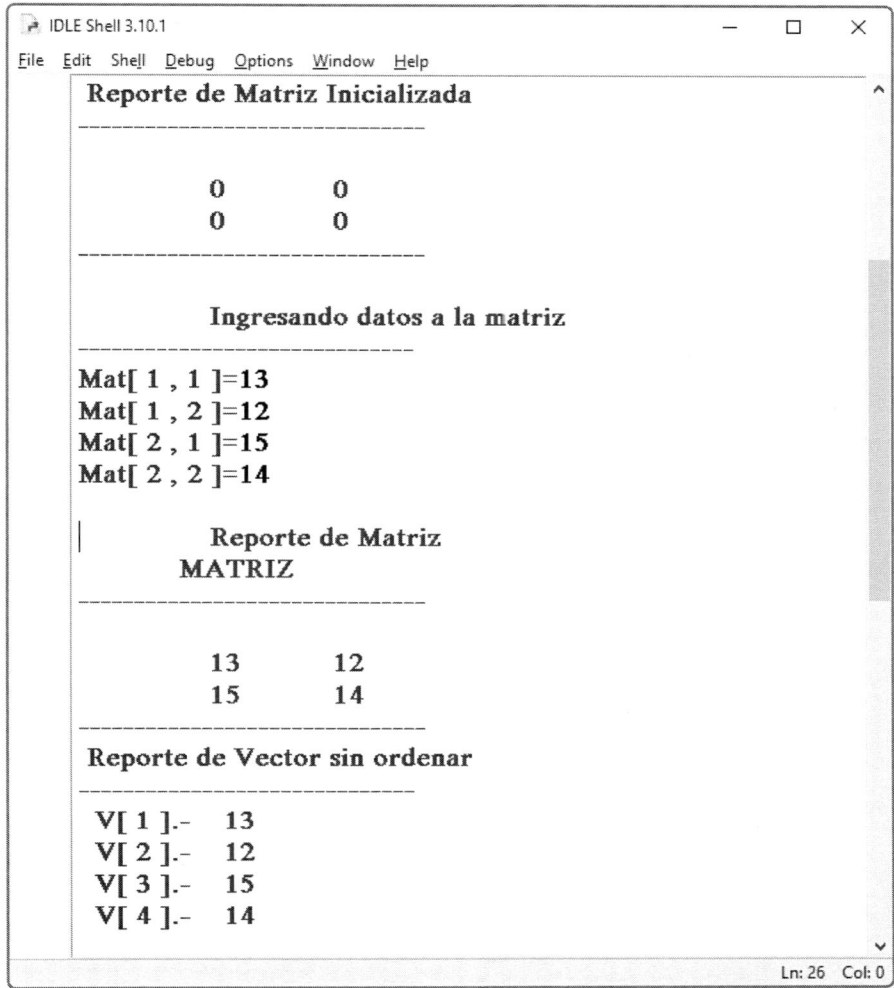

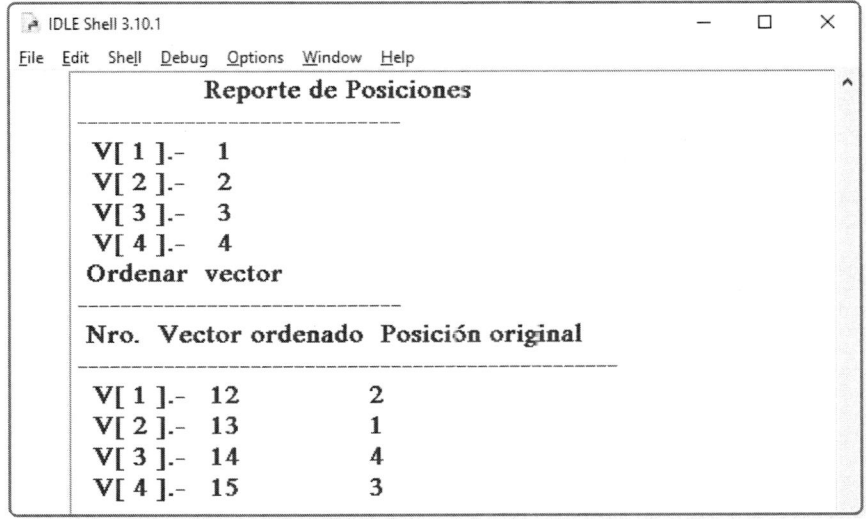

```
      Mayor elemento de la matriz
   -----------------------------------
      Mayor dato =  15

             Exportar Vector a Matriz
   -----------------------------------------------------
   Reporte de Matriz Ordenada
         MATRIZ
   ------------------------------------

         12          13
         14          15

   ------------------------------------
>>>
                                              Ln: 59   Col: 0
```

```
matriz_notas-vext.py - H:/LP_2022_OCT/matriz_notas-vext.py (3.10.1)    —   □   ×
File  Edit  Format  Run  Options  Window  Help

print("\n\t Módulo:Ordenar Matriz y  Vector ")
print("_" *50)

n=int(input(" Filas n   = "))
m=int(input(" columnas m= "))

mat = [[0]*n for i in range(m)]

print(" Matriz inicializada = ",mat)
print("\n Reporte de Matriz Inicializada ")
print("---------------------------------------")
for i in range(n):
    print()
    for j in range(m):
        print("\t" ,mat[i][j],end="")
print()
                                              Ln: 14   Col: 0
```

```
matriz_notas-vext.py - H:/LP_2022_OCT/matriz_notas-vext.py (3.10.1)    —   □   ×
File  Edit  Format  Run  Options  Window  Help

print("---------------------------------------")
print("\n\t Ingresando datos a la matriz")
print("_" * 30)
vm=[0]*n*m ; pos=[0]*n*m
d=0; p=0
for i in range(n):
    for j in range(m):
        print("Mat[",i+1,",",j+1,"]=",end="")
        mat[i][j]=int(input())
        vm[d]=mat[i][j]
        d=d+1
        pos[p]=d
        p=p+1
```

```
print(" \n\t Reporte de Matriz ")
print("          MATRIZ ")
print("————————————————————————")
for i in range(m):
    print()
    for j in range(n):
        print("\t" ,mat[i][j],end="")
print()
print("————————————————————————")
print(" Reporte de Vector sin ordenar ")
print("-"*30)
k=0
for i in range(len(vm)):
    k=k+1
    print(" V[",k,"].-   ",vm[i])
print("\n\t Reporte de Posiciones ")
```

Ln: 39   Col: 0

matriz_notas-vext.py - H:/LP_2022_OCT/matriz_notas-vext.py (3.10.1)   —   □   ×

File   Edit   Format   Run   Options   Window   Help

```
print("-"*30)
k=0
for i in range(len(pos)):
    k=k+1
    print(" V[",k,"].-   ",pos[i])
print(" Ordenar  vector ")
print("-"*30)
for i in range(len(pos)):
    for j in range(len(pos)):
        if vm[i]<vm[j]:
            aux=vm[i]; vm[i]=vm[j];vm[j]=aux; aux1=pos[i]
            pos[i]=pos[j];   pos[j]=aux1
print(" Nro.  Vector ordenado  Posición original ")
print("-"*50);k=0
for i in range(len(vm)):
    k=k+1
    print(" V[",k,"].- ",vm[i],"            ",pos[i] )
print()
may=-1
for i in range(n):
    for j in range(m):
        if  mat[i][j]>may:
            may=mat[i][j]
print(" Mayor elemento de la matriz")
print("-"*30)
print("     Mayor dato = ",may)
print("\t Exportar Vector a Matriz")
print("-"*50)
d=0
```

Ln: 53   Col: 0

```
*matriz_notas-vext.py - H:/LP_2022_OCT/matriz_notas-vext.py (3.10.1)*
File  Edit  Format  Run  Options  Window  Help

for i in range(n):
    for j in range(m):
        mat[i][j]=vm[d]
        d=d+1
print(" Reporte de Matriz Ordenada")
print("          MATRIZ ")
print("------------------------------------------")

for i in range(m):
    print()
    for j in range(n):
        print("\t" ,mat[i][j],end="")
```
Ln: 84   Col: 0

Ejemplo:

Diseñar un programa para leer la dimensión de una matriz y, después, hallar la suma de los datos de la diagonal inferior.

Solución:

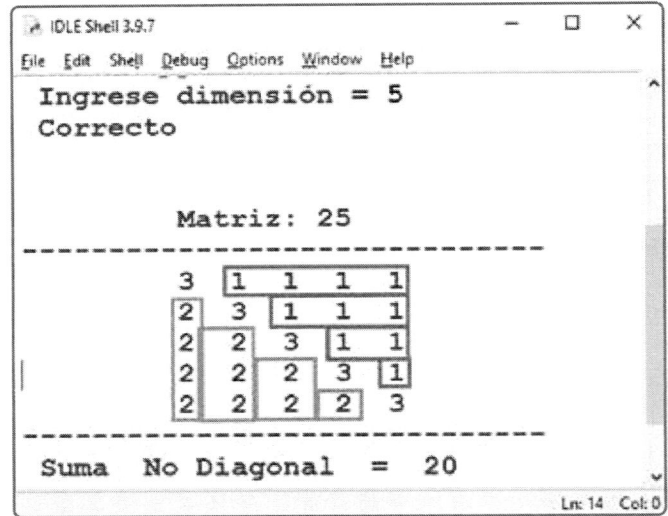

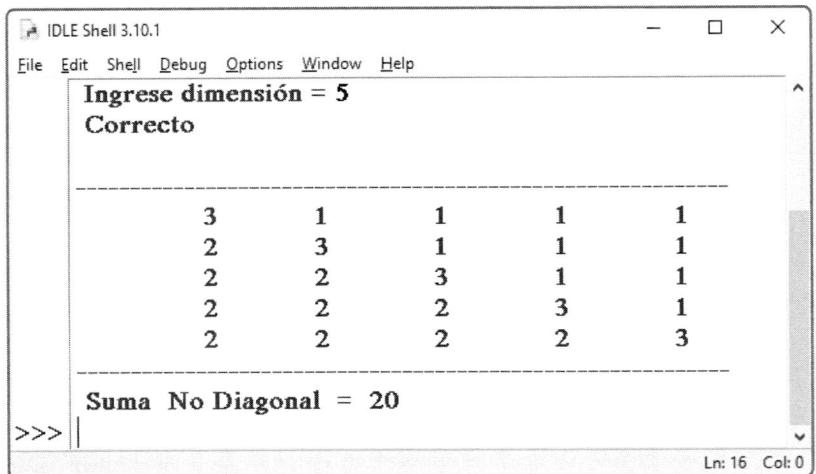

```
matriz-diagonal.py - H:/matriz-diagonal.py (3.10.1)          —    □    ×
File  Edit  Format  Run  Options  Window  Help

    n=int(input(" Ingrese dimensión = "))
    if n>1:
        print(" Correcto")
        Mat= [[0] * n for i in range(n)]
        print()
        for i in range(n):
            for j in range(n):
                if i < j:
                    Mat[i][j] = 1
                elif i > j:
                    Mat[i][j] = 2
                    s=s+Mat[i][j]
                else:
                    Mat[i][j] = 3
        print("-"*60)
        break
    else:
        print(" Error en dimensión, volver  a..")
for fil in Mat:
    print("\t" ,'\t'.join([str(dato) for dato in fil]))
print("-"*60)
print(" Suma  No Diagonal  = ",s)

                                                    Ln: 17   Col: 0
```

2.9. Matriz de convolución

La matriz de convolución es una técnica que permite cambiar los atributos de color de las imágenes originales por otros distintos según los requerimientos del usuario y, de esta forma, poder obtener una nueva imagen. Por ejemplo, notar los cambios entre la imagen original del lado izquierdo y la imagen del lado derecho. Esta es la definición de convolución.

Para aplicar la convolución se deben instalar las librerías cv2 y NumPy. Asimismo, sus imágenes deben estar en la carpeta, desde donde se ejecuta su programa fuente.

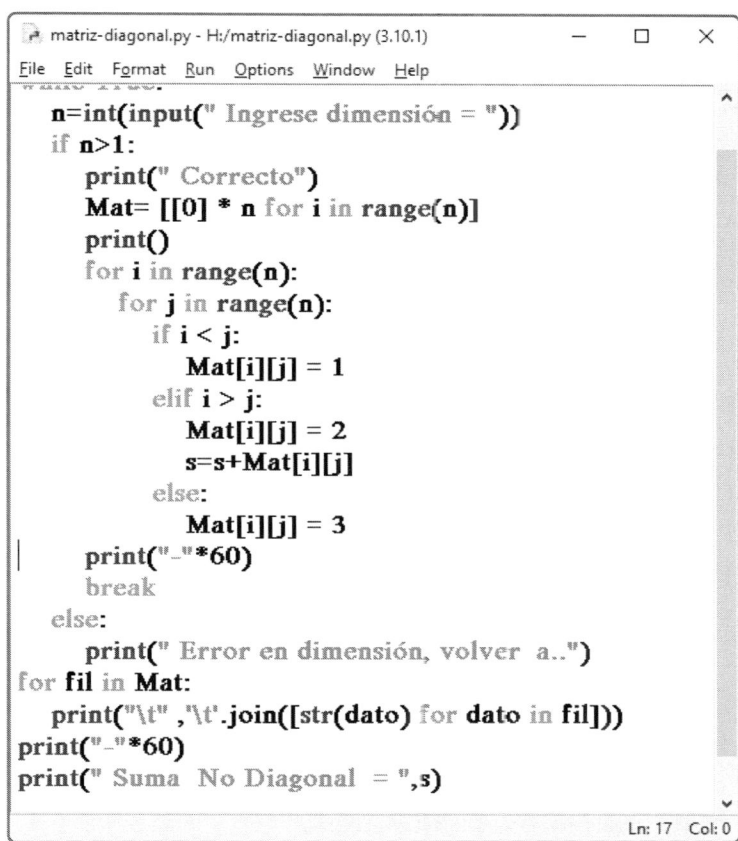

Imagen original   Imagen convolucionada, pues cambió de color rojo a morado.

Así, se puede hacer que solo los entornos cambien.

```
import cv2
import numpy as np
from PIL import Image
##path = 'srta.jpg'
path = 'ojos2.jpg'
img_cv2 = cv2.imread(path)
img_pil = Image.open(path)
img_pil = np.asarray(img_pil)
r, g, b = cv2.split(img_pil)
img_pil = cv2.merge([r,g,r])
 #mostrar imagen
cv2.imshow("cv2",img_cv2)
cv2.imshow("pil",img_pil)
cv2.waitKey(1)
```

Problema:

En un aula de f filas y c columnas, que está compuesta por carpetas unipersonales, un profesor de la asignatura X toma una prueba a n alumnos, donde n<= al número de carpetas. Los alumnos se ubican completando la primera fila, después la segunda y así sucesivamente. Cabe considerar que la matriz que representa a los alumnos en el aula guarda la edad en cada casillero y que los lugares no ocupados deben contener un cero. Después, comienza el examen y ocurre lo siguiente:

a. A los 30 minutos el profesor decide que los alumnos de la última fila pasen a la primera, los de la penúltima a la segunda fila y así sucesivamente siguen los intercambios.

b. A los 60 minutos, no contento con el intercambio realizado en la parte a, el profesor decide que los alumnos de la primera columna se intercambien con los de la última, los de la segunda columna con los de la penúltima y así sucesivamente.

Desarrollar un programa que genere aleatoriamente las n edades y muestre la matriz inicial del aula, la matriz de después del intercambio de la parte a y la matriz de después del intercambio de la parte b. Finalmente, solicitar una edad y determinar cuántas veces ocurre en cada fila de la matriz final.

Problema:

Se cuenta con un conjunto de n empleados y se desea almacenar en un arreglo unidimensional el código de cada empleado (entero positivo de tres dígitos) y, seguidamente, el número de horas extra (entero positivo de 2 dígitos) para cada mes en el que tuvo horas extra. Esto significa que no todos los empleados tendrán el mismo número de meses con horas extra. Se pide especificar un programa que permita almacenar la información de los empleados, mostrar el arreglo, después calcular el promedio de horas extra y, después, eliminar del arreglo los datos de los empleados cuyo total de horas extra sea superior al promedio. Finalmente, mostrar el arreglo después de la eliminación. Se debe resolver utilizando un solo arreglo.

Por ejemplo, para N=3:

a. Primer empleado: código 200, horas extra: 40 y 40 (tuvo 2 meses con horas extra).

b. Segundo empleado: código 150, horas extra: 20, 10 y 20 (tuvo 3 meses con horas extra).

c. Tercer empleado: código 300, horas extra: 20, 30, 10 y 20 (tuvo 4 meses con horas extra).

Empleado 1			Empleado 2				Empleado 3				
Mes			Mes				Mes				
Cod	1	2	Cod	1	2	3	Cod	1	2	3	4
200	40	40	150	20	10	20	300	20	30	10	20	...

De donde se obtiene: El total de horas extra de los empleados 1, 2 y 3 es 80, 50 y 80 respectivamente.

El promedio de las horas extra por empleado es 70.00. Los empleados con código 200 y 300 superan el promedio y deben ser eliminados. Después de la eliminación, solo quedan los datos del empleado con código 150.

| 150 | 20 | 10 | 10 | ... |

2.10. Arreglos tridimensionales

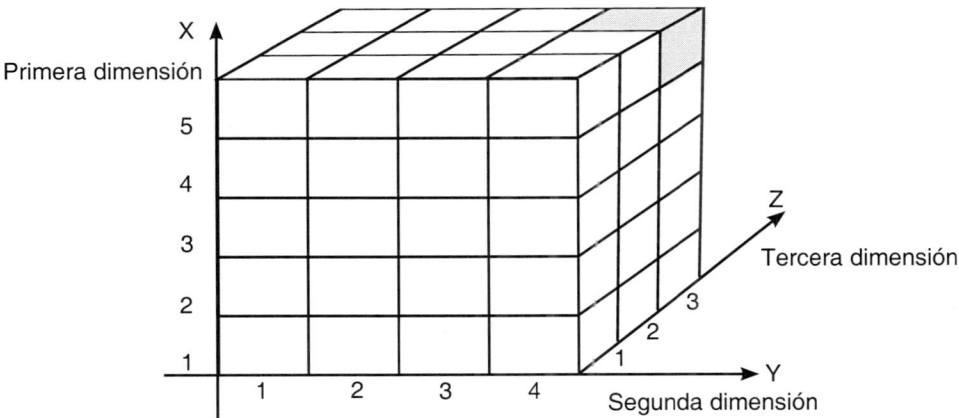

Sintaxis: **Cubo[4][5][3]**

Recorrido:

Usar tres estructuras de control

> **for i** --------------------
>> **for j**----------------------------
>>> **for k** ---
>>>> **instrucciones**

Procedimientos del diseño de una estructura tridimensional:

a. Inicializar el arreglo.

notas = [[[0 for x in range(2)] for y in range(2)] for z in range(2)]

b. Leer los totales por eje y recorrer los índices.

c=int(input(" Ingrese número de cursos = "))

for i in range(c):

al=int(input(" Ingrese número de alumnos ="))

for j in range(al):

np=int(input(" Ingrese número de prácticas = "))

for k in range(np):

c. Lectura de datos.

Notas[i][j][k]=int(input(" Nota = "))

```
> print(" Arreglos tridimensionales")
  Arreglos tridimensionales
>
> notas = [ [ [ 0 for x in range(2)] for y in range(2) ] for z in range(2) ]
>
> print(" Arreglo3 D = ", notas)
  Arreglo3 D =  [[[0, 0], [0, 0]], [[0, 0], [0, 0]]]
>
> |
```

$$\left[\left[\;[0, 0],\; [0, 0]\;\right]\!,\; \left[\;[0, 0],\; [0, 0]\;\right]\right]$$

```
IDLE Shell 3.10.1                                    —  □  ×
File  Edit  Shell  Debug  Options  Window  Help

              Inicialización y Recorrido de un : 3D
       ─────────────────────────────────────────────
       Ingrese x = 2
       Ingrese y = 2
       Ingrese z = 2

        Arreglo 2D :
       [[[0, 0], [0, 0]], [[0, 0], [0, 0]]]

        Técnica Filas ":
       [[[0, 0], [0, 0]], [[0, 0], [0, 0]]]

        Primer  recorrido:

       [[[0, 1], [0, 1]], [[0, 1], [0, 1]]]

        J[ 0 ]= 0
       J[ 1 ]= 1
                 Recorrido Tradicional
       [ 0 ][ 0 ][ 0 ] =  [[[0, 1], [0, 1]], [[0, 1], [0, 1]]]
       [ 0 ][ 0 ][ 1 ] =  [[[0, 1], [0, 1]], [[0, 1], [0, 1]]]
       [ 0 ][ 1 ][ 0 ] =  [[[0, 1], [0, 1]], [[0, 1], [0, 1]]]
       [ 0 ][ 1 ][ 1 ] =  [[[0, 1], [0, 1]], [[0, 1], [0, 1]]]
       [ 1 ][ 0 ][ 0 ] =  [[[0, 1], [0, 1]], [[0, 1], [0, 1]]]
       [ 1 ][ 0 ][ 1 ] =  [[[0, 1], [0, 1]], [[0, 1], [0, 1]]]
       [ 1 ][ 1 ][ 0 ] =  [[[0, 1], [0, 1]], [[0, 1], [0, 1]]]
       [ 1 ][ 1 ][ 1 ] =  [[[0, 1], [0, 1]], [[0, 1], [0, 1]]]
>>>
                                              Ln: 23  Col: 0
```

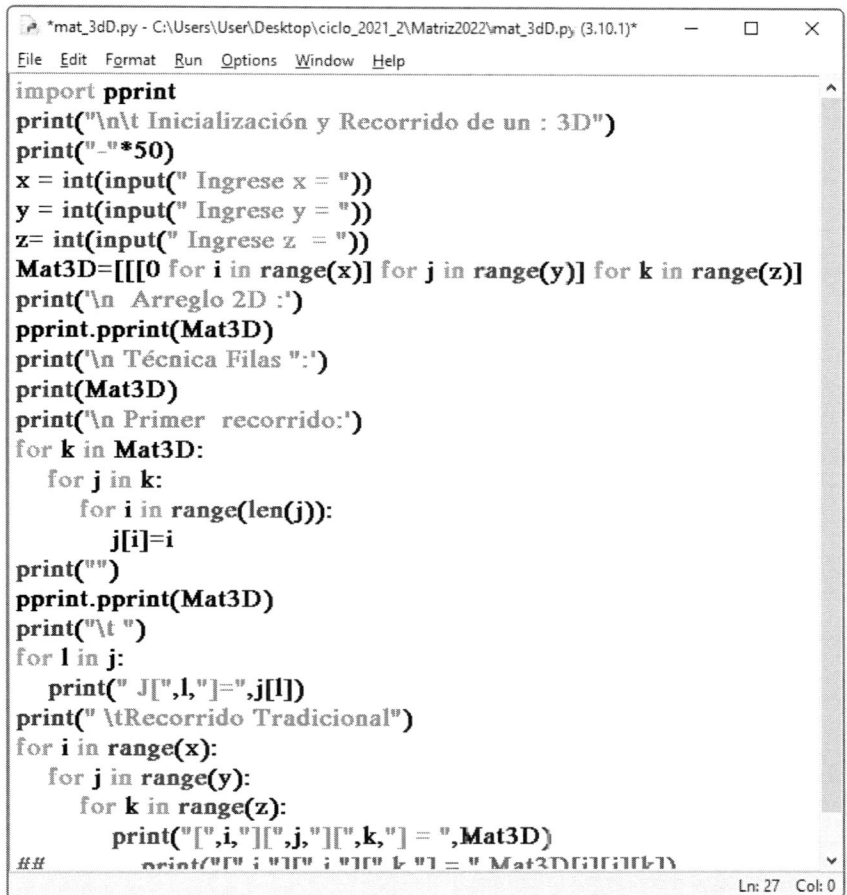

```
import pprint
print("\n\t Inicialización y Recorrido de un : 3D")
print("-"*50)
x = int(input(" Ingrese x = "))
y = int(input(" Ingrese y = "))
z= int(input(" Ingrese z  = "))
Mat3D=[[[0 for i in range(x)] for j in range(y)] for k in range(z)]
print('\n  Arreglo 2D :')
pprint.pprint(Mat3D)
print('\n Técnica Filas ":')
print(Mat3D)
print('\n Primer  recorrido:')
for k in Mat3D:
    for j in k:
        for i in range(len(j)):
            j[i]=i
print("")
pprint.pprint(Mat3D)
print("\t ")
for l in j:
    print(" J[",l,"]=",j[l])
print(" \tRecorrido Tradicional")
for i in range(x):
    for j in range(y):
        for k in range(z):
            print("[",i,"][",j,"][",k,"] = ",Mat3D)
##          print("[",i,"][",j,"][",k,"] = ",Mat3D[i][j][k])
```

Ln: 27   Col: 0

Ejemplo:

Diseñar un programa que permita leer c cursos, n alumnos por cada curso y p prácticas por cada alumno. Después, mostrar lo siguiente:

a. Promedio por alumno en cada curso.

b. Promedio por curso.

c. Promedio de todos los cursos.

En la siguiente interfaz se ilustra el problema.

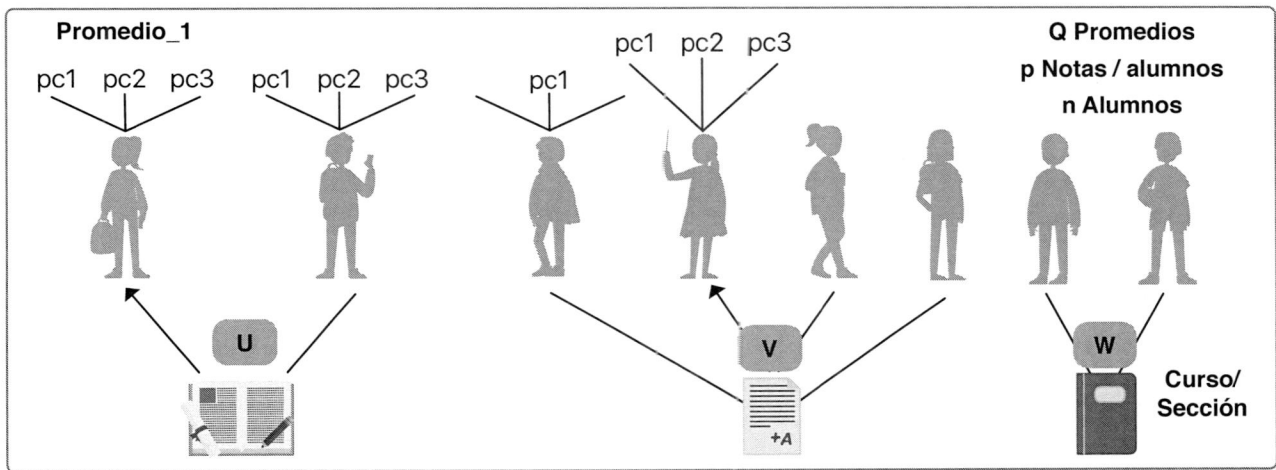

Solución:

```
Python 3.6.2 Shell                                    _ □ X
File  Edit  Shell  Debug  Options  Window  Help
matriz 3D =  [[[0, 0], [0, 0]], [[0, 0], [0, 0]]]
Ingrese número de cursos = 2
Para curso  1 :
Ingrese número de alumnos =2
Para curso  1 :
Alumno  1 :
Ingrese número de  prácticas = 2
Nota = 11
Nota = 12
Para curso  1 :
Alumno  2 :
Ingrese número de  prácticas = 2
Nota = 11
Nota = 13
Para curso  2 :
Ingrese número de alumnos =2
Para curso  2 :
Alumno  1 :
Ingrese número de  prácticas = 2
Nota = 10
Nota = 10
Para curso  2 :
Alumno  2 :
Ingrese número de  prácticas = 2
REPORTES  :

Notas[ 0 , 0 , 0 ] =  11
Notas[ 0 , 0 , 1 ] =  12
Notas[ 0 , 1 , 0 ] =  11
Notas[ 0 , 1 , 1 ] =  13
Notas[ 1 , 0 , 0 ] =  10
Notas[ 1 , 0 , 1 ] =  10
Notas[ 1 , 1 , 0 ] =  3
Notas[ 1 , 1 , 1 ] =  4
  PROMEDIOS

Notas[ 0 , 0 , 0 ] =  11
Notas[ 0 , 0 , 1 ] =  12
 Promedio de  alumno :  0  =  11.5
Notas[ 0 , 1 , 0 ] =  11
Notas[ 0 , 1 , 1 ] =  13
 Promedio de  alumno :  1  =  12.0
Notas[ 1 , 0 , 0 ] =  10
Notas[ 1 , 0 , 1 ] =  10
 Promedio de  alumno :  0  =  10.0
Notas[ 1 , 1 , 0 ] =  3
Notas[ 1 , 1 , 1 ] =  4
 Promedio de  alumno :  1  =  3.5
                                        Ln: 48  Col: 24
```

```
*Matr_tridimensional.py - C:\Users\Administrador\Desktop\Nueva carpeta\ALGORITMOS_LP_LPE...
File  Edit  Format  Run  Options  Window  Help

notas = [ [ [ 0 for x in range(2)]  for y in range(2) ] for z in range(2) ]
print(" matriz 3D = ", notas)
c=int(input(" Ingrese número de cursos = "))
for i in range(c):
  print(" Para curso ",i+1,": ")
  al=int(input(" Ingrese número de alumnos ="))
  for j in range(al):
    print(" Para curso ",i+1,": ")
    print(" Alumno ",j+1,": ")
    np=int(input(" Ingrese número de  prácticas = "))
    for k in range(np):
      notas[i][j][k]=int(input(" Nota = "))
print(" REPORTES  : ")
print("")
for i in range(c):
  for j in range(al):
    for k in range(np):
      print ( "Notas[",i,",",j,",",k,"] = ", notas[i][j][k])

print(" PROMEDIOS ")
print("")
suma=0
for i in range(c):
  for j in range(al):
    for k in range(np):
      print ( "Notas[",i,",",j,",",k,"] = ", notas[i][j][k])
      suma=suma+notas[i][j][k]
    prom=suma/np
    print(" Promedio de  alumno : ",j," = ",prom)
    suma=0

                                                              Ln: 29  Col: 0
```

Ejemplo:

Al programa anterior se debe agregar el registro de c cursos por nombre, n alumnos por curso y p notas por cada alumno de cada curso.

Hacer el informe de cursos, nombres de alumnos y promedios en una lista.

Solución:

```
IDLE Shell 3.10.1                                      —  □  ×
File  Edit  Shell  Debug  Options  Window  Help

Cursos = [ Algoritmos , Dinamica ]
 Total alumnos = 2

nombre alumno[ ]=  Maria
 Alumno =  ['Luis', 'Pedro', 'María']
 Curso[ 2 ] , Alumno[ 1 ] ,ingrese total de notas =  2
 Curso[ 2 ] , Alumno[ 1 ],ingrese nota[ 1 ] = 13
 Curso[ 2 ] , Alumno[ 1 ],ingrese nota[ 2 ] = 12
 Promedio alumno[ 1 ] =   12.5
```

```
nombre alumno[ ]=  Ana
 Alumno =  ['Luis', 'Pedro', 'María', 'Ana']
 Curso[ 2 ] , Alumno[ 2 ] ,ingrese total de notas =  2
 Curso[ 2 ] , Alumno[ 2 ],ingrese nota[ 1 ] = 3
 Curso[ 2 ] , Alumno[ 2 ],ingrese nota[ 2 ] = 14
 Promedio alumno[ 2 ] =    8.5
 Curso[] =Matemáticas
 Cursos = ['Algoritmos', 'Dinámica', 'Matemáticas']
 Total alumnos = 2

nombre alumno[ ]=  Carlos
 Alumno =  ['Luis', 'Pedro', 'María', 'Ana', 'Carlos']
 Curso[ 3 ] , Alumno[ 1 ] ,ingrese total de notas =  2
 Curso[ 3 ] , Alumno[ 1 ],ingrese nota[ 1 ] = 13
 Curso[ 3 ] , Alumno[ 1 ],ingrese nota[ 2 ] = 11
 Promedio alumno[ 1 ] =   12.0

nombre alumno[ ]=  Esteban
 Alumno =  ['Luis', 'Pedro', 'María', 'Ana', 'Carlos', 'Esteban']
```
Ln: 23   Col: 0

IDLE Shell 3.10.1 — □ ×

File Edit Shell Debug Options Window Help

```
nombre alumno[ ]=  Esteban
 Alumno =  ['Luis', 'Pedro', 'María', 'Ana', 'Carlos', 'Esteban']
 Curso[ 3 ] , Alumno[ 2 ] ,ingrese total de notas =  2
 Curso[ 3 ] , Alumno[ 2 ],ingrese nota[ 1 ] = 13
 Curso[ 3 ] , Alumno[ 2 ],ingrese nota[ 2 ] = 12
 Promedio alumno[ 2 ] =   12.5
 Reportes
 _____
 Curso[ 1 ] , Alumno[ 1 ], nota[ 1 ] =  12
 Curso[ 1 ] , Alumno[ 1 ], nota[ 2 ] =  11
 Curso[ 1 ] , Alumno[ 2 ], nota[ 1 ] =  11
 Curso[ 1 ] , Alumno[ 2 ], nota[ 2 ] =  12
 Curso[ 2 ] , Alumno[ 1 ], nota[ 1 ] =  13
 Curso[ 2 ] , Alumno[ 1 ], nota[ 2 ] =  12
 Curso[ 2 ] , Alumno[ 2 ], nota[ 1 ] =  3
 Curso[ 2 ] , Alumno[ 2 ], nota[ 2 ] =  14
 Curso[ 3 ] , Alumno[ 1 ], nota[ 1 ] =  13
 Curso[ 3 ] , Alumno[ 1 ], nota[ 2 ] =  11
 Curso[ 3 ] , Alumno[ 2 ], nota[ 1 ] =  13
 Curso[ 3 ] , Alumno[ 2 ], nota[ 2 ] =  12
 Reportes
 _____
 Nota[ 1 ,  1 , 1  ] =  12
 Nota[ 1 ,  1 , 2  ] =  11
 Nota[ 1 ,  2 , 1  ] =  11
 Nota[ 1 ,  2 , 2  ] =  12
 Nota[ 2 ,  1 , 1  ] =  13
 Nota[ 2 ,  1 , 2  ] =  12
 Nota[ 2 ,  2 , 1  ] =  3
```
Ln: 23   Col: 0

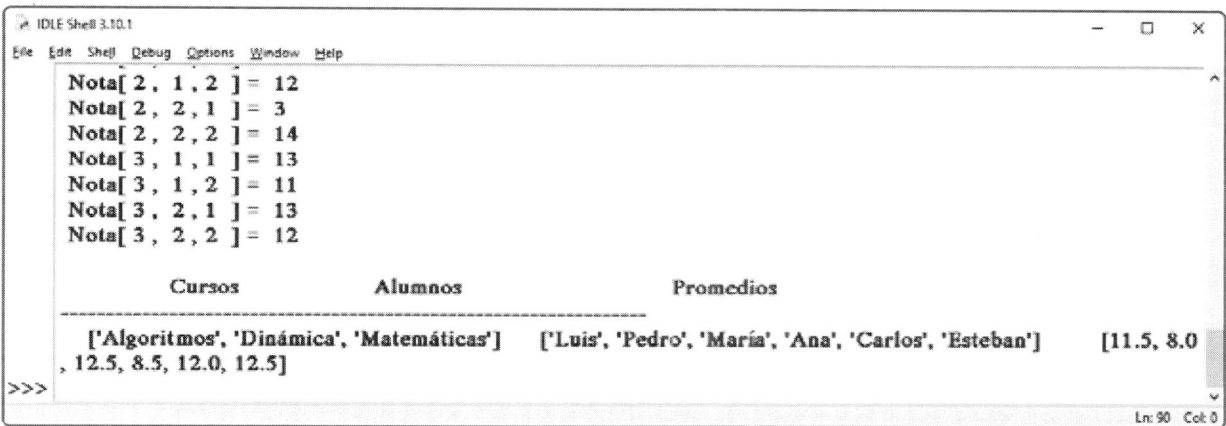

Ejemplo:

Diseñar un programa para leer dos cursos, dos alumnos y tres notas. Hacer un informe del cubo con sus notas.

Solución:

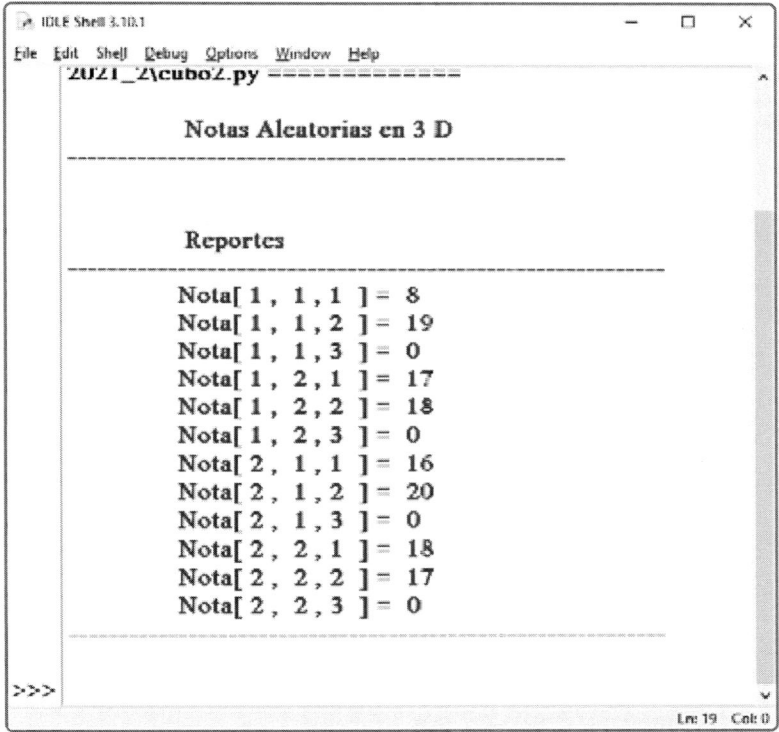

```
from random import*
print(" \n\t Notas Aleatorias en 3 D ")
print("-"*50)
## 2 alumnos, 2 notas por alumno y 3 notas por alumno
notas = [ [ [ 0 for x in range(3)] for y in range(3) ] for z in range(4) ]
print()
for i in range(2):
        for j in range(2):
```

```
        for j in range(2):
            for k in range(2):
                notas[i][j][k]=randint(0,21)
print("\n\t Reportes")
print("-"*60)
for i in range(2):
    for j in range(2):
        for k in range(3):
                print(" \tNota[",i+1,", ",j+1,",",k+1," ] = ",notas[i][j][k])
print("-"*60)
```
Ln: 13   Col: 0

Ejemplo:

Diseñar un programa que simule el siguiente juego entre tres ranas. Las ranas están al comienzo de una pista de 10 m y por turnos cada rana realiza un salto. El salto es aleatorio y puede ser:

a. Brinca y cae en el mismo lugar.

b. Salta 0.5 m en la dirección correcta.

c. Salta 1 m en la dirección correcta.

d. Salta 0.5 m retrocediendo.

Determinar cuál de las tres ranas llega primero a la meta.

Solución:

```
Python 3.6.4 Shell
File  Edit  Shell  Debug  Options  Window  Help

                    JUEGO DE CARRERA DE RANAS
--------------------------------------------------------------

Turno : 1
        Rana  1 ( 0 m )
                Distancia recorrida = 0 m      Distancia total recorrida= 0 m
        Rana  2 ( 0 m )
                Distancia recorrida = 0.5 m    Distancia total recorrida= 0.5 m
        Rana  3 ( 0 m )
                Distancia recorrida = 0 m      Distancia total recorrida= 0 m

Turno : 2
        Rana  1 ( 0 m )
                Distancia recorrida = 0.5 m    Distancia total recorrida= 0.5 m
        Rana  2 ( 0.5 m )
                Distancia recorrida = -0.5 m   Distancia total recorrida= 0.0 m
        Rana  3 ( 0 m )
                Distancia recorrida = 1 m      Distancia total recorrida= 1 m

        Rana  1 ( 8.0 m )
                Distancia recorrida = -0.5 m   Distancia total recorrida= 7.5 m
        Rana  2 ( 6.5 m )
                Distancia recorrida = -0.5 m   Distancia total recorrida= 6.0 m
        Rana  3 ( 8.5 m )
                Distancia recorrida = 0.5 m    Distancia total recorrida= 9.0 m
```

```
Turno  :  32
        Rana  1 ( 7.5 m )
                    Distancia recorrida = 1 m      Distancia total recorrida= 8.5 m
        Rana  2 ( 6.0 m )
                    Distancia recorrida = 0.5 m    Distancia total recorrida= 6.5 m
        Rana  3 ( 9.0 m )
                    Distancia recorrida = 1 m      Distancia total recorrida= 10.0 m

                            Competencia Finalizada

-----------------------------------------------------------------------------
        La rana ganadora es =  3
```

Ln: 268 Col: 4

P1.py - F:\Algo_SUST_2018_Calificado\Huayta Murillo Cristhian -17_No Valida_11\P1.py (3.6.4)

File Edit Format Run Options Window Help

```python
from random import randrange
d=[0,0,0]
print("\t\t\tJUEGO DE CARRERA DE RANAS")
print("-----------------------------------------------------------------------------")
t=0
while True:
    t=t+1
    print("\nTurno  : ",t)

    for i in range(3):
        print("\tRana ",i+1,"(",d[i],"m. )")
        print("\t\tDistancia recorrida = ",end='')
        x=randrange(4)

        if x==0:
            print("0 m.      ",end='')
        if x==1:
            print("0.5 m.    ",end='')
            d[i]+=0.5
        if x==2:
            print("1 m.      ",end='')
            d[i]+=1
        if x==3:
            print("-0.5 m.   ",end='')
            d[i]-=0.5
        print("Distancia total recorrida=",d[i],'m.')

    if d[0]>=10 or d[1]>=10 or d[2]>=10:
        print("\n\t\t\tCompetencia Finalizada ")
        break

print("\n-----------------------------------------------------------------------------")
print("\tLa rana ganadora es =  ",end='')

for i in range(3):
    if d[i]>=10:
        print(i+1,end="   ")
```

Ln: 38 Col: 0

Ejemplo:

Se cuenta con dos laboratorios o salas informáticas (una dimensión). Cada una tiene tres filas (renglones) y dos ordenadores por fila. Arreglar las dimensiones y diseñar un modelo científico que permita recibir los datos. Después, plantear las preguntas mostradas en la siguiente interfaz.

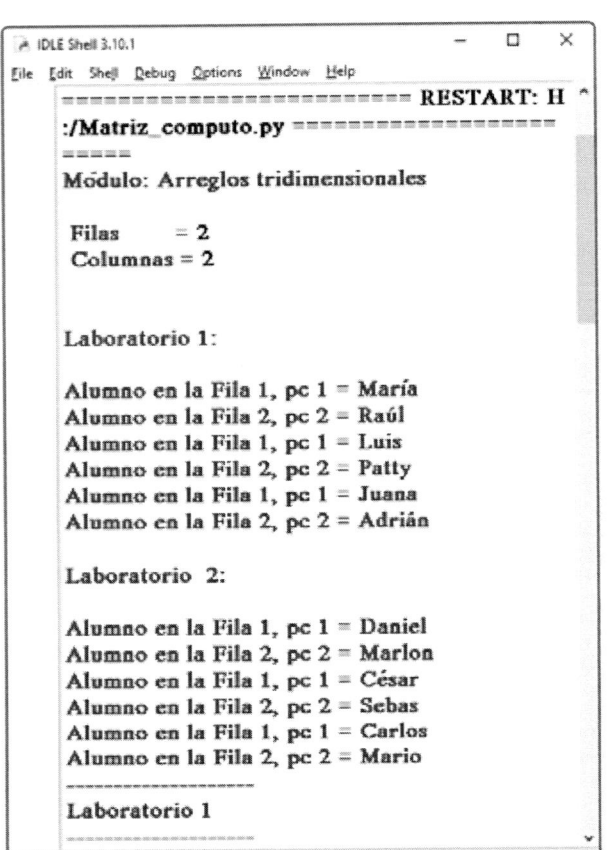

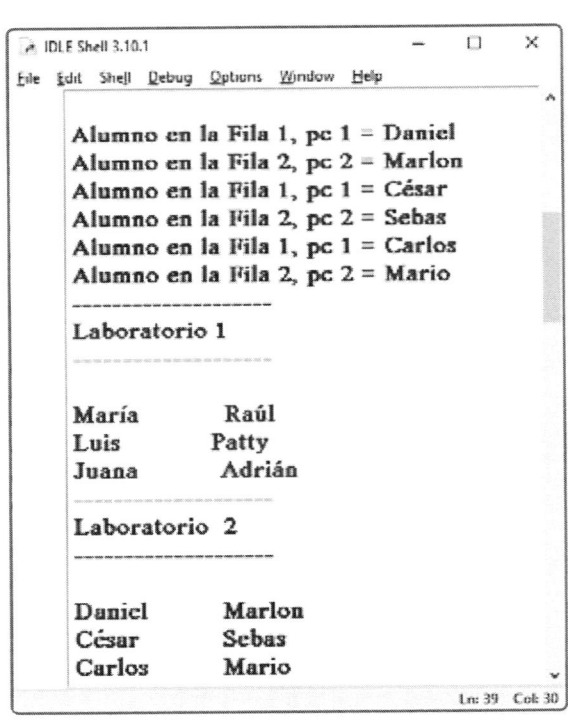

Alumno	Nota	Edad
María	5	18
Raúl	9	17
Luis	11	18
Patty	18	19
Juana	18	17
Adrián	16	17
Daniel	7	19
Marlon	6	16
César	15	18
Sebas	12	17
Carlos	19	17
Mario	13	20

¿Qué cantidad de alumnos de la sala 1 aprobaron o desapro baron, Fila por Fila?

Fila 1:

        Aprobados = 0
        Desaprobados= 2

Fila 2:

        Aprobados = 2
        Desaprobados= 0

Fila 3:

        Aprobados = 2
        Desaprobados= 0

Ln: 56   Col: 44

IDLE Shell 3.10.1   —   □   ×

File   Edit   Shell   Debug   Options   Window   Help

¿Qué cantidad de alumnos de la sala 2 aprobaron o desaprobaron, Fil a por Fila?

Fila 1:

        Aprobados: 0
        Desaprobados: 2

Fila 2:

        Aprobados: 2
        Desaprobados: 0

Fila 3:

        Aprobados: 2
        Desaprobados: 0

¿Qué cantidad de alumnos de la sala 1 son mayores de edad, y qué c ntidad son menores, Fila por Fila?

Fila 1:

        Mayores de edad: 0
        Menores de edad: 2

Fila 2:

        Mayores de edad: 2
        Menores de edad: 0

Fila 3:

        Mayores de edad: 2
        Menores de edad: 0

¿Qué cantidad de alumnos de la sala 2 son mayores de edad, y qu e cantidad son menores, Fila por Fila?

Fila 1:

Ln: 80   Col: 0

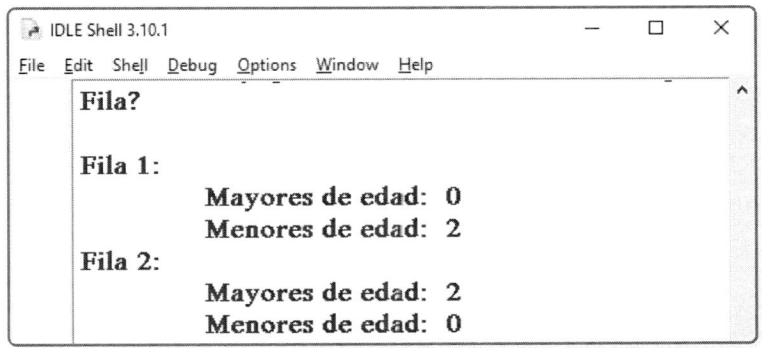

IDLE Shell 3.10.1   —   □   ×

File   Edit   Shell   Debug   Options   Window   Help

Fila?

Fila 1:

        Mayores de edad: 0
        Menores de edad: 2

Fila 2:

        Mayores de edad: 2
        Menores de edad: 0

```
Fila 3:
|                Mayores de edad:  2
                Menores de edad:  0

¿Cuál es el promedio de notas de la sala 1?
El promedio de notas de la sala 1 es:  12.83

¿Cuál es el promedio de notas de la sala 2?
El promedio de notas de la sala  es:  12.0
                                              Ln: 103  Col: 0
```

Solución:

Matriz_computo.py - H:/Matriz_computo.py (3.10.1)

File Edit Format Run Options Window Help

```python
print("Módulo: Arreglos tridimensionales")
print(""*65)
alums = ["María","Raúl ","Luis  ","Patty","Juana","Adrián","Daniel","Marlon"
        ,"César","Sebas","Carlos","Mario"]
n= int(input(" Filas       = "))
m= int(input(" Columnas = "))
notas = [0]*15
edades = [0]*15
print()
c= 0
tri = [[[0 for t in range(2)] for p in range(3)]for o in range(2)]
salas,Filas,pc = 2,3,2
for i in range(2):
    if i==0:
        print("\nLaboratorio 1:\n")
    elif i==1:
        print("\nLaboratorio  2:\n")
    for j in range(3):
        for k in range(2):
            print(f"Alumno en la Fila {k+1}, pc {k+1} =", alums[c])
            tri[i][j][k]= alums[c]
            c+=1
print("-"*20)
print("Laboratorio 1 ")
print("-"*20)
for r in range(3):
    print()
    for i in range(2):
        print(tri[0][r][i], " "*(15-len(tri[0][r][i])), end="")
```
```
                                              Ln: 32  Col: 0
```

Matriz_computo.py - H:/Matriz_computo.py (3.10.1)

File Edit Format Run Options Window Help

```python
    for i in range(2):
        print(tri[0][r][i], " "*(15-len(tri[0][r][i])), end="")
print()
print("-"*20)
print("Laboratorio  2")
print("-"*20)
```

```
for r in range(3):
    print()
    for i in range(2):
        print(tri[1][r][i], " "*(15-len(tri[1][r][i])), end="")
print()
print("\nAlumno        Nota           Edad\n")
print("-"*50)
for i in range(0,12):
    nota = random.randint(1,20)
    edad = random.randint(16,20)
    print(alums[i],((19-len(alums[i]))*" "),nota,((19-len(str(nota)))*" "),edad)
    notas[i] = nota
    edades[i]= edad
print()
print("\t¿Qué cantidad de alumnos de la sala 1 aprobaron o desaprobaron, Fila por
t = 0
for r in range(3):
    aprobados1 = 0
    desaprobados1 = 0
    for i in range(2):
        if notas[t]>=10:
            aprobados1 +=1
        else:
```

Ln: 41   Col: 7

De este modo, es posible continuar con su código o instrucciones.

Ejemplo:

Diseñar un programa para representar que hay dos salas informáticas. Cada sala tiene tres renglones (filas) y cada renglón tiene dos ordenadores.

Solución:

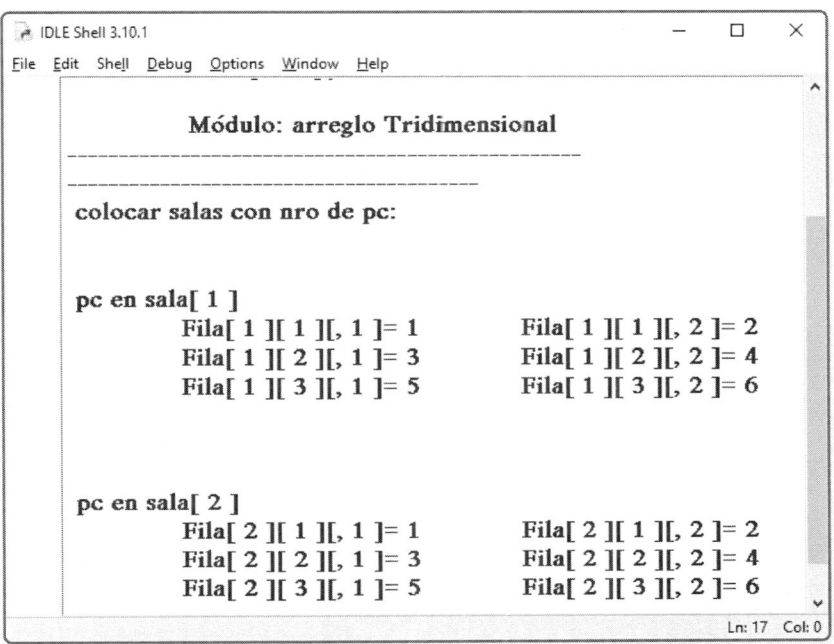

```python
print("\n\t Módulo: Arreglo Tridimensional  ")
print(" -"*50)
salas=2;filas=3;pc=2
print(" -" *40)
notas=[[[ 0 for n in range(2)] for y in range(3)] for z in range(2) ]
print(" colocar salas con nro de pc: ")
for i in range(salas):
    cont=1
    for j in range(filas):
        for k in range(pc):
            notas[i][j][k]=cont
            cont=cont+1

for i in range(salas):
    print("")
    print("\n pc en sala[",i+1,"]")
    for j in range(filas):
        for k in range(pc):
            print( "\tFila[",i+1,"][",j+1,"][",k+1,"]=",notas[i][j][k],end ="")
        print(" ")
    print()
```

Ejemplo:

Simular la adquisición de entradas para ir al cine con cero (0) desocupado y con X ocupado. Cada asiento tiene su precio, por lo que se debe cancelar usando efectivo o con tarjeta. Al final, se debe generar un comprobante de usuario.

Solución:

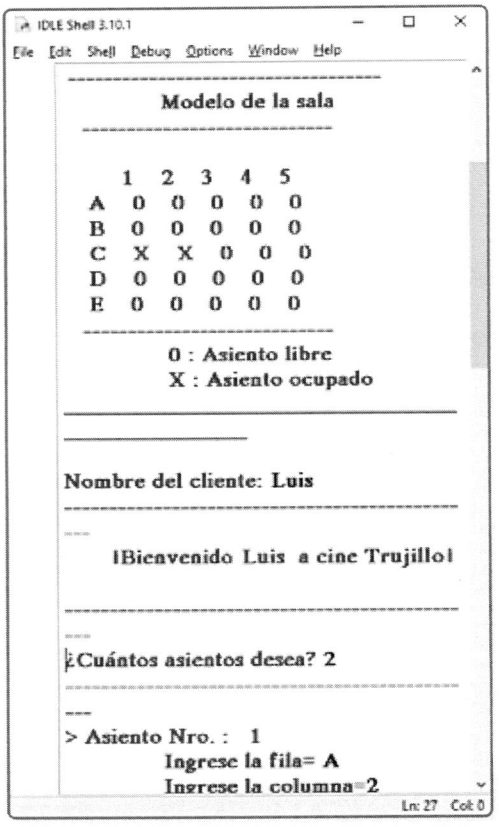

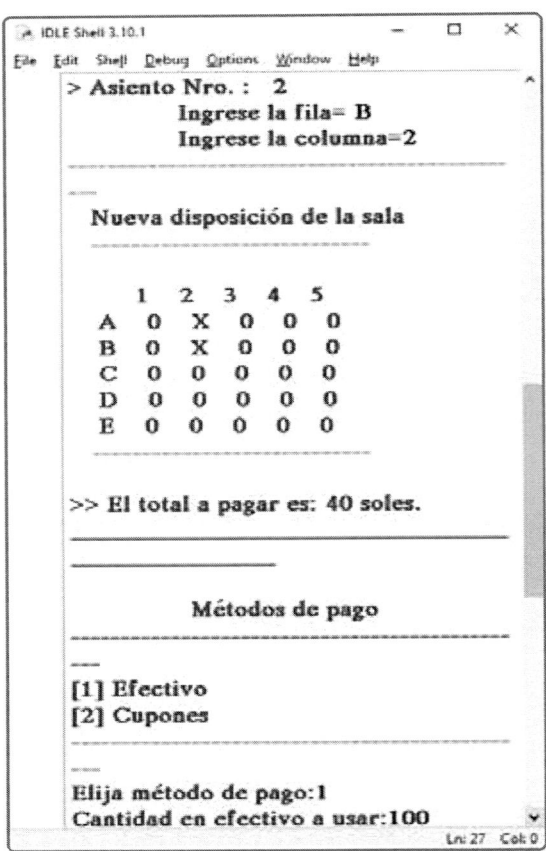

```python
import numpy as np
clientes=[]
num_butacas=[]
pago_metodos=[]
montos_pagados=[]
print("\n")
print("Cine Trujillo".center(35))
print(("-"*35).center(37))
print("\tModelo de la sala")
print(("-"*28).center(34))
tarifa=[[0]*6 for i in range(6)]
for i in range(6):
    for j in range (6):
        tarifa[0][0]=" "
        tarifa[0][1]="1"
        tarifa[0][2]="2"
        tarifa[0][3]="3"
        tarifa[0][4]="4"
        tarifa[0][5]="5"
        tarifa[1][0]="A"
        tarifa[1][1]=0
        tarifa[1][2]=0
        tarifa[1][3]=0
        tarifa[1][4]=0
        tarifa[1][5]=0
        tarifa[2][0]="B"
        tarifa[2][1]=0
        tarifa[2][2]=0
        tarifa[2][3]=0
```

```python
        tarifa[2][4]=0
        tarifa[2][5]=0
        tarifa[3][0]="C"
        tarifa[3][1]="X"
        tarifa[3][2]="X"
        tarifa[3][3]=0
        tarifa[3][4]=0
        tarifa[3][5]=0
        tarifa[4][0]="D"
        tarifa[4][1]=0
        tarifa[4][2]=0
        tarifa[4][3]=0
        tarifa[4][4]=0
        tarifa[4][5]=0
        tarifa[5][0]="E"
        tarifa[5][1]=0
        tarifa[5][2]=0
        tarifa[5][3]=0
        tarifa[5][4]=0
        tarifa[5][5]=0
for i in range(6):
    print()
    for j in range (6):
        print("   ", tarifa[i][j], end="")
print()
print(("-"*28).center(34))

print("\t 0 : Asiento libre")
print("\t X : Asiento ocupado")
```

```python
print("\t 0 : Asiento libre")
print("\t X : Asiento ocupado")
print("_"*47)
m=0
t=0
filaA=[0,0,0,0,0]
filaB=[0,0,0,0,0]
filaC=[0,0,0,0,0]
filaD=[0,0,0,0,0]
filaE=[0,0,0,0,0]
respuesta1="S"
```

```python
while respuesta1=="S" or respuesta1=="s":
    nombre=input("\nNombre del cliente: ")
    print("-"*47)
    print(f"¡Bienvenido  {nombre} a cine Trujillo!.center(47))
    clientes.append(nombre)
    print("-"*47)
    n=int(input("¿Cuántos asientos desea? "))
    num_butacas.append(n)
    print("-"*47)
    while n>m:
        t=t+1
        m=m+1
        print("> Asiento Nro. :  ",t)
        f=input("\tIngrese la fila= ")
        h=int(input("\tIngrese la columna="))
        print("-"*47)
        while f=="a" or f=="A" :
```

Ln: 70   Col: 0

matriz_cine.py - H:/LP_2022_OCT/matriz_cine.py (3.10.1)   —   □   ×

File   Edit   Format   Run   Options   Window   Help

```python
        while f=="a" or f=="A" :
            if filaA[h-1]==0:
                filaA.pop(h-1)
                filaA.insert(h-1,"X")
            else:
                t=t-1
                m=m-1
                print("Asiento ocupado.\nObserve nuevamente los asientos disponibles:")
        print("-"*47)
        tarifa=[[0]*6 for i in range(6)]
        for i in range(6):
            for j in range (6):
                tarifa[0][0]=" "
                tarifa[0][1]="1"
                tarifa[0][2]="2"
                tarifa[0][3]="3"
                tarifa[0][4]="4"
                tarifa[0][5]="5"
                tarifa[1][0]="A"
                tarifa[1][1]=filaA[0]
                tarifa[1][2]=filaA[1]
                tarifa[1][3]=filaA[2]
                tarifa[1][4]=filaA[3]
                tarifa[1][5]=filaA[4]
                tarifa[2][0]="B"
                tarifa[2][1]=filaB[0]
                tarifa[2][2]=filaB[1]
                tarifa[2][3]=filaB[2]
                tarifa[2][4]=filaB[3]
```

Ln: 106   Col: 0

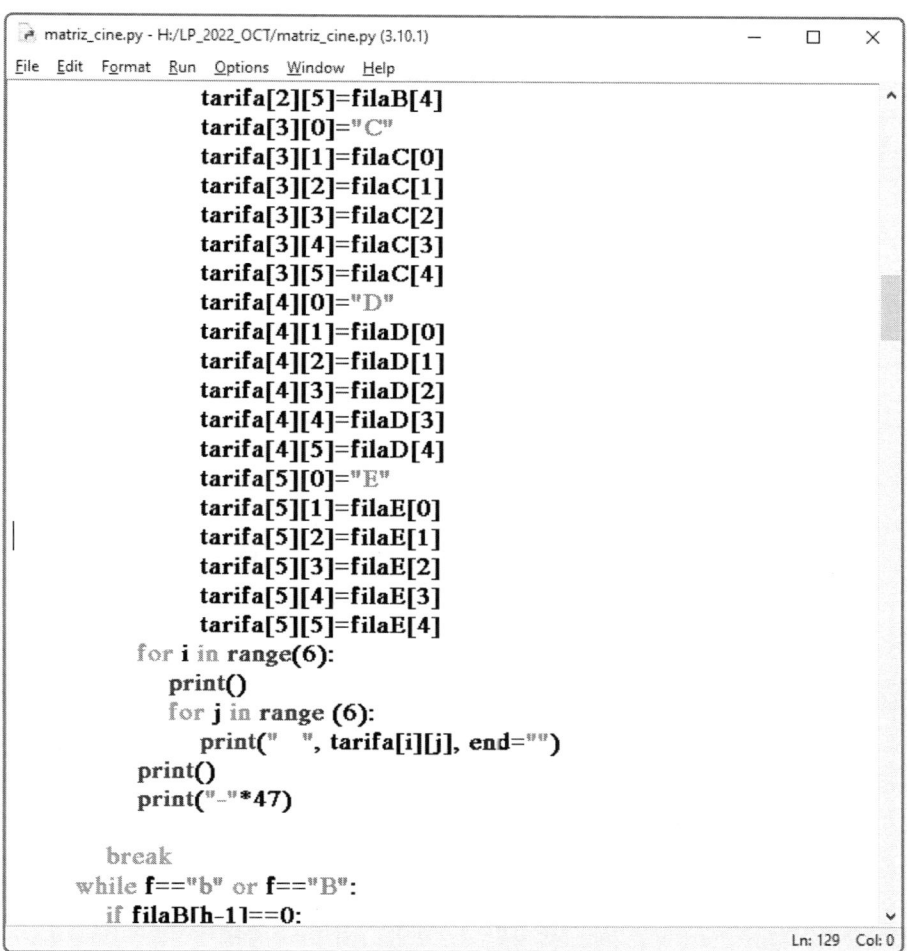

```
tarifa[2][5]=filaB[4]
tarifa[3][0]="C"
tarifa[3][1]=filaC[0]
tarifa[3][2]=filaC[1]
tarifa[3][3]=filaC[2]
tarifa[3][4]=filaC[3]
tarifa[3][5]=filaC[4]
tarifa[4][0]="D"
tarifa[4][1]=filaD[0]
tarifa[4][2]=filaD[1]
tarifa[4][3]=filaD[2]
tarifa[4][4]=filaD[3]
tarifa[4][5]=filaD[4]
tarifa[5][0]="E"
tarifa[5][1]=filaE[0]
tarifa[5][2]=filaE[1]
tarifa[5][3]=filaE[2]
tarifa[5][4]=filaE[3]
tarifa[5][5]=filaE[4]
for i in range(6):
    print()
    for j in range (6):
        print("   ", tarifa[i][j], end="")
    print()
    print("-"*47)

    break
while f=="b" or f=="B":
    if filaB[h-1]==0:
```

Continuar de este modo para las seis filas. Si tiene dificultades, escriba a tcordova@uni.edu.pe.

```
pago_metodos[i]   Cupon
        por_cupon+=1

clientes=np.array(clientes)
num_butacas=np.array(num_butacas)
pago_metodos=np.array(pago_metodos)
montos_pagados=np.array(montos_pagados)
print("_"*47)

print("\n")
print("REPORTE DE VENTAS DEL DÍA".center(47))
print("="*47)
print("CLIENTE", "   ", "N° BUT.", "   ", "MÉT. DE PAGO","   ", "MONTO")
print("-"*47)
for i in range(len(clientes)):
    print(clientes[i],"\t\t", num_butacas[i],"\t ", pago_metodos[i],"\t ",montos_pagados[i]
print("-"*47)
```

```python
#TOTAL
monto_total=0
for monto_paga in montos_pagados:
    monto_total+=monto_paga
print(f" TOTAL | {monto_total} |".rjust(47))
print("+----+".rjust(47),"\n")
#BUTACAS TOTALES
butacas_totales=0
for cantidad in num_butacas:
    butacas_totales+=cantidad
print("Butacas totales vendidas:", f"{butacas_totales}".rjust(21))
```
Ln: 479   Col: 0

Compendio de problemas:

1. Diseñar un programa que permita almacenar los datos de n alumnos, es decir, sus códigos (único y de tres dígitos), nombres y edades [20..90]. Después, generar los siguientes informes:

   a. Informe de alumnos y sus datos respectivos. Asimismo, la posición de cada registro.

   b. Listado de alumnos ordenado por nombres y de forma ascendente, conservando su posición original.

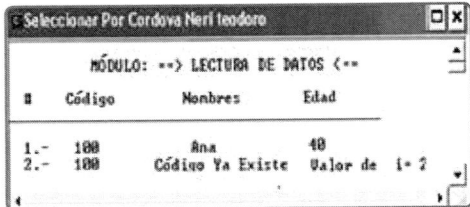
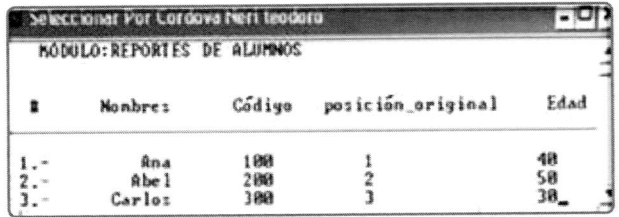

2. Diseñar un programa que permita calcular el promedio de prácticas p (p:1..5), k Asignaturas (k:1..8), correspondientes a n (n<=1000) alumnos, donde por cada promedio de asignatura se debe especificar el nombre del alumno respectivo. En las siguientes figuras se ilustran los informes.

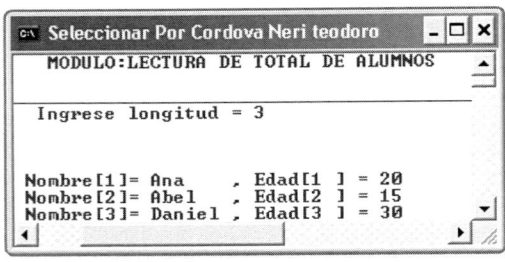
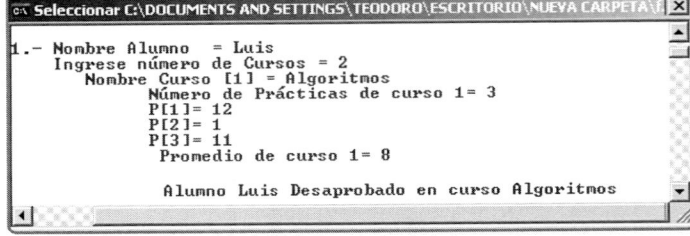

3. Diseñar un programa que permita leer datos de n alumnos por nombres y edad (n<=1000). Después, generar los siguientes informes mostrados según los gráficos:

   a. Lectura del total de alumnos e introducción de sus datos respectivos.

   b. Informe de datos de los alumnos, incluyendo la ubicación inicial.

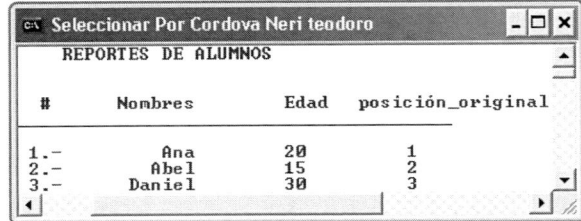

c. Informe de alumnos ordenados por nombre de forma ascendente.

d. Módulo para buscar alumno(s) por nombre. Si se repiten, debe mostrarse el total. Asimismo, debe ser interactivo con el usuario.

e. Módulo de inserción. Solicita datos de los alumnos y también es interactivo.

f. Informe después de la inserción de datos.

g. Informe ordenado después de la inserción.

h. Mostrar el informe de alumnos sin que se repitan sus edades en este.

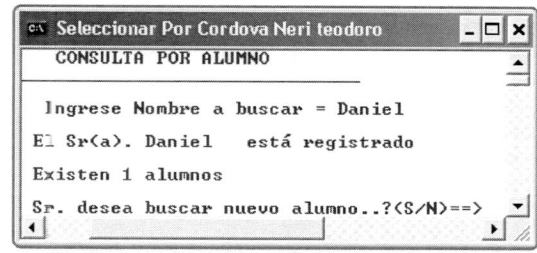

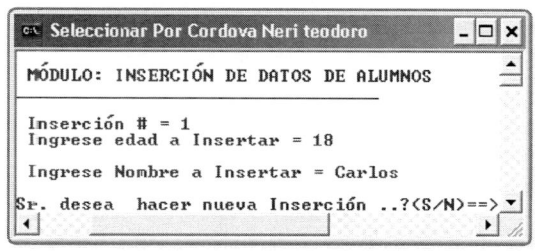

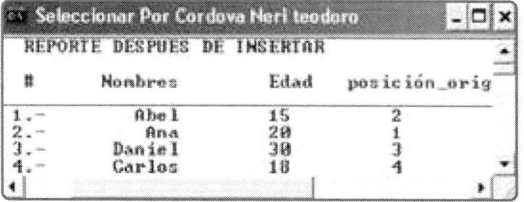

4. Diseñar un programa que permita leer el grado n>0 de un polinomio. Después, leer los coeficientes y el valor donde se debe evaluar. Mostrar el mayor coeficiente, y su posición respectiva, y encontrar el valor del polinomio evaluado en x en su primera y segunda derivada. En la siguiente figura, se observan los procedimientos de entrada y salida respectivamente.

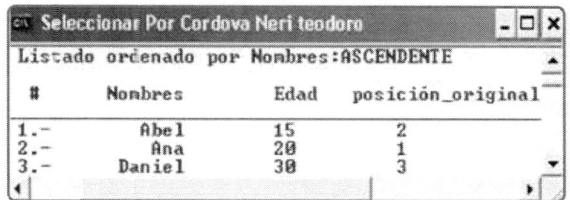

5. Diseñar un programa que permita leer un número entero n>0 y, después, mostrarlo de forma binaria.

El programa debe ser interactivo con el usuario y se tendrán como máximo cinco oportunidades.

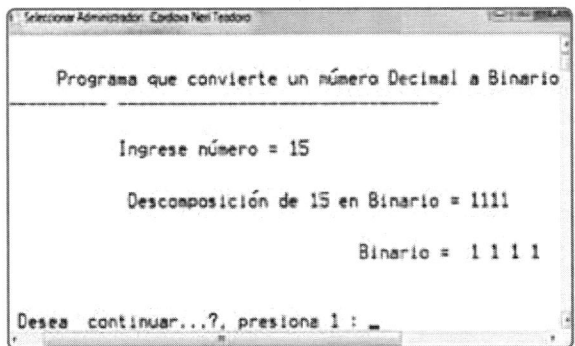

6. Diseñar un programa que permita leer la dimensión de una matriz y, después, leer datos de tipo enteros. Asimismo, realizar las siguientes operaciones: informe de datos introducidos, matriz ordenada por columnas, mayor elemento y su número de apariciones.

7. Diseñar un programa que permita leer la dimensión de una matriz y, después, leer datos de tipo enteros. Mostrar los elementos de la matriz de forma invertida. Asimismo, indicar el mayor y el menor elemento y sus posiciones respectivas.

8. Diseñar un programa que permita leer un número de secciones. Por cada sección, leer un número de alumnos y, por cada alumno, leer un número de práctica. Después, calcular y mostrar el promedio de cada alumno por sección. En la siguiente figura se ilustran las consultas y procesos.

9. Diseñar un programa que permita inicializar una estructura con la siguiente información:

   a. Cinco secciones: A, B, C, D, E.

   b. Cinco asignaturas: "Básicas", "Física I", "Inglés I", "Ecología", "Análisis".

   c. Veinte alumnos: "Marcos", "José", "Ana", "Abel", "Pedro", "Betty", "Estela", "Luz", "Arturo", "Robert", "Manuel", "Bryan", "Kike", "Daniel", "Leonel", "Alfredo", "Anaís", "Julio", "Pepe" y "Margot".

   d. Tres prácticas [5..15].

Después, de forma aleatoria, se debe asignar la correspondencia de los datos respectivos para generar los siguientes informes.

Solución:

a. Informe de los datos de los alumnos:

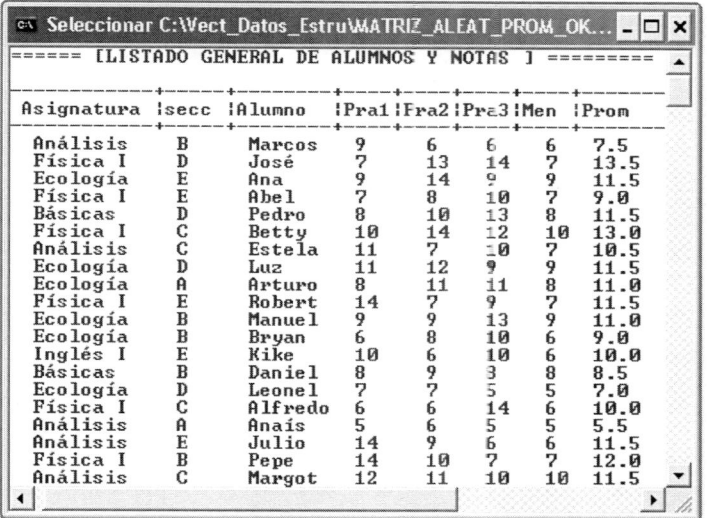

b. Informe de los alumnos por nombres, su promedio en su asignatura, su sección respectiva y su promedio por sección.

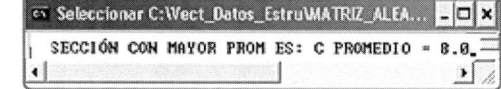

c. Informe de la sección con el mayor promedio.

d. Informe de la información de los alumnos, pero ordenada de forma ascendente según la sección.

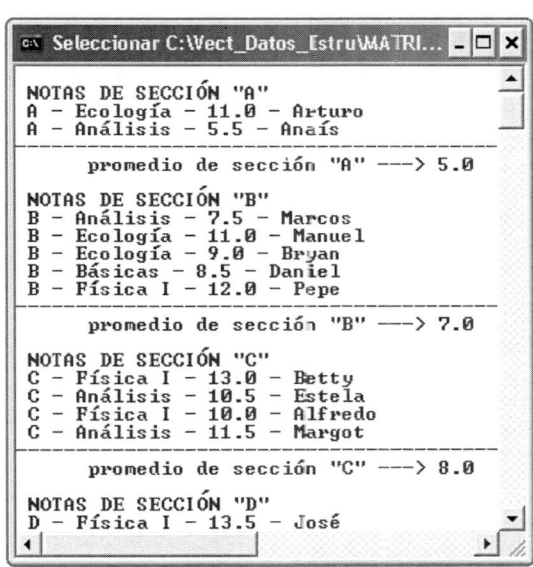

En la figura adjunta se ilustra el informe.

```
Seleccionar C:\Vect_Datos_Estru\MATRIZ_ALEAT_PROM_OK1...  _ □ X
========LISTADO ORDENADO POR SECCION =========
-------------+------+--------+-----+-----+-----+----+-------
Asignatura   |Secc |Alumno  |Pra1 |Pra2 |Pra3 |Men |Prom
-------------+------+--------+-----+-----+-----+----+-------
   Ecología    A     Arturo    8    11    11    8    11.0
   Análisis    A     Anaís     5     6     5    5     5.5
   Análisis    B     Marcos    9     6     6    6     7.5
   Ecología    B     Manuel    9     9    13    9    11.0
   Ecología    B     Bryan     6     8    10    6     9.0
   Básicas     B     Daniel    8     9     8    8     8.5
   Física I    B     Pepe     14    10     7    7    12.0
   Física I    C     Betty    10    14    12   10    13.0
   Análisis    C     Estela   11     7    10    7    10.5
   Física I    C     Alfredo   6     6    14    6    10.0
   Análisis    C     Margot   12    11    10   10    11.5
   Física I    D     José      7    13    14    7    13.5
   Básicas     D     Pedro     8    10    13    8    11.5
   Ecología    D     Luz      11    12     9    9    11.5
   Ecología    D     Leonel    7     7     5    5     7.0
   Ecología    E     Ana       9    14     9    9    11.5
   Física I    E     Abel      7     8    10    7     9.0
   Física I    E     Robert   14     7     9    7    11.5
   Inglés I    E     Kike     10     6    10    6    10.0
   Análisis    E     Julio    14     9     6    6    11.5
```

10. Diseñar un programa que permita leer n y m elementos en los vectores A y B, de 100 elementos de longitud. Después, generar un informe que permita mostrar los elementos interceptados y la posición que ocupa cada elemento en cada vector. En la siguiente interfaz se ilustra la lectura de datos de los vectores A y B y, asimismo, los resultados solicitados.

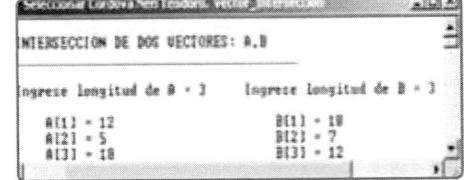

11. Diseñar un programa que permita calcular el área bajo una curva y=f(x) mediante el método de trapecio, para lo cual se deben leer los límites inferior y superior y el número de iteraciones. Asimismo, se debe calcular el error de cálculo.

12. Diseñar un programa que permita almacenar en una matriz los datos de n alumnos (n<=100) por nombre. Después, introducir por cada alumno p prácticas (p<=5) y, asimismo, sus exámenes parcial, final y de recuperación con datos en el rango de [0..20].

Vpos [ ]		Pc1	Pc2	Pc3	Exp	Exf	Ex_S	vsp [ ]	vmen [ ]	vpp[ ]	vpf[ ]	Est
1	Ana	10	12	9	12	5		31	9	11.0	8.25	D
2	Luis	12	6	14	16	13		32	6	13.0	13.75	A
3	Carlos	2	1	3	4	8		6	1	2.5	6.25	D
4	Abel	12	12	11	12	4		35	11	12.0	8.0	D
100	Ricardo	13	11	12	10	10		36	11	12.5	10.25	A
		....	Lectura de dato			....			Datos procesados			

Para procesar los datos, cabe considerar los siguientes vectores:

a. vpos[ ]: vector que guarda la posición de cada registro.

b. vsp[ ]: vector que acumula las notas de las prácticas.

c. vmen[ ]: vector que guarda la menor nota por alumno.

d. vpp[ ]: vector que guarda el promedio de prácticas por alumno.

e. vpf[ ]: vector que guarda el promedio final por alumno.

Cabe considerar que el examen final tiene peso doble.

Asimismo, el programa debe emitir los siguientes informes:

a. Listado de alumnos por nombre, promedio de prácticas y promedio final (sin considerar el examen de recuperación) y estado (aprobado o suspenso).

b. Listado de alumnos por nombre, notas de prácticas, menor nota de práctica, notas de exámenes, promedio de prácticas y promedio final (considerando que el alumno realiza un examen de recuperación cuando está suspenso), promedio de prácticas y promedio final (considerar examen de recuperación) y estado (aprobado o suspenso).

c. Listado de alumnos ordenados de forma ascendente por nombre, promedio de prácticas, promedio final, la posición inicial de cada registro y el estado.

Ejemplo:

Ana................

Abel................

Este informe no está ordenado correctamente debido al segundo carácter. Se deben considerar estos casos.

13. Diseñar un programa que permita almacenar en un vector la información de n (n>1) alumnos. Se debe registrar una nota [0..20] para cada alumno y, también, su sexo (M/F) respectivo.

Después, generar un informe que permita conocer la cantidad de alumnos aprobados de sexo masculino e indicar la posición o ubicación de entrada. En la siguiente interfaz se ilustran los procesos del caso.

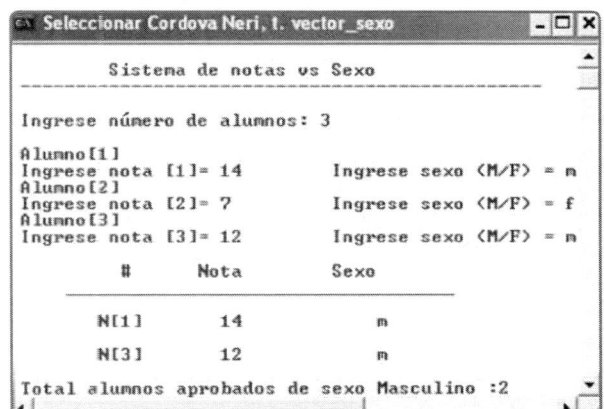

14. Diseñar un programa que permita mostrar el total de puntos interiores que definen la siguiente figura. Asimismo, mostrar los puntos respectivos, considerando que cada punto debe tener dos cifras decimales como máximo.

$$\frac{X^2}{16}+\frac{Y^2}{9}=1$$

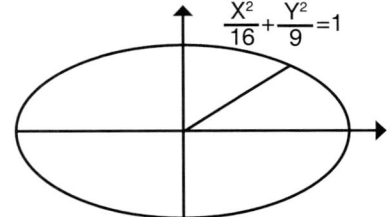

15. Diseñar un programa que permita leer n tipos de productos y m almacenes (n, m<=100), leer y almacenar los datos en una matriz de dimensión n y m. Los datos se deben generar de forma aleatoria con la condición de que estén solo entre [0..99]. Después, mostrar lo siguiente:

a. Datos de la matriz generada de forma aleatoria.

b. Datos almacenados en un vector de longitud m*n y ordenados de forma ascendente.

c. Total de productos por tipo y por almacén respectivamente.

d. Elementos de la matriz ordenados por filas de forma ascendente.

e. Producto con menor y mayor cantidad de unidades y la ubicación respectiva.

El programa debe ser interactivo con el usuario.

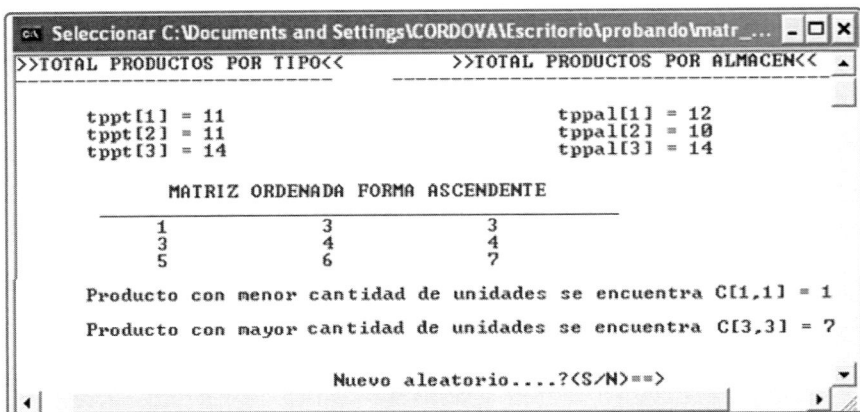

16. Diseñar un programa que permita jugar al Master Mind. Para ello se escribirá el programa de la siguiente forma:

a. Generar cuatro valores enteros aleatorios entre 0 y 9 que sean distintos entre sí.

b. Preguntar al usuario por cuatro valores enteros.

c. Considerando ambas combinaciones, indicar cuántos números comunes están en la misma posición y cuántos valores comunes están en distinta posición.

Por ejemplo, 3786 y 8760 →uno colocado (el 7) y dos descolocados (8 y 6).

Se terminará el programa cuando el jugador acierte la combinación o haya agotado sus intentos (máximo diez intentos).

17. Dada una matriz bidimensional n × n, crear otra de las mismas dimensiones donde el valor de cada elemento sea el promedio del elemento, en la misma posición de la primera matriz, y de los vecinos que lo rodean (nueve o menos).

Por ejemplo, el elemento en segunda fila y segunda columna es el promedio de todos sus vecinos (marcados con doble línea).

18. Dados dos enteros m y n, diseñar un programa que construya una matriz con m filas y n columnas y cuyas entradas sean los números 1, 2,..., m*n acomodados diagonalmente, comenzando con el 1 en la entrada que está en la esquina superior izquierda, siguiendo con el 2 a la derecha del 1, después el 3 abajo del 1, y así sucesivamente.

A [ ]: Matriz inicial

1	2	6	...	...
3	2	4	...	...
7	9	2	...	...
...	...	...	...	...
...	...	...	...	...

B [ ]: Matriz resultado

2	3	...	...	...
4	2	...	...	...
...	...	...	...	...
...	...	...	...	...
...	...	...	...	...

a. Entrada: Dos números enteros $2 \leq m$, $n \leq 100$, separados por un espacio.

b. Salida: La matriz requerida.

Ejemplo de entrada	Ejemplo de salida
3 5	1 2 4 7 10 3 5 8 11 13 6 9 12 14 15

19. Una matriz binaria tiene todas sus entradas iguales a 0 o a 1. Dos matrices A y B tienen una entrada común si $A_{ij} = B_{ij}$. Si, además, se permite que esas matrices se giren o reflejen de todas las formas posibles, entonces la cantidad de entradas comunes puede cambiar. Escribir un programa que lea dos matrices binarias cuadradas y que encuentre la cantidad máxima p y mínima q de las entradas comunes, cuando se permite girar o reflejar cualquiera de las dos matrices de cualquiera de las formas posibles.

a. Entrada: Un número entero n seguido de dos matrices A y B de n*n. Se puede suponer que $1 \leq n \leq 100$.

b. Salida: Un número entero p y un número entero q.

Ejemplo de entrada	Ejemplo de salida
3 1 0 0 1 1 0 0 0 0 1 0 1 0 0 0 1 1 0 0	7 3

20. Imaginar estar parado en el punto (0, 0) de un plano cartesiano. A partir de allí, se puede dar un paso de tamaño 1 en alguna dirección, después un paso de tamaño 2 en alguna dirección, después un paso de tamaño 3 en alguna dirección, etc. Las cuatro direcciones posibles son arriba, abajo, izquierda y derecha. El objetivo es llegar al punto de coordenadas (a, b) en la menor cantidad n de pasos que sea posible. Diseñar un programa que ayude a encontrar un posible camino de (0, 0) a (a, b) y que cumpla esas condiciones.

a. Entrada: Dos números enteros a y b tales que -1000 ≤ a, b ≤ 1000.

b. Salida: Un número entero n seguido de n parejas de enteros xi, yi separados por espacios, las cuales corresponden con los n puntos a los que se llega después de cada paso.

Evaluación:

Un punto si la n indicada cumple las condiciones pedidas. En ese caso, 5m/n puntos adicionales, donde m es la cantidad mínima de pasos necesaria para llegar de (0, 0) a (a, b). El primer ejemplo recibiría 1+5*3/3 = 6 puntos, mientras que el segundo recibiría 1+5*3/7 = 3 puntos.

Ejemplo de entrada	Ejemplo de salida	Ejemplo de salida	
1 1	3	7	1 -5
	0 1	-1 0	1 0
	-2 1	-2 -1	1 -6
	1 1	1 -1	1 1

21. Dados dos enteros m y n, diseñar un programa que construya una matriz con m filas y n columnas cuyas entradas sean los números 1, 2,..., m*n acomodados en espiral, comenzando con el número 1 en la entrada que está en la esquina superior izquierda, siguiendo hacia la derecha, después hacia abajo, después hacia la izquierda, después hacia arriba, y así sucesivamente.

   a. Entrada: Dos números enteros m, n, separados por un espacio, cuyos valores estén entre 1 y 100 (incluyéndolos).

   b. Salida: La matriz requerida. Para mayor detalle ver el ejemplo de salida, aunque no se requiere exactamente el mismo espaciado, solo el orden.

Ejemplo de entrada	Ejemplo de salida				
4 5	1	2	3	4	5
	14	15	16	17	6
	13	20	19	18	7
	12	11	10	9	8

22. Una cuadrícula de m por n tiene pintados cada uno de sus cuadritos de alguno de k colores. Estos cuadritos a veces forman cuadrados más grandes donde todos los cuadritos son del mismo color. Escribir un programa que determine la longitud g del lado más grande de cualquiera de estos cuadrados. Además, el programa deberá determinar la cantidad c de cuadrados de ese tamaño y el número d de colores distintos en los que existan cuadrados de ese tamaño. El ejemplo mostrado abajo tiene g = 2. Los cuadrados correspondientes son uno de color 1 y tres de color 3 (por lo que c = 4 y d = 2).

   a. Entrada: Tres números enteros m, n y k en el intervalo 1 a 100 (incluyéndolos), seguidos de m renglones con n enteros, cada uno en el intervalo 1 a k (incluyéndolos).

   b. Salida: Tres números enteros g, c y d.

Ejemplo de entrada	Ejemplo de salida
3 6 5	2 4 2
4 1 1 3 3 3	
2 1 1 3 3 3	
5 1 4 3 3 5	

23. Considerar un triángulo T dado por sus tres vértices (a, b), (c, d) y (e, f) y con coordenadas enteras. Algunos puntos de coordenadas enteras están sobre los lados de T y otros puntos de coordenadas enteras están dentro de T. Escribir un programa que encuentre las cantidades s y t de puntos sobre los lados y dentro de T, respectivamente.

Por ejemplo, si los vértices de T tienen las coordenadas (0, 1), (4, 3) y (2, 5), entonces s = 6 y t = 4, ya que los 6 puntos (0, 1), (2, 2), (4, 3), (3, 4), (2, 5) y (1, 3) están sobre los lados de T, mientras que los 4 puntos (1, 2), (2, 3), (2, 4) y (3, 3) están dentro de T.

a. Entrada: Seis números enteros (a, b, c, d, e, f) separados por espacios y todos ellos en el intervalo de –1000 a 1000 (incluyéndolos). Se puede suponer que los tres vértices de T no están alineados y por lo tanto forman un triángulo.

b. Salida: Dos números enteros s y t separados por un espacio.

Ejemplo de entrada	Ejemplo de salida
0 1 4 3 2 5	6 4

24. Diseñar un programa que permita introducir caracteres (letras) desde el teclado. Después, mostrar lo siguiente:

a. El número de veces que se repite la letra "a".

b. El número de veces que se repite la palabra "uni".

c. Elementos vector sin repetirse.

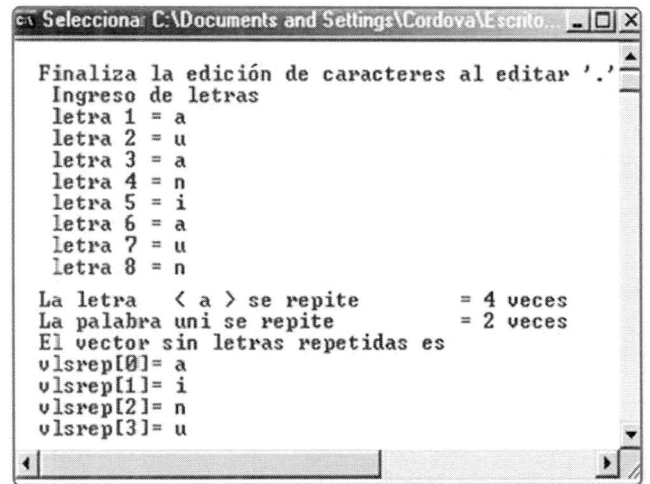

25. Diseñar un programa que permita introducir números enteros y almacenarlos en un vector de longitud n (n es definido por el usuario), después mostrar:

a. Informe de los elementos introducidos.

b. Opciones en un menú para insertar elementos al inicio del vector, insertar según la posición especificada por el usuario e insertar al final cuando los datos están ordenados.

26. Diseñar un programa que permita leer n alumnos (n>0 y n<=100) por código y nota respectivamente. Los códigos deben estar formados solo por tres dígitos y las notas solo deben ser válidas, de [0..20]. Después, generar los siguientes informes para conocer:

a. La mayor nota.

b. El código, posición y número de veces que se repite la mayor nota.

c. La secuencia de códigos y secuencia de notas respectivas (de la mayor).

Análogamente, identificar la menor nota y realizar los procesos anteriormente solicitados para la menor nota.

Ejemplo:

Considerar los datos de la siguiente tabla:

Número de alumnos: 9	1	2	3	4	5	6	7	8	9
Códigos	100	200	300	500	400	600	800	700	900
Notas	12	16	11	10	16	10	10	16	10

Solución:

En la siguiente figura se ilustra la entrada de datos de cuatro alumnos por código y nota respectivamente. Se valida para que los códigos sean solo de tres dígitos y las notas estén comprendidas en el rango [0..20].

Informes de la mayor y menor nota: Se observa que la mayor nota es 16, se repite dos veces y es asignada a los alumnos de códigos 400 y 200, ocupando las posiciones 4 y 2 respectivamente. Asimismo, se forma la secuencia de códigos (400200) y la secuencia de repetición de la nota mayor (1616). De igual manera, sucede para la nota menor, tal como se observa en el gráfico de identificación de menor nota.

Mayor nota = 16	Total = 3
código	posición
200	2
400	5
700	8

Mayor nota = 10	Total = 4
código	posición
500	4
600	6
800	7
900	9

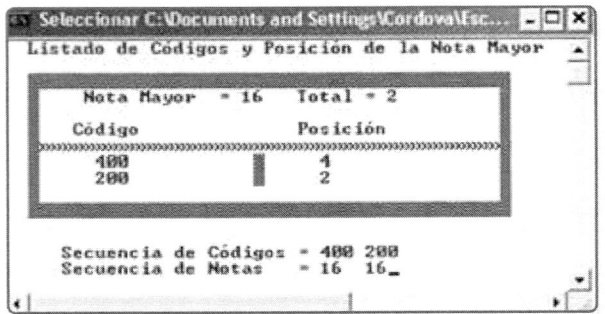

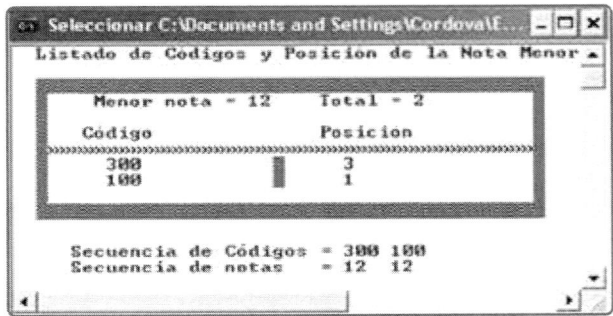

27. Diseñar un programa que permita introducir los precios (en formato real y hasta tres cifras decimales) de distintos productos pertenecientes a distintos almacenes en una matriz de n filas (tipos de productos) y m columnas (número de almacenes), siendo n y m definidos por el usuario. Los datos introducidos deben procesarse y ser presentados solo en formato entero, para lo cual se deben aplicar las reglas de redondeo. El programa debe realizar y presentar lo siguiente, tal como se ilustra en la figura:

a. Almacenar en un vector "Total en Almacén [ ]" los totales en el almacén.

b. Almacenar en un vector "Total para Producto Tipo [ ]" los totales por producto.

c. Mostrar en un vector los elementos de tipo enteros tanto para "Total en Almacén [ ]" como para "Total para Producto Tipo [ ]".

d. Según la parte c, mostrar los elementos repetidos, los elementos que quedan y la secuencia.

	Lima	Lince	Rímac	Monterrico	San Borja	San Isidro	San Miguel	Total Producto Tipo [ ]	Vector Entero
Fideos	14.778	13.971	12.394	10.5	11	14.56	13.45	90.653	91
Arroz	11.333	14.561	14.701	15.344	12.673	15.62	15.445	99.677	100
Azúcar	38.366	38.332	41.996	39.311	38.017	42.291	43.205	91.188	91
Total Almacén [ ]	38	38	42	39	38	42	43		
Vector entero	38	38	38	39	42	42	43		
Vector sin repetición	39	43							

28. Diseñar un programa que permita al usuario introducir un número de filas (n) y columnas (m) para que, en una matriz de dimensión n*m, se almacenen de forma aleatoria números enteros en el rango de [10..99]. Después, generar informes para conocer:

a. Elementos de la matriz.

b. Elementos de la matriz de forma invertida.

c. La suma de los elementos de la matriz invertida.

d. Mostrar el resultado de c de forma invertida.

e. Comprobar si el resultado obtenido en la parte c es un número capicúa.

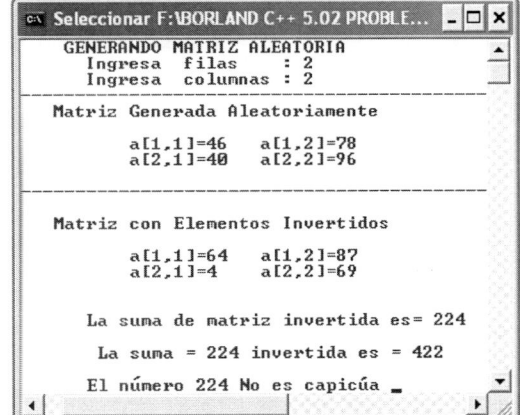

29. Diseñar un programa que permita simular una base de datos compuesta por un conjunto (n<=100) de ítems (productos), donde cada ítem es un producto caracterizado por: nombre (cadena (20 letras), código (entero) y precio (real). Después de finalizar el almacenamiento de los ítems en la base de datos, se puede iniciar el proceso de ventas. Para ello, el usuario debe introducir el número (cant) de ítems a vender, iniciando así la recuperación de datos bajo las siguientes características:

Se debe introducir el código del producto y, a continuación, el sistema debe recuperar su nombre y precio, a la vez que solicitará que introduzca la cantidad a vender. Inmediatamente, el sistema debe calcular y mostrar el total de ventas por el producto respectivo. Finalmente, se debe mostrar el acumulado total de ventas.

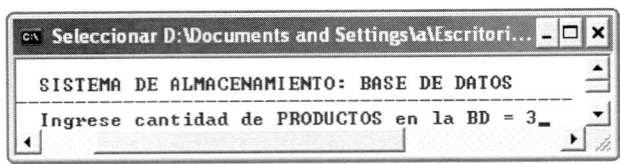

Procedimientos:

a. El sistema solicita que el usuario introduzca la cantidad de ítems (productos) a guardarse en la base de datos, en este caso, tres productos.

b. El sistema envía un mensaje que indica el número de ítems a introducir y, después, solicita los atributos del producto. Después de introducir la cantidad de productos a la base de datos, el sistema solicita al usuario que introduzca el número de productos a vender, en este caso, cuatro. Asimismo, debe mostrar el formulario donde se recupera el producto por sus atributos y otros procesos.

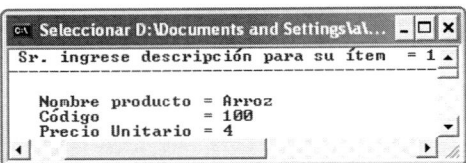 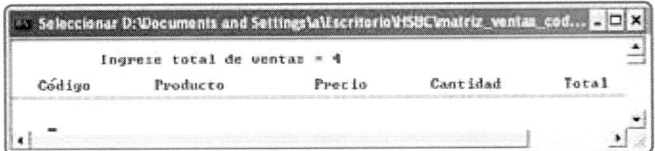

c. En el formulario se debe introducir el código del producto con el cual se recupera automáticamente el nombre del producto y su precio respectivamente. A continuación, el sistema solicita que introduzca la cantidad de productos a vender y muestra inmediatamente el total de la venta del producto.

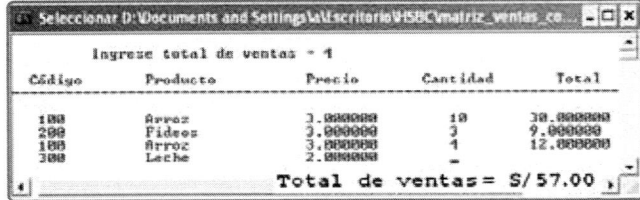

d. Finalmente, el sistema informa del total de las ventas (para el último producto, cantidad = 3).

Observación:

El usuario debe modificar para que permita almacenar la cantidad de productos por tipo. Después, para hacer las ventas, se debe validar primero si estos existen.

30. Diseñar un programa que permita almacenar en un arreglo tridimensional s secciones. Por cada s sección, leer a alumnos y, por cada alumno, leer p prácticas. Después, generar un informe para conocer lo siguiente:

   a. Promedio por alumno en cada sección.

   b. Promedio por sección.

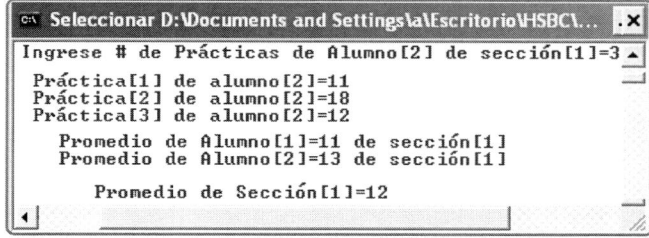
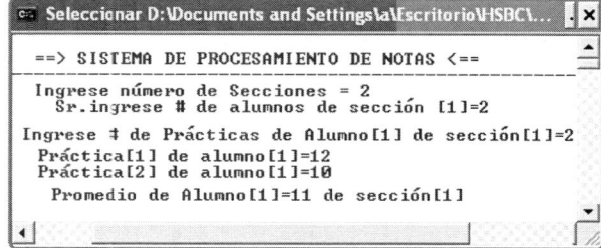

Observación:

Eliminar la menor nota de cada alumno y, después, calcular su promedio. Asimismo, calcular el promedio de todas las secciones.

31. Se tiene una población estudiantil de n alumnos, donde cada alumno es evaluado con p prácticas calificadas (n y p deben ser introducidos por el usuario). Se pide almacenar las prácticas de cada alumno en un vector y calcular su promedio y, asimismo, almacenar el promedio de cada alumno en un vector. Finalmente, generar un informe de los promedios ordenados de forma ascendente (ver información en el siguiente gráfico).

```
Seleccionar C:\Documents and Settings\Administrador\Escritorio\lista_profesores\FOR_Vector_ALU...

        Proceso número 1

INGRESE NÚMERO DE ALUMNOS: 2          UECTOR PROMEDIO ORDENADO ASCENDENTE
    Alumno :   1                      ------------------------------------------
    Nombre = Ana
    Ingrese prácticas = 3             PROMEDIO[ 1 ] = 10.5
    Práctica[ 1 ] = 12                PROMEDIO[ 2 ] = 11
    Práctica[ 2 ] = 13
    Práctica[ 3 ] = 10
    Promedio de ==>Ana =  11.6667
                                      Desea continuar..? >>(S/N)==>
    Alumno :   2
    Nombre = Pedro
    Ingrese prácticas = 2
    Práctica[ 1 ] = 13
    Práctica[ 2 ] = 8
    Promedio de ==>Pedro =  10.5
```

32. Diseñar un programa que permita almacenar las notas de n alumnos (n<=100) en un vector y, después, generar el informe respectivo para conocer el número de notas repetidas, el número de notas mayor y menor y, asimismo, su posición respectiva. También realizar los siguientes procesos:

   a. Insertar (al inicio, cualquier posición, al final).

   b. Ordenar de forma ascendente.

   c. Eliminar elementos (el usuario lee el índice a eliminar).

```
Seleccionar D:\iisoft\Clases_Dinam_TGS_C++_UTP_UIG\archivos Borlan...
  Ingrese número de elementos de A: 3
  Ingrese elementos :
A[1] = 14
A[2] = 6
A[3] = 11

Ingrese elemento a insertar: 10

Reporte del vector con  elementos insertados al final
a[1]=14
a[2]=6
a[3]=11
```

33. Diseñar un programa que permita almacenar números enteros positivos en la matriz A y B de orden n*m. Después, en una tercera matriz, almacenar la suma de los elementos de la matriz A+B. En esta, invertir los elementos y mostrar el mayor. Finalmente, almacenar en un vector estos elementos y mostrar el vector sin los elementos repetidos.

a. Informe 1.- Debe solicitar que introduzca datos en cada matriz y, después, generar los informes de la suma de las dos matrices.

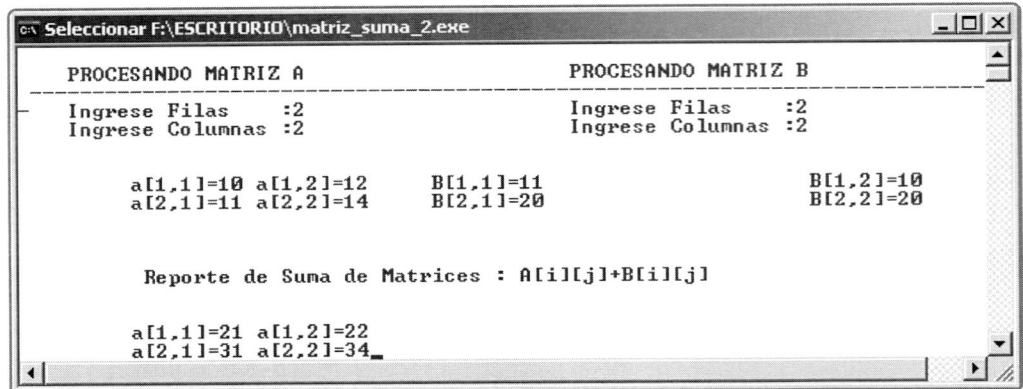

b. Informe 2.- Debe ilustrar los elementos de la matriz de forma invertida y el mayor elemento.

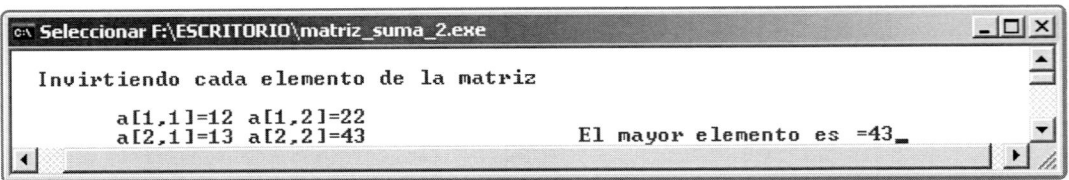

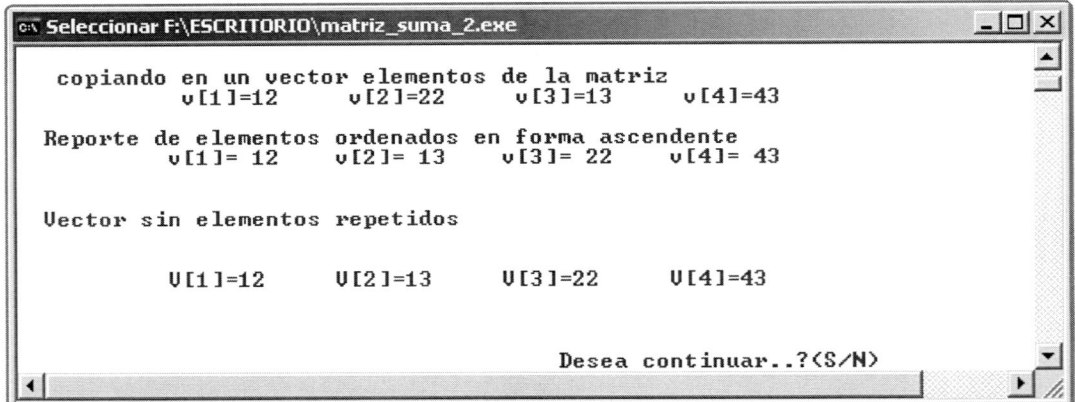

34. Diseñar un programa que permita almacenar apellidos y notas de n alumnos en una matriz de dimensión n*m. Después, mostrar los apellidos de los alumnos y sus notas en el orden de lectura respectiva. Asimismo, por cada alumno, mostrar la nota menor y el promedio al eliminar la menor nota. Finalmente, mostrar los promedios ordenados, con sus respectivos apellidos, el estado aprobado o suspenso y los alumnos que pertenecen al tercio superior.

Introducción de notas

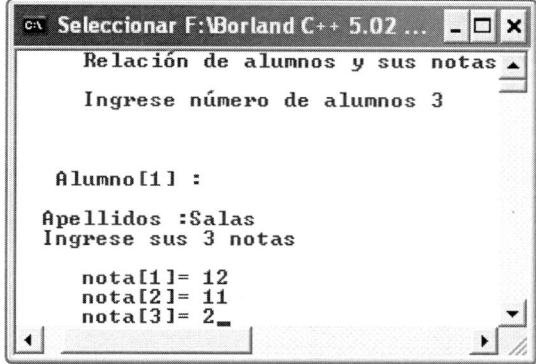

Informes

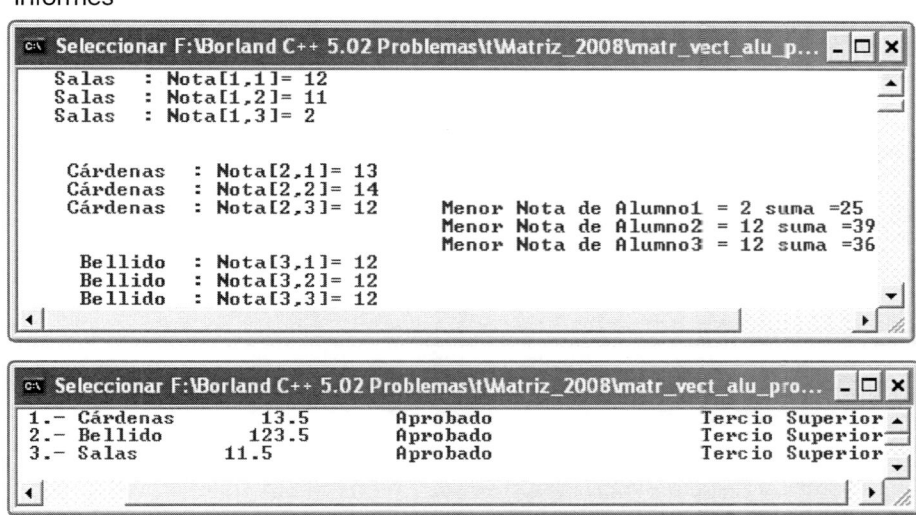

35. El problema consiste en identificar y registrar datos repetidos durante las lecturas; es decir, cuando el usuario introduce datos, n>1 (ejemplo: Sistema de Matrícula de Alumnos), se debe identificar el dato y su índice lógico (dato que se genera en una tabla dentro de una base de datos que nunca se repite).

Se inicia el acceso con el dato 12, mediante el cual se envían los mensajes que indican el número de repeticiones, así como la ubicación del índice en la posición i. Asimismo, se van registrando el dato repetido y el total, se encarga de llevar el registro de intentos (errores) repetidos para el valor en la posición i-k (k>1).

En la siguiente interfaz se ilustran los procesos de la secuencia de datos repetidos, número de intentos (errores) y la posición donde se localiza el dato repetido.

```
┌─────────────────────────────────────────────────────────────────────┐
│ C:\ Seleccionar Por: Cordova Neri Teodoro  VECTOR_VALIDA_COD_20010_CUEN... _ □ ✕ │
├─────────────────────────────────────────────────────────────────────┤
│                                                                    ▲ │
│    Generación de Índices de un SGBD                                  │
│  ----------------------------------------------                      │
│ Ingrese cantidad de datos = 3                                        │
│                        Formando Repetidos = 121212                   │
│      Índice[1]=12      Formando Repetidos = 1111121212               │
│      Índice[2]=11                                                    │
│      Índice[3]=11                              repetición # 5_        │
│                         Índice Existe en posición 2                  │
│                                                                    ▼ │
│ ◀ │                                                              ▶ │  │
└─────────────────────────────────────────────────────────────────────┘
```

Finalmente, en este formulario se genera el proceso de identificación y registro de los datos no repetidos, su total y los datos repetidos. Estos deben estar ordenados de forma ascendente y totalizados.

```
┌──────────────────────────────────────────────────────────────┐
│ C:\ Seleccionar Por: Cordova Neri Teodoro  VECTOR_VALIDA_... _ □ ✕ │
├──────────────────────────────────────────────────────────────┤
│                          RESULTADOS                         ▲ │
│                                                               │
│  No repetidos   Total    Repetidos   Ordenados   Total        │
│                                                               │
│       12                    12          11                    │
│       11          3         12          11          5         │
│       14                    12          12                    │
│                             11          12                    │
│                             11          12                    │
│                                                             ▼ │
│ ◀ │                                                       ▶ │ │
└──────────────────────────────────────────────────────────────┘
```

36. El problema se basa en generar el código de usuario (alumno, empleado, ciudadano, vehículo, etc.) durante el proceso de registro de datos en el sistema informático. Este proceso se conoce con el nombre de algoritmo del módulo 11, el cual consiste en que el usuario introduce un número entero (definir el tamaño) y, después, se descompone en la suma de factores de multiplicación usando los dígitos en el rango de [2..9]. Al resultado se extrae el resto y a este se le asigna una letra "ABCDEFGHIJK" (vector cadena) según el resultado del resto.

Ejemplo:

Generar el código de dos empleados registrados en la base de batos del sistema de plantilla de la universidad.

a. Empleado 1: Monzón.-

Introduzca código: 838509
Suma de factores = 8*2 +3*3+ 8*4 +5*5+0*6+9*7 = 145
Módulo11 = 145%11 = 2 Asignación de letra = 'C'
Código generado: 838509C

b. Empleado 2: Córdova.-

Introduzca código: 848139
Suma de factores = 8*2 +4*3+ 8*4 +1*5+3*6+9*7 =146
Módulo11 = 164%11 = 3 Asignación de letra = 'D'
Código generado: 848139D

Módulos:

a. Longitud ().- Para registrar el número de empleados.

b. Lectura ().- Permite leer los códigos de los empleados sin repetirse.

c. Módulo11 ().- Función que devuelve la letra.

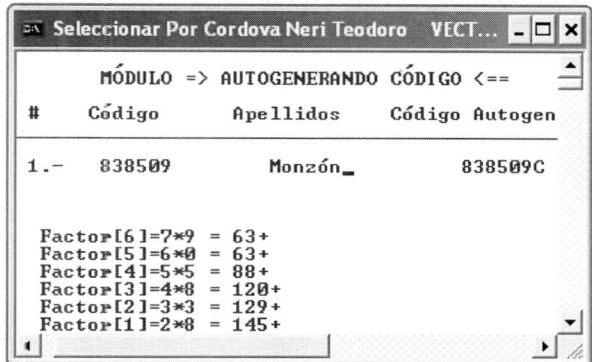

Procedimientos:

a. Lectura del total de empleados.

b. Registrar a los empleados por código y apellidos. En este módulo se valida el código y, después, se busca el resto del módulo 11. Usando la función módulo11 (), se asigna la letra correspondiente. En las siguientes interfaces se ilustran los resultados.

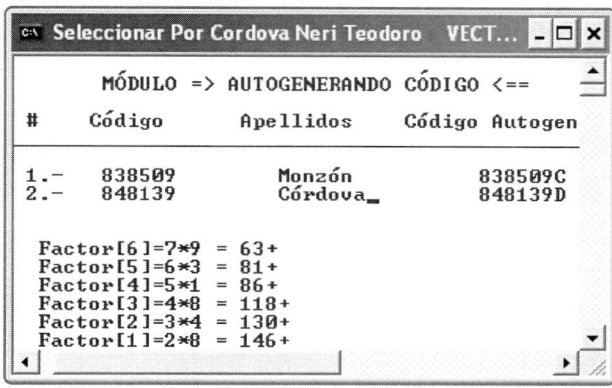

37. Una empresa se dedica a entregar cartas en diferentes distritos de una ciudad X, en particular, Lima. Para el recorrido, el cartero de esta empresa necesita disponer de un plano de la ciudad donde se indique las distancias entre los distritos.

El Municipio de Lima, según el gráfico, ha informado que hay 43 distritos, donde las distancias son expresadas en kilómetros y, asimismo, están comprendidas entre [10..99] km.

Diseñar un programa que cumpla con los siguientes procedimientos:

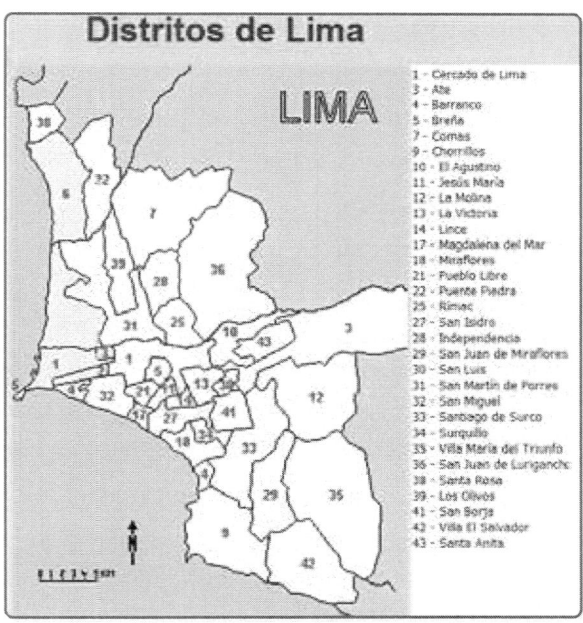

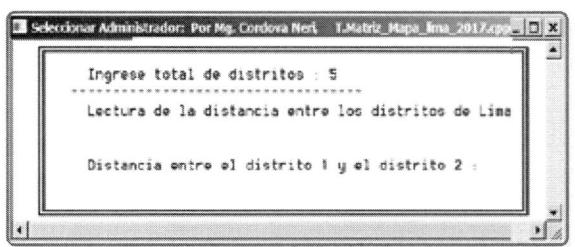

El programa solicitará al usuario el total de distritos y, después, la distancia desde un distrito a todos los demás. Hay que tener en cuenta que cada una de las combinaciones se pedirá una sola vez y que no se pedirá la distancia de un distrito consigo mismo, es decir:

a. Si se ha preguntado la distancia del distrito 1 al distrito 2, no se preguntará la distancia del distrito 2 al distrito 1.

b. No está permitido pedir la distancia desde el distrito 1 al distrito 1, etc. Según estas restricciones, diseñar un programa que permita leer el total de distritos (ver figura 2).

c. Después de leer las distancias, hacer las consultas mostradas en la siguiente figura.

```
Seleccionar Administrador:  Por Mg. Cordova Neri,    T.Matriz_Mapa_lima_2017.cpp

       Menú del análisis de distritos :
       ------------------------------------

       1. Ver tabla de distancias entre distritos
       2. Mostrar los 2 distritos más alejados entre sí
       3. Dado un pueblo, mostrar cuál es el más lejano
       4. Mostrar el pueblo más céntrico
       5. Calcular el número de kilómetros que hace el cartero
```

38. Diseñar un programa que permita leer n notas en el rango [10..20], después generar los siguientes informes:

a. Listado de notas introducidas formando un número (secuencia).

b. Nota máxima y su posición.

c. Nota mínima y su posición.

d. La media.

e. Notas ordenadas de forma ascendente.

Los resultados se ilustran en la siguiente interfaz.

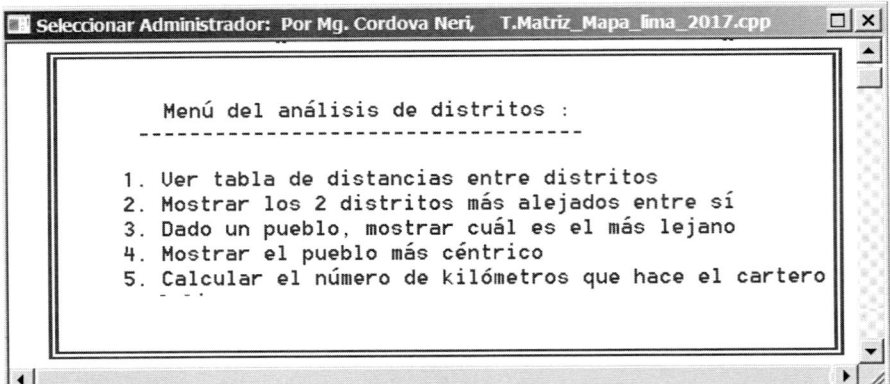

```
Seleccionar Administrador:  Por Mg. Cordova Ner...

     Ranking de Notas

     Nro.              Notas
     ----------------------------------

     1.-               13
     2.-               11
     3.-               14
     4.-               12
     ----------------------------------

     Secuencia de notas = 13111412

     El máximo es      = 14
     Posición          = 3
     El mínimo es      = 11
     Posición          = 2
     La media es       = 12.5
     Ordenadas         = 11121314

     Sr. desea continuar..?(S/N) ==>
```

39. Se tiene un vector de notas de n alumnos (10<n≤100) donde se almacenan los promedios (reales con un decimal). Se pide diseñar un programa que halle lo siguiente:

a. De las notas almacenadas en el vector, mantener solamente las notas aprobadas (11 ≤ nota-aprobadas ≤ 20). Asimismo, incluir las notas suspensas en otro vector (0 ≤ nota_ desaprobado < 10).

b. Presentar la nota suspensa con menor frecuencia.

40. Se tiene n almacenes ubicados en un plano cartesiano, donde la posición de cada almacén es (Xi, Yi), donde 0 ≤ i ≤ n. Se debe asumir que el almacén cero es el origen desde donde se inicia el reparto de la mercancía a los demás almacenes.

Diseñar un programa que determine la ruta a seguir considerando que, desde un almacén, siempre se debe ir al más cercano en distancia sin repetir las visitas.

41. Diseñar un programa que reciba los datos de una matriz cuadrada de números enteros positivos de orden n, donde n es impar y mayor que 4. Determinar cuánto suman los números primos que se ubican en el área interior de la matriz. En el ejemplo siguiente, la zona sombreada es el área interior de la matriz.

3	4	7	9	10
12	8	5	17	15
9	7	11	12	18
21	23	14	19	12
13	19	27	29	31

En este ejemplo, la suma de los primos en el área interior de la matriz sería 75 (7+5+17+7+11+23+19).

42. Desarrollar un algoritmo que, dada una matriz de orden n impar, proporcione números enteros positivos de 3 cifras. Determinar la suma de todos los elementos que sean cubos mágicos y que no pertenezcan a las dos diagonales principales de la matriz.

Un número de tres cifras es un cubo mágico si la suma de los cubos de sus cifras equivale al número dado. Por ejemplo, 370 es un cubo mágico porque 370 = 33 + 73 + 03.

Utilizar una función para determinar si un número de tres cifras es un cubo mágico y otra función para determinar la potencia de un número entero a elevado al exponente b, donde b es entero. Por ejemplo:

103	203	370	200	401
410	370	140	202	702
905	121	153	207	151
320	220	301	403	451
215	153	816	708	623

La suma de los cubos mágicos de la matriz, que no pertenecen a las diagonales principales, es 523 = 370 + 153.

43. Diseñar un programa para registrar los tiempos de los controles de cuatro velocistas que compiten por una plaza de la clasificación nacional. Cada velocista recorre un carril y se deben realizar tres controles por cada uno. Se debe registrar el nombre del velocista que recorre cada carril, registrar el tiempo de cada prueba y su tiempo promedio. Cabe tener en cuenta que el nombre del competidor tiene una longitud máxima de 40 caracteres.

44. Diseñar un programa que permita procesar una matriz según las indicaciones de la imagen adjunta.

   a. Hacer un informe de la matriz.

   b. Guardar, por filas, los datos en un vector D[ ], e indicar las posiciones de cada dato en el vector y la posición inicial que ocupaba en la matriz.

   c. Según el punto b, obtener el promedio y, si es mayor a 09, enviar el mensaje "A" y guardar esta letra en una "matriz Ap[][]". Asimismo, para los suspensos, asignar "D" y guardar esta letra en otra matriz "Desap[][]".

   d. Antes, Juan miraba las notas por columnas. Ahora hay que mostrar las notas que Juan mira por filas (no usar el método dado en clase, usar bucles).

   e. Ahora, Juan desea ver las notas de la siguiente manera: antes veía la última fila, ahora pasará a posicionarse como primera fila y las demás se irán adecuando al cambio.

   f. Ordenar la matriz original (no usar NumPy) de forma ascendente.

   g. Suponiendo que el usuario busca una nota, mostrar cuántas veces se repite en cada fila y cuál es la fila que tiene el mayor número de repeticiones.

   h. Mostrar invertidos los elementos de una matriz según a.

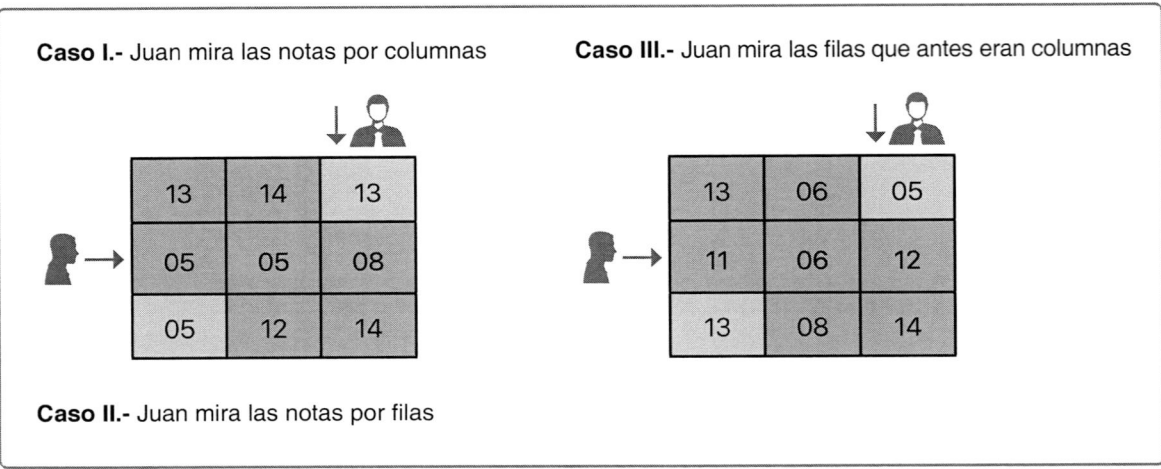

Caso I.- Juan mira las notas por columnas

Caso III.- Juan mira las filas que antes eran columnas

Caso II.- Juan mira las notas por filas

45. Diseñar un programa que permita procesar una matriz según las indicaciones de la imagen adjunta. Crear informes para conocer lo siguiente:

   a. Mayor elemento de la matriz y su posición. Indicar si se repiten.

   b. Para el menor elemento, repetir el procedimiento del punto a.

   c. Ordenar los vectores de forma ascendente.

   d. Unir los elementos de los vectores en uno solo y mostrar este último vector f ordenado de forma descendente.

4	2	5	7	20
5	7	8	3	23
4	4	2	3	13
13	11	15	13	

Capítulo 3

Tuplas

En la figura adjunta, se ilustran los datos de objetos del mundo real tales como un perro, un alumno y un automóvil. Cabe destacar que los datos de estos objetos no son modificables. Es decir, son únicos y, en comparación con los sistemas informáticos, se denominan registros. Para este estudio, se conocerán como tuplas.

Nombre	Código	Placa
Color	Apellidos	Color
Peso	Nombres	Peso
Años	Años	Años
	Sexo	Registros

En informática, se dice que los datos de cada objeto se ubican en una tabla o entidad y estas, a la vez, se almacenan en una base de datos. La base de datos puede estar en SQL, SQLite u otras bases de datos.

Una tupla es una secuencia de datos que pueden ser de diferentes tipos. Los datos se escriben entre paréntesis.

Sintaxis:

(dato$_1$, dato$_2$, dato$_3$,...., dato$_n$)

[0]	[´]	[2]	[3]	...
2	5	1	3	4

Los componentes de una tupla no se pueden modificar después de haber sido creados.

Una tupla permite tenerlos agrupados en un conjunto inmutable de elementos; es decir, en una tupla no es posible agregar ni eliminar elementos.

Observación:

El rango no incluye el extremo derecho especificado.

Por ejemplo, considerar los días de la semana y expresarlos en una sintaxis tupla.

TuplaDias = ('lu','ma','mi','ju','vi','sa','do')

Ejemplos:

a. Declarar una tupla con cinco elementos de tipos de datos diferentes.

Datos = ('pqr', 7, 15.8, 'tl', 15)

'pqr'	7	15.8	'tl'	15

Los elementos de una tupla comienzan desde el índice cero:

  0 1 2 3 4

b. Alumnos=(787878, 'Salas', 'Solis', 'Juan', 30)

c. Producto=(100, 'Arroz', 300, 10.3)

Crear tuplas:

a. a = ()

b. b = tuple()

Observación:

Opcionalmente se pueden omitir los paréntesis:

```
IDLE Shell 3.9.7                                          –  □  ✕
File  Edit  Shell  Debug  Options  Window  Help
/Tupla_cambiar.py =

         Cambiar elemento
-----------------------------------------------------------

     Tupla = (Juan    100    40 )|

     Cambiar valor de  1 por 500 =
-----------------------------------------------------------
Traceback (most recent call last):
  File "C:/Users/User/Desktop/ciclo_2021_2/Clases_2021_II/Tup
la_cambiar.py", line 10, in <module>
    tuplaa[1]=500
TypeError: 'tuple' object does not support item assignment
>>>
                                              Ln: 9  Col: 27
```

```
*IDLE Shell 3.10.1*                               –  □  ✕
File  Edit  Shell  Debug  Options  Window  Help
>>>
>>> print(" Tuplas en python")
     Tuplas en python
>>>
>>> alumn=()
>>> alumn
()
>>> print(" es una tupla vacía")
     es una tupla vacía
>>> |
>>> long=len(alumn)
>>> print(" Longitud de tupla vacía=", long)
     Longitud de tupla vacía= 0
>>>
>>> alumns=( "Ana")
>>> alumns[0]
'A'
>>> print(" es una tupla unitaria")
     es una tupla unitaria
>>>
>>> lon=len(alumns)
                                              Ln: 12  Col: 0
```

3.1. ¿Cuándo usar tuplas?

Las tuplas se usan cuando los datos no se deben modificar.

Ejemplos:

a. Registros de la base de datos de alumnos.

b. Registros de la base de datos de los vehículos.

c. Registros de los productos.

3.2. Diferencias con una lista

a. A una tupla no se le puede agregar más elementos.

b. Mantiene una dimensión fija.

c. Los elementos no pueden ser modificados.

d. A una lista se le puede agregar más elementos.

Ejemplo:

Procesar una tupla de datos enteros y una tupla de datos cadena. Hacer listados.

```
nots= (12,11,14,1)
nombs= ('Ana', 'Juan', 'Pedro', 'Maria')
```

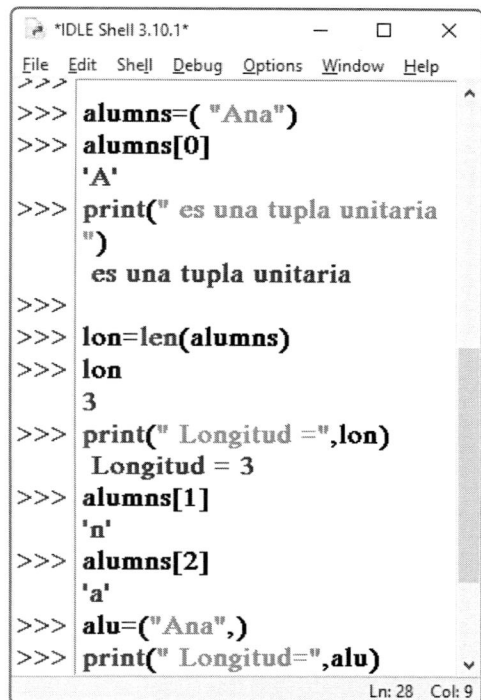

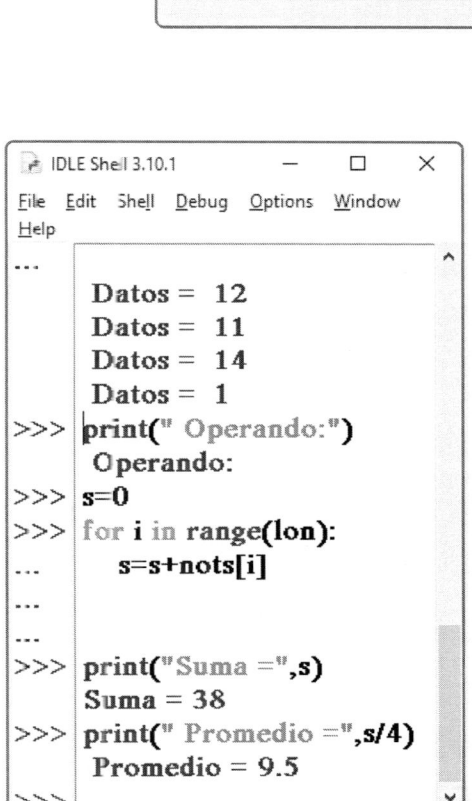

Ejemplo:

Diseñar un programa para unir dos tuplas y, después, insertar dos datos enteros al final. Pasar la tupla a la lista, procesar y, finalmente, pasar la lista a la tupla.

Solución:

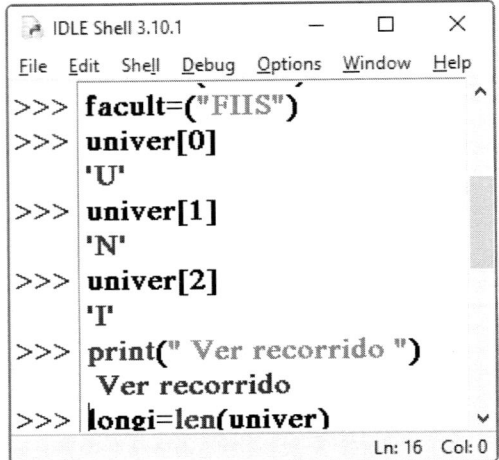

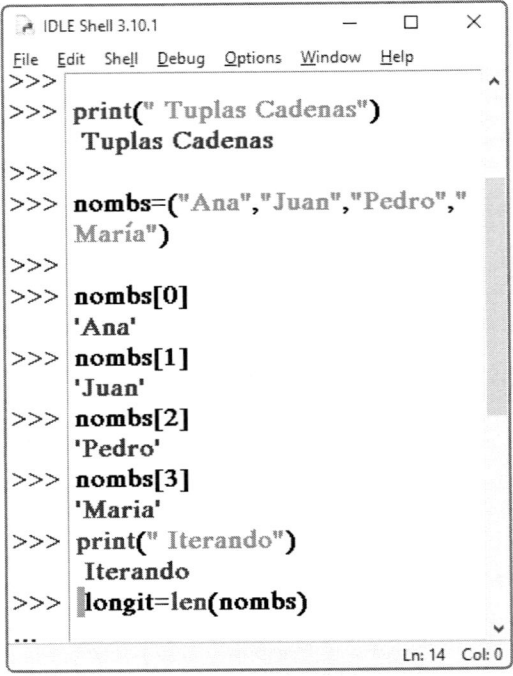

```
>>> facult=("FIIS")
>>> univer[0]
'U'
>>> univer[1]
'N'
>>> univer[2]
'I'
>>> print(" Ver recorrido ")
 Ver recorrido
>>> longi=len(univer)
```

```
>>> print(" Tuplas Cadenas")
 Tuplas Cadenas
>>>
>>> nombs=("Ana","Juan","Pedro","María")
>>>
>>> nombs[0]
'Ana'
>>> nombs[1]
'Juan'
>>> nombs[2]
'Pedro'
>>> nombs[3]
'Maria'
>>> print(" Iterando")
 Iterando
>>> longit=len(nombs)
...
```

```
>>> print(" Longitud=",longit)
 Longitud= 4
>>> for i in range(longit):
...     print(" Nombres =",nombs)
...
...
...
 Nombres = ('Ana', 'Juan', 'Pedro', 'María')
 Nombres = ('Ana', 'Juan', 'Pedro', 'María')
 Nombres = ('Ana', 'Juan', 'Pedro', 'María')
 Nombres = ('Ana', 'Juan', 'Pedro', 'María')
>>> print(" Listar como estructura")
 Listar como estructura
>>> for i in range(longit):
...     print("Nombres = ",nombs[i])
...
...
...
 Nombres =  Ana
 Nombres =  Juan
 Nombres =  Pedro
 Nombres =  María
```

```
>>> print("concatenar")
 concatenar
>>> Universidad= univer+facult
>>> print(" Union =",Universidad)
 Union = UNIFIIS
>>> print(" Insertar")
 Insertar
>>> print("pasar tupla a lista")
 pasar tupla a lista
>>> list1=list(Universidad)
>>> list1
['U', 'N', 'I', 'F', 'I', 'I', 'S']
>>> list1.insert(7,20)
>>> list1
['U', 'N', 'I', 'F', 'I', 'I', 'S', 20]
>>>
>>> list1.insert(8,19)
>>> list1
['U', 'N', 'I', 'F', 'I', 'I', 'S', 20, 19]
>>>
>>> tuplas=tuple(list1)
>>> tuplas
('U', 'N', 'I', 'F', 'I', 'I', 'S', 20, 19)
>>> print(" Lista a Tupla")
```

Ejemplo:

Diseñar un programa que permita inicializar una tupla y, después, mostrar sus elementos:

a. Segundo elemento.

b. Segundo y tercer elemento.

c. Desde el segundo elemento hasta el final.

Solución:

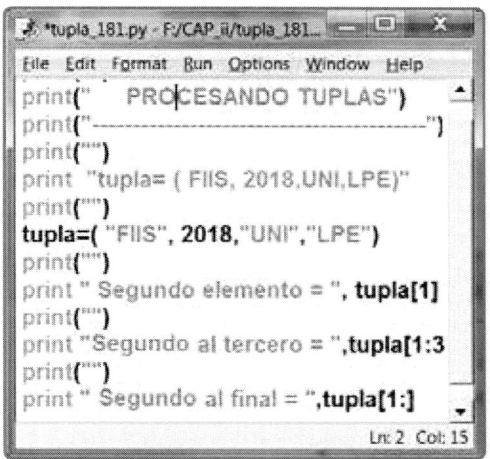

Ejemplo:

Diseñar un programa que permita realizar los siguientes informes. Ver interfaz.

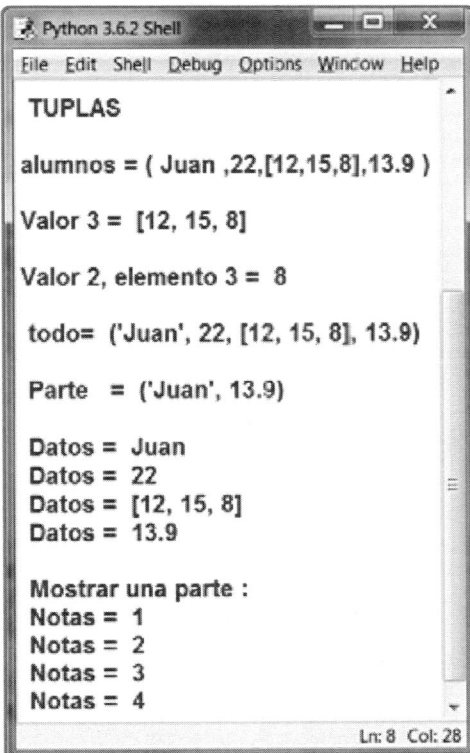

Solución:

```
*tupla_Alms.py - C:\Users\Administrador\De...

File  Edit  Format  Run  Options  Window  Help

print(" TUPLAS ")
print("")
print("alumnos = ( Juan ,22,[12,15,8],13.9 )")
alumnos=("Juan",22,[12,15,8],13.9)
notas =(1,2,3,4,5,6,7,8,9)
print("Valor 3 = ", alumnos[2])
print("Valor 2, elemento 3 = ", alumnos[2][2])
print("")
print(" todo= ",alumnos[0:5])

print("")
print(" Parte   = ",alumnos[0:5:3])

print("")
for e in alumnos:
    print(" Datos = ",e)
notas =(1,2,3,4,5,6,7,8,9)
print("")
print(" Mostrar una parte : ")
for e in notas:
    if e<5:
        print(" Notas = ",e)

                                    Ln: 8  Col: 0
```

Ejemplo:

Considerar las siguientes tuplas:

a. **Primera tupla.-** Alumno= (“Juan”, “Pedro”, “Ana”)

b. **Segunda tupla.-** Notas = ([18,11], 20, [8,6,13])

Diseñar un programa que permita hacer lo siguiente:

a. Anidar las tuplas dadas.

b. Expresar el resultado de la parte a en la sintaxis lista.

c. Insertar 80 en la tupla según la parte a.

Solución:

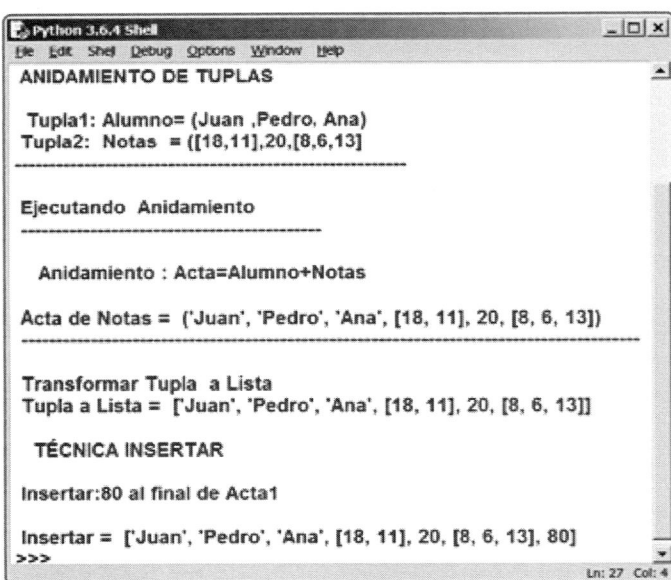

```
Python 3.6.4 Shell

File  Edit  Shell  Debug  Options  Window  Help

ANIDAMIENTO DE TUPLAS

 Tupla1: Alumno= (Juan ,Pedro, Ana)
 Tupla2:  Notas  = ([18,11],20,[8,6,13]
 ---------------------------------------

 Ejecutando  Anidamiento
 ---------------------------------------

   Anidamiento : Acta=Alumno+Notas

 Acta de Notas =  ('Juan', 'Pedro', 'Ana', [18, 11], 20, [8, 6, 13])
 ---------------------------------------------------------------------

 Transformar Tupla  a Lista
 Tupla a Lista =  ['Juan', 'Pedro', 'Ana', [18, 11], 20, [8, 6, 13]]

   TÉCNICA INSERTAR

 Insertar:80 al final de Acta1

 Insertar =  ['Juan', 'Pedro', 'Ana', [18, 11], 20, [8, 6, 13], 80]
>>>
                                              Ln: 27  Col: 4
```

```
*Tupla_A_LISTA_INSERTAR.py - F:/cap_VI_Tuplas/Tupla_A_LISTA_INSERTAR...  _ □ ×
File  Edit  Format  Run  Options  Window  Help
print(" ANIDAMIENTO DE TUPLAS ")
print("  Tupla1: Alumno= (Juan ,Pedro","Ana)")
print(" Tupla2:  Notas  = ([18,11],20,[8,6,13]")
print("-------------------------------------------------")
Alumno=("Juan","Pedro","Ana")
Notas=([18,11],20,[8,6,13])
print(" Ejecutando  Anidamiento ")
print(" ---------------------------------")
Acta=Alumno+Notas
print("    Anidamiento : Acta=Alumno+Notas ")
print(" ")
print(" Acta de Notas = ", Acta)
print(" ------------------------------------------------")
print(" Transformar Tupla  a Lista")
Acta1 = list(Acta)
print(" Tupla a Lista = ", Acta1)
print("")
print("   TÉCNICA INSERTAR ")
print("")
print(" Insertar:80 al final de Acta1 ")
Acta1.insert(6,80)
print(" Insertar = ",Acta1)
                                                    Ln: 13  Col: 75
```

3.3. Zip de tuplas

Crear una lista de las tuplas que hayan sido pasadas como argumentos, lo cual permitirá iterar de forma sencilla y con mucha flexibilidad.

Ejemplo:

Diseñar un programa que contenga las siguientes funciones:

a. **Alumnos().**- Módulo que permite leer el código, los apellidos y la edad de dos alumnos. Asimismo, estos datos se deben retornar en una tupla.

b. **MayorEdad(datos1, datos2).**- Módulo que compara las edades para retornar el alumno de mayor edad y sus datos restantes.

c. El programa debe ser interactivo y adecuarse a los alumnos que se desea procesar, para lo cual se debe enviar el mensaje: **"Sr. desea continuar..? (S/N)"**.

Solución:

En la siguiente interfaz se ilustran los resultados.

```
*Python 3.6.4 Shell*
File  Edit  Shell  Debug  Options  Window  Help

      Sistema de consultas
--------------------------------------

    Datos de alumno 1 :
  Código    = 100
  Apellidos = Salas
  Edad      = 23
--------------------------------------

    Datos de alumno 2 :
  Código    = 200
  Apellidos = Cortes
  Edad      = 45
--------------------------------------

    Alumno 2 tiene mayor Edad :  (200, 'Cortes', 45.0)

Desea continuar..?(S/N)==> s
      Sistema de consultas
--------------------------------------

    Datos de alumno 1 :
  Código    = 300
  Apellidos = Cordova
  Edad      = 45
--------------------------------------

    Datos de alumno 2 :
  Código    = 500
  Apellidos = Martell
  Edad      = 20
--------------------------------------

    Alumno  1 tiene mayor Edad :  (300, 'Cordova', 45.0)
```

```
tupla_func.py - C:/Users/Cordova/Desktop/tupla_func.py ...
File  Edit  Format  Run  Options  Window  Help

def Alumnos():
    cod=int(input("    Código    = "))
    apell=str(input("    Apellidos = "))
    ed=float(input("    Edad      = "))
    tupla=(cod, apell, ed)
    return tupla
def MayorEdad( Alumno1, Alumno2):
    if Alumno1[2]>Alumno2[2]:
        print("   Alumno  1 tiene mayor Edad : ", Alumno1)

    else:
        print("   Alumno 2 tiene mayor Edad |", Alumno2)

        return ("")

resp='S'
while(resp=='S' or resp=='s'):
    print("     Sistema de consultas ")
    print("--------------------------------------")
    print("     Datos de alumno 1 : ")
    datos1=Alumnos()
    print("--------------------------------------")
    print("")
    print("     Datos de alumno 2 : ")
    datos2=Alumnos()
    print("--------------------------------------")
    print("")
    print(MayorEdad(datos1, datos2) )
    resp=str(input(" Desea continuar..?(S/N)==> "))
```

Ln: 13 Col: 54

Ejemplo:

Diseñar un programa que permita crear las siguientes funciones:

a. LecturaDatos(n).- Permite leer n nota (definida por el usuario) y almacenarla en una lista.

b. OrdenarNotas(lista).- Permite ordenar la lista y, después, devolver la mayor y la menor nota en una tupla.

El programa debe ser interactivo con el usuario.

Solución:

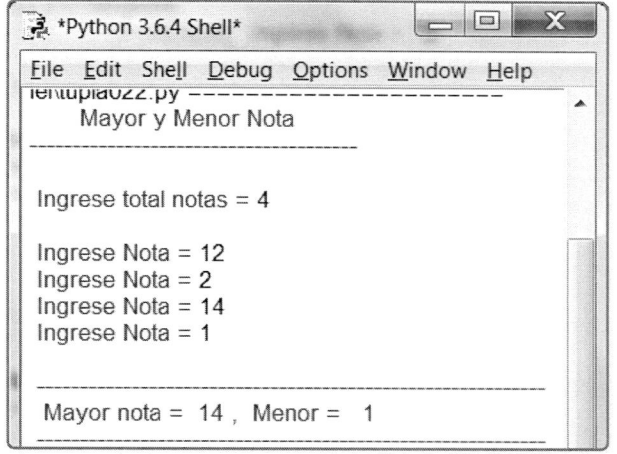

```
Mayor nota =  14 ,  Menor =   1
-----------------------------------
Desea continuar..?(S/N)==>s
Ingrese total notas = 3

Ingrese Nota = 13
Ingrese Nota = 11
Ingrese Nota = 12

-----------------------------------
Mayor nota =  13 ,  Menor =   11
-----------------------------------
Desea continuar..?(S/N)==>|
                                        Ln: 28  Col: 27
```

```python
def LecturaDatos(n):
        lista=[]
        for i in range(n):
                n=int(input(" Ingrese Nota = "))
                lista.append(n)
        return lista
def OrdenarNotas(lista):
        mayor=lista[0]
        menor=lista[0]
        for i in range(n):
                if lista[i]>mayor:
                        mayor=lista[i]
                else:
                        if lista[i]<menor:
                                menor=lista[i]
        tupla=(mayor, menor)
        return tupla
print("     Mayor y Menor Nota ")
print("-----------------------------------")
resp='S'
while resp=='S' or resp=='s':
        n=int(input(" Ingrese total notas = "))
        datos=LecturaDatos(n)
        print("")
        mayor, menor = OrdenarNotas(datos)
        print(" -----------------------------------")
        print(" Mayor nota = ", mayor, ",  Menor =  ",menor)
        print(" -----------------------------------")
        resp=input(" Desea continuar..?(S/N)==>")
```

Ejemplo:

Diseñar un programa que permita crear tres variables para almacenar los datos de los alumnos según el nombre, el apellido y la edad. Después, con la función zip, asignar los datos correspondientes y hacer un informe.

Solución:

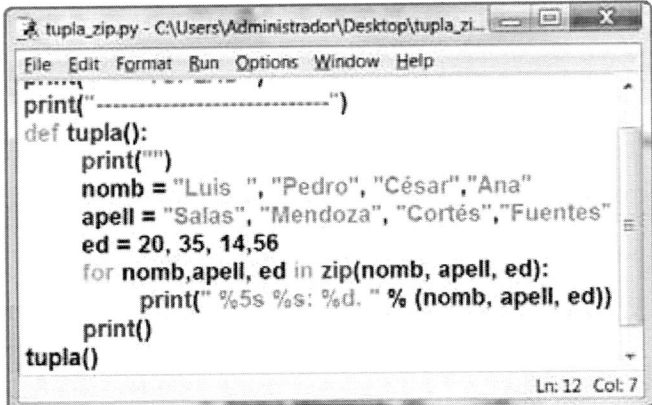

Ejemplo:

En la siguiente interfaz se define una tupla con cuatro elementos de diferentes tipos de datos. Diseñar un programa que permita realizar las consultas mostradas en la siguiente interfaz.

Solución:

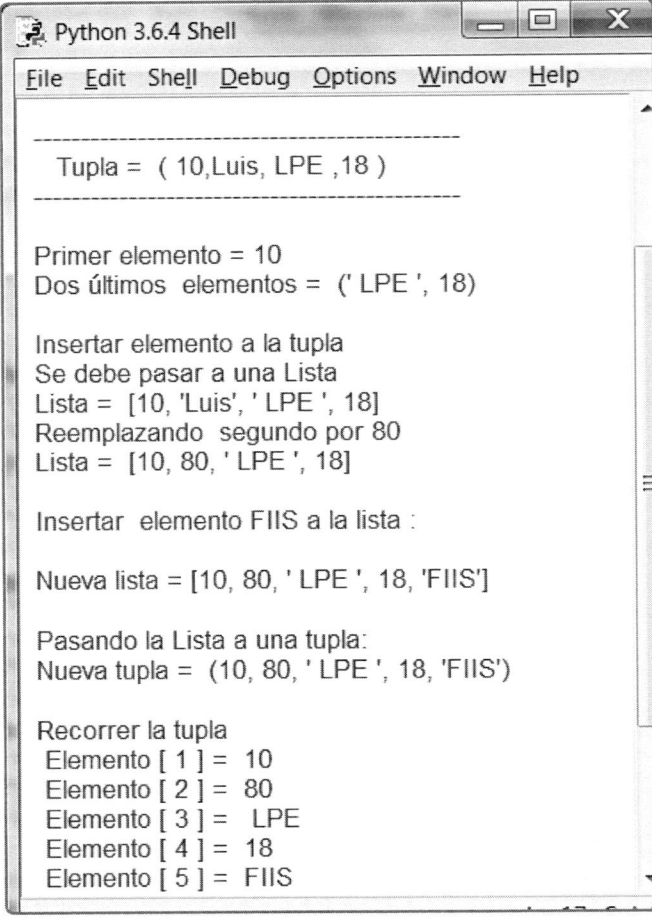

Observación:

Organizar la tupla inicial en dos tuplas:

a. Primera tupla.- Con datos solo de tipo enteros.

b. Segunda tupla.- Con datos solo de tipo cadena.

```
TUpla_Varios.py - C:/Users/Cordova/Desktop/T...

File  Edit  Format  Run  Options  Window  Help

print("")
print(" ----------------------------------------------")
print("    Tupla =  ( 10,Luis, LPE ,18 )")
print(" ----------------------------------------------")
print("")
tupla=(10,"Luis", " LPE ",18)
print(" Primer elemento =", tupla[0])
print(" Dos últimos  elementos = ",tupla[2:])
print("")
print(" Insertar elemento a la tupla ")
print(" Se debe pasar a una Lista ")
lista=list(tupla)
print(" Lista = ",lista)
print(" Reemplazando  segundo por 80 ")
lista[1]=80
print(" Lista = ",lista)
print("")
print(" Insertar  elemento FIIS a la lista : ")
lista.append("FIIS")
print("")
print(" Nueva lista =", lista      )
print("")
print(" Pasando la Lista a una tupla ")
tuplaN=tuple(lista)
print(" Nueva tupla = ", tuplaN)
print("")
print(" Recorrer la tupla ")
k=0

                                      Ln: 11  Col: 36
```

Ejemplo:

Diseñar un programa que permita definir dos tuplas:

a. **Primera tupla**.- Contiene los nombres de los alumnos.

b. **Segunda tupla**.- Contiene las notas de los alumnos.

Después, concatenar las dos tuplas.

Solución:

```
Python 3.6.4 Shell

File  Edit  Shell  Debug  Options  Window  Help
========= RESTART: C:/Users/Cordova/Desktop/TUpla_alumnos_N
otas.py =========

    Tupla: Alumnos
------------------------------------
Alumno [ 1 ] =   Luis
Alumno [ 2 ] =  María
Alumno [ 3 ] =   Ana
Alumno [ 4 ] =  Pedro

    Tupla: Notas
------------------------------------
Nota [ 0 ] =  11
Nota [ 1 ] =  8
Nota [ 2 ] =  14
Nota [ 3 ] =  10

Unión de las 2 tuplas =  (' Luis', 'María', ' Ana', 'Pedro', 11, 8, 14, 10)
>>>
                                                    Ln: 21  Col: 4
```

```
*TUpla_alumnos_Notas.py - C:/Users/Cordova/...

File  Edit  Format  Run  Options  Window  Help

alumno=(" Luis", "María", " Ana", "Pedro")
notas=(11,8, 14, 10)
k=1
for  i in alumno:
        print(" Alumno [",k ,"] =  ", i)
        k=k+1

print("")
print("       Tupla: Notas ")
print(" ------------------------------------")
t=0
for j in notas:
        print(" Nota [",t,"] = ",  j)
        t=t+1
print("")
print(" Unión de las 2 tuplas = ",alumno+notas)

                                                    Ln: 19  Col: 0
```

Ejemplo:

Diseñar un programa que permita leer los datos de los alumnos por código, apellido y nombre. Después, realizar lo siguiente:

a. Formar una tupla con los datos de un alumno.

b. Hacer un informe mediante sus índices.

c. Desempaquetar la tupla.

Solución:

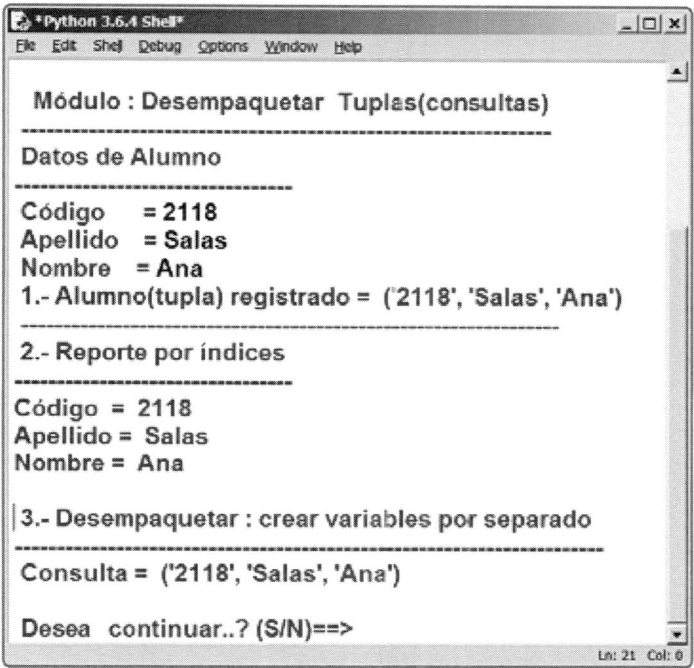

```
print("   Módulo : Desempaquetar  Tuplas(consultas)")
print(" ----------------------------------------------------------")
resp='S'
while(resp=='S'):
    print(" Datos de Alumno ")
    cod =input(" Código    = ")
    apell=input(" Apellido   = ")
    nomb =input(" Nombre    = ")
    alumno=(cod,apell,nomb)
    print(" 1.- Alumno(tupla) registrado = ",alumno )
    print(" ----------------------------------------------------------")
    print(" 2.- Reporte por índices ")
    print("-------------------------------")
    print("Código  = ",alumno[0])
    print("Apellido = ",alumno[1])
    print("Nombre = ",alumno[2])
    consul=codigo,apellido,nombre=alumno
    print(" 3.- Desempaquetar : crear variables por separado
    print("----------------------------------------------------------
    print(" Consulta = ", consul]
    reps=input(" Desea  continuar..? (S/N)==>")
```

Ejemplo:

Diseñar un programa que permita procesar una tupla anidada con elementos de tipo simple, lista y conjunto. Asimismo, que permita realizar lo siguiente:

a. Transformar la tupla a lista.

b. Transformar la lista a tupla.

Solución:

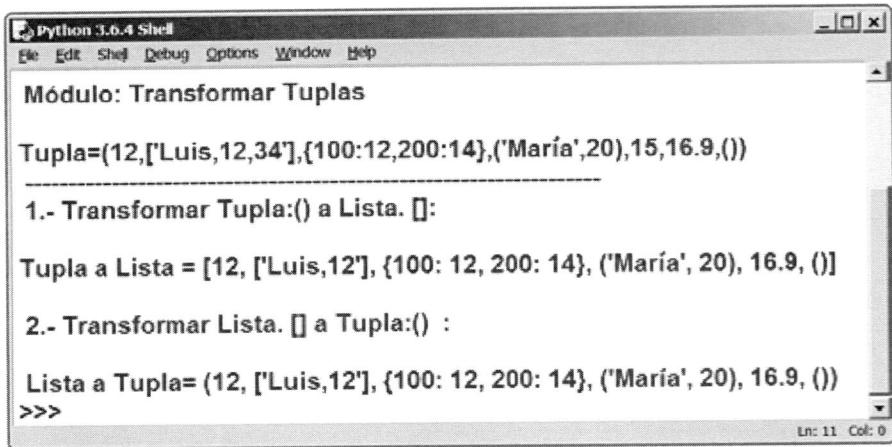

```
Módulo: Transformar Tuplas

Tupla=(12,['Luis,12,34'],{100:12,200:14},('María',20),15,16.9,())
-----------------------------------------------------------------
1.- Transformar Tupla:() a Lista. []:

Tupla a Lista = [12, ['Luis,12'], {100: 12, 200: 14}, ('María', 20), 16.9, ()]

2.- Transformar Lista. [] a Tupla:() :

Lista a Tupla= (12, ['Luis,12'], {100: 12, 200: 14}, ('María', 20), 16.9, ())
>>>
```

Ejemplo:

Diseñar un programa con las siguientes funciones:

a. Cargar el nombre de un empleado y su sueldo. Retornar una tupla con dichos valores.

b. Una función que reciba como parámetro dos tuplas con los nombres y sueldos de los empleados y, asimismo, muestre el nombre del empleado con mayor sueldo. Los datos del empleado deben mostrarse en una tupla.

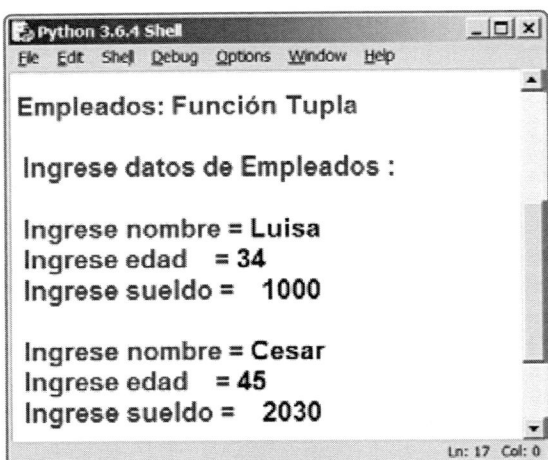

```
Empleados: Función Tupla

Ingrese datos de Empleados :

Ingrese nombre = Luisa
Ingrese edad   = 34
Ingrese sueldo =   1000

Ingrese nombre = Cesar
Ingrese edad   = 45
Ingrese sueldo =   2030
```

En el bloque principal del programa, llamar dos veces a la función de carga y, a continuación, llamar a la función que muestra el nombre del empleado con mayor sueldo.

Solución:

```
*tupla03.py - C:\Users\Administrador\Desktop\Aradiel\tupla03.py (3.6.4)*
File  Edit  Format  Run  Options  Window  Help

def empleadoM():
    nombre=str(input(" Ingrese nombre = "))
    edad=int(input( " Ingrese edad    = "))
    sueldo=float(input(" Ingrese sueldo =    "))
    tupla=(nombre, edad, sueldo)
    return tupla
def sueldoMayor( empleado1, empleado2):
    if empleado1[1]>empleado2[1]:
        print("  El empleado 1 tiene mayor sueldo = ", empleado1)
    else:
        print("  El empleado 2 tiene mayor sueldo = ", empleado2)
    return
print("Empleados: Función Tupla ")
print(" ")
print(" Ingrese datos de Empleados :")
print("")
datos1=empleadoM()
print("")
datos2=empleadoM()
print("")
print(sueldoMayor(datos1, datos2) )
                                                        Ln: 13  Col: 34
```

```
tupla_Trans_Modif.py - C:\Users\Administrador\Desktop\Nueva carpeta\LPE_Dicc_Tuplas_2018\...
File  Edit  Format  Run  Options  Window  Help

print(" Modulo: Tranformar Tuplas ")
print("")
print("Tupla=(12,['Luis,12,34'],{100:12,200:14},('María',20),15,16.9,())")
print(" --------------------------------------------------------------")
tupla=(12,['Luis,12'], {100:12,200:14},('María',20),16.9,())
print(" 1.- Transformar Tupla:() a Lista. []: ")
print(" ")
tup_Lista =list(tupla)

print("Tupla a Lista =",tup_Lista)
print("   ")
print(" 2.- Transformar Lista. [] a Tupla:()  : ")
print(" ")
Lis_tup=tuple(list(tupla))
print(" Lista a Tupla=",Lis_tup)
                                                        Ln: 16  Col: 0
```

Ejemplo:

En la siguiente interfaz se ilustra una tupla inicializada con elementos de diferentes tipos de datos. Se debe diseñar un programa que permita realizar las consultas mostradas en esta.

Solución:

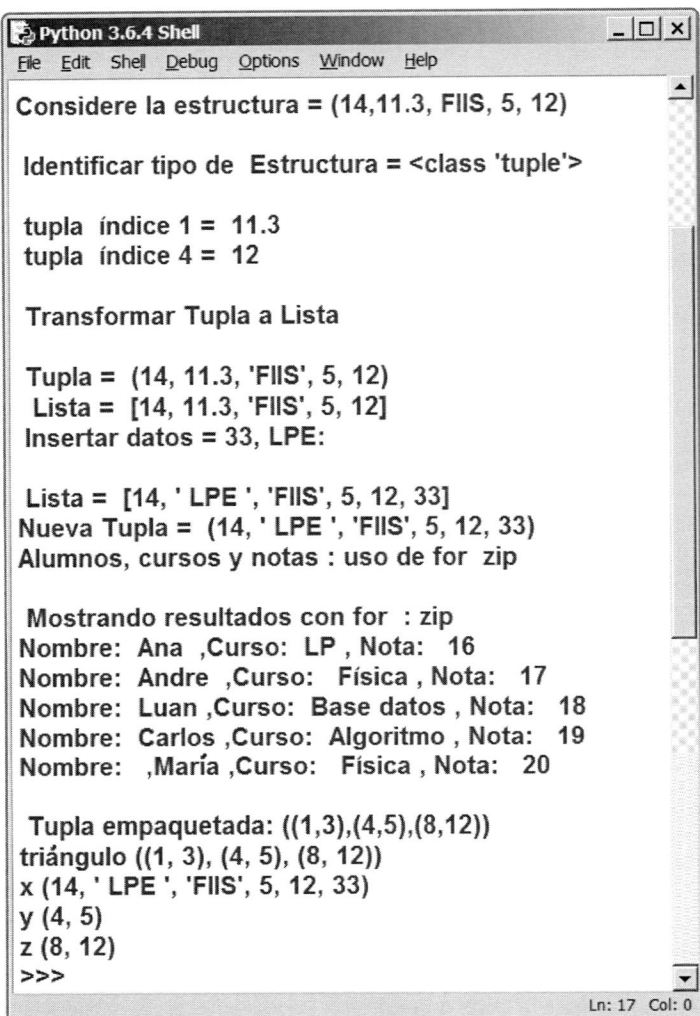

```
Python 3.6.4 Shell
File  Edit  Shell  Debug  Options  Window  Help

Considere la estructura = (14,11.3, FIIS, 5, 12)

Identificar tipo de  Estructura = <class 'tuple'>

tupla  índice 1 =  11.3
tupla  índice 4 =  12

Transformar Tupla a Lista

Tupla =  (14, 11.3, 'FIIS', 5, 12)
 Lista =  [14, 11.3, 'FIIS', 5, 12]
Insertar datos = 33, LPE:

 Lista =  [14, ' LPE ', 'FIIS', 5, 12, 33]
Nueva Tupla =  (14, ' LPE ', 'FIIS', 5, 12, 33)
Alumnos, cursos y notas : uso de for  zip

 Mostrando resultados con for  : zip
Nombre: Ana  ,Curso: LP , Nota:  16
Nombre: Andre  ,Curso:  Física , Nota:  17
Nombre: Luan ,Curso: Base datos , Nota:  18
Nombre: Carlos ,Curso: Algoritmo , Nota:  19
Nombre:  ,María ,Curso:  Física , Nota:  20

 Tupla empaquetada: ((1,3),(4,5),(8,12))
triángulo ((1, 3), (4, 5), (8, 12))
x (14, ' LPE ', 'FIIS', 5, 12, 33)
y (4, 5)
z (8, 12)
>>>
                                        Ln: 17  Col: 0
```

```
tuplas_oK.py - F:/cap_VI_Tuplas/tuplas_oK.py (3.6.4)
File  Edit  Format  Run  Options  Window  Help

print("")
print("Considere la estructura = (14,11.3, FIIS, 5, 12)")
print("")
tupla=(14,11.3, "FIIS", 5, 12)
print(" Identificar tipo de  Estructura =", type(tupla))
print("")
print(" tupla  índice 1 = ",tupla[1])
print(" tupla  índice 4 = ",tupla[4])
print("")
print(" Transformar Tupla a Lista ")
print("")
Lista=list(tupla)
print(" Tupla = ",tupla)
print(" Lista = ",Lista)
print(" Insertar datos = 33, LPE: ")
```

```
print("")
Lista.append(33)
Lista[1]=" LPE "
print(" Lista = ",Lista)
tupla=tuple(Lista)
print("Nueva Tupla = ",tupla)
print("Alumnos, cursos y notas : uso de for  zip" )
alumnos=("Ana ", "Andre ", "Luan", "Carlos"," ,María")
cursos=("LP"," Física", "Base datos", "Algoritmo"," Física")
nota=(16,17, 18, 19,20)

print(" Mostrando resultados con for  : zip")
for alumno, curso, notas in zip(alumnos,cursos, nota):
        print("Nombre: ",alumno, ",Curso: ",curso, ", Nota:
print()
print(" Tupla empaquetada: ((1,3),(4,5),(8,12))")
triangulo=((1,3),(4,5),(8,12))
x,y,z = triangulo
x= triangulo[0]
y= triangulo[1]
z= triangulo[2]
print("triángulo", triangulo)
print("x",tupla)
print("y",y)
print("z", z)
```
Ln: 19 Col: 0

Ejemplo:

En la siguiente interfaz se ilustra una tupla inicializada con elementos de tipos de datos diferentes. Diseñar un programa que permita realizar las consultas mostradas en esta.

Solución:

Python 3.6.4 Shell
File Edit Shell Debug Options Window Help
```
TUPLAS

alumnos = ( Pedro,32,[12,15,8],13.9 )

Valor 3 =  [12, 15, 8]
Valor 2, elemento 3 =  8

 todo= ('Pedro', 32, [12, 15, 8], 13.9)

 Parte   = ('Pedro', 13.9)

Datos =  Pedro
Datos =  32
Datos =  [12, 15, 8]
Datos =  13.9

Mostrar una parte :
Notas =  11
Notas =  12
Notas =  13
Notas =  14
```
Ln: 21 Col: 0

*tupla_Alms.py - D:\EscritorioTodo\back_UP_rojo\LPE_2017_II_Clases...
File Edit Format Run Options Window Help
```
print("alumnos = ( Pedro,32,[12,15,8],13.9 )")
alumnos=( "Pedro",32,[12,15,8],13.9 )
notas =(11,12,13,14,15,16,17,18,19)
print("Valor 3 = ", alumnos[2])
print("Valor 2, elemento 3 = ", alumnos[2][2])
print(" todo= ",alumnos[0:5])
print(" Parte   = ",alumnos[0:5:3])
for e in alumnos:
    print(" Datos = ",e)
notas =(11,12,13,14,15,16,17,18,19)
print(" Mostrar una parte : ")
for e in notas:
  if e<15:
    print(" Notas = ",e)
```
Ln: 13 Col: 30

Ejemplo:

En la siguiente interfaz se ilustra una tupla inicializada con elementos simples y estructuras listas. Diseñar un programa que permita realizar las consultas mostradas en esta.

Solución:

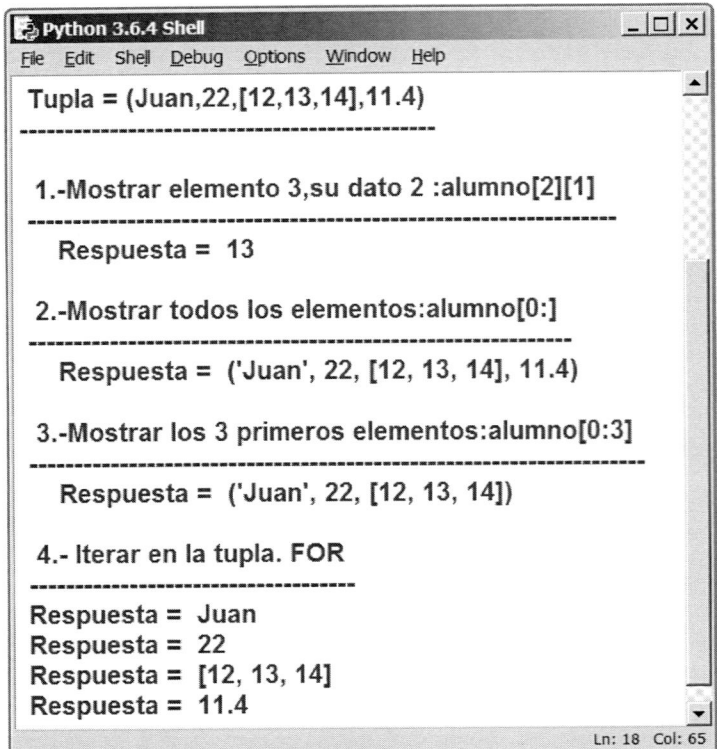

Ejemplo:

En la siguiente interfaz se ilustra una tupla inicializada con elementos de tipos simples, estructura lista y diccionario. Diseñar un programa que permita realizar un recorrido de sus elementos mediante dos formatos. Ver interfaz.

a. Introducir directamente a la tupla.

b. Usar la longitud de la tupla e iterar sobre sus elementos.

Solución:

```
Python 3.6.4 Shell                                          _ □ ×
File  Edit  Shell  Debug  Options  Window  Help
Modulo: Recorrido de Tuplas

Tupla=(12,['Luis,12,34'],{100:12,200:14},('María',20),15,16.9,())
-------------------------------------------------------------
Reportes :

        Formato 1 : for tup in tupla:
-------------------------------------------------------------
  1 .- 12
  2 .- ['Luis,12,34']
  3 .- {100: 12, 200: 14}
  4 .- ('María', 20)
  5 .- 15
  6 .- 16.9
  7 .- ()

        Formato 2 : for i in range(len(tupla)):
-------------------------------------------------------------
1 ==> 12
2 ==> ['Luis,12,34']
3 ==> {100: 12, 200: 14}
4 ==> ('María', 20)
5 ==> 15
6 ==> 16.9
7 ==> ()
                                              Ln: 20  Col: 0
```

```
*tupla_crear_recorrer.py - C:\Users\Administrador\Desktop\Nueva Carpeta\LPE_Dicc...  _ □ ×
File  Edit  Format  Run  Options  Window  Help

print("")
print(" Módulo: Recorrido de Tuplas")
print("")
print("Tupla=(12,['Luis,12,34'],{100:12,200:14},('María',20),15,16.9,())")
print(" --------------------------------------------------------------")
tupla=(12,['Luis,12,34'], {100:12,200:14},('María',20),15,16.9,())

print(" Reportes : ")
print(" ")
k=0
print("       Formato 1 : for tup in tupla: ")
print(" --------------------------------------------------------------")

for tup in tupla:
    k=k+1
    print("  ",k,".- ",tup)
print("")
print("       Formato 2 : for i in range(len(tupla)):")
print(" --------------------------------------------------------------")

for i in range(len(tupla)):
    print(str(i+1),"==>",str(tupla[i]))
                                              Ln: 12  Col: 46
```

Ejemplo:

En la siguiente interfaz se inicializan dos tuplas con elementos de tipo enteros. Diseñar un programa que permita realizar procesos de recorrido de las dos tuplas para:

a. Listar los elementos por posición y subrangos.

b. Listar los elementos de un rango de la segunda tupla.

Solución:

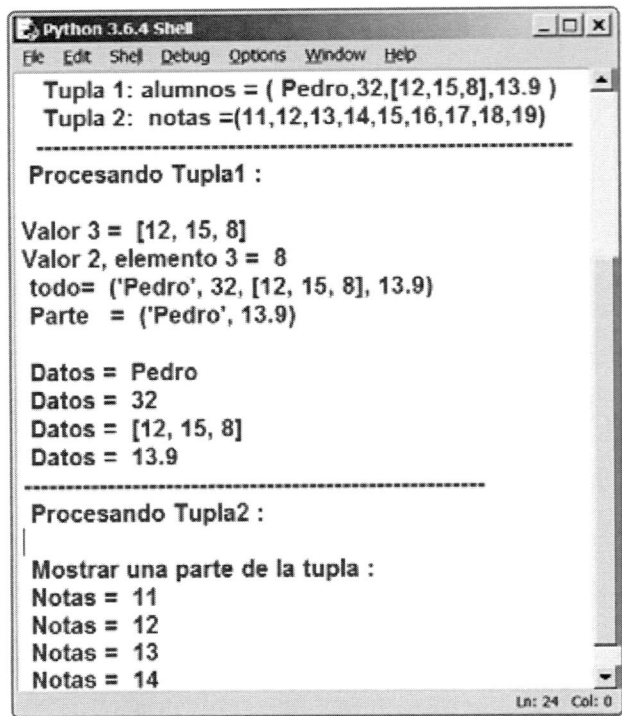

```
print(" TUPLAS ")
print("   Tupla 1: alumnos = ( Pedro,32,[12,15,8],13.9 )")
print("   Tupla 2:  notas =(11,12,13,14,15,16,17,18,19)")
print(" --------------------------------------------------")
alumnos=( "Pedro",32,[12,15,8],13.9 )
notas =(11,12,13,14,15,16,17,18,19)
print(" Procesando Tupla1 : ")
print("Valor 3 = ", alumnos[2])
print("Valor 2, elemento 3 = ", alumnos[2][2])
print(" todo= ",alumnos[0:5])
print(" Parte  = ",alumnos[0:5:3])
for d in alumnos:
    print(" Datos = ",d)
print("----------------------------------------")
print(" Procesando Tupla2 : ")
print(" Mostrar una parte de la tupla : ")
for n in notas:
    if n<15:
        print(" Notas = ",n)
```

Ejemplo:

En la siguiente interfaz se inicializa una tupla con elementos de tipo simple, lista y diccionario. Diseñar un programa que permita realizar las siguientes consultas:

a. Contar un elemento.

b. Mostrar la longitud.

c. Mostrar el índice de un elemento.

Para dar con la solución, primero hay que definir lo siguiente:

a. Count().- Permite devolver cuántos elementos existen con un valor determinado.

b. Index().- Permite devolver el índice de la primera ocurrencia según lo buscado.

c. len().- Permite conocer la cantidad de elementos.

Solución:

```
Python 3.6.4 Shell
File  Edit  Shell  Debug  Options  Window  Help

Métodos: count,index(),len()

Tupla=(12,['Luis,12,34'],{100:12,200:14},('María',20),15,16.9,())
-------------------------------------------------------------------

Contar elementos      = 1
Longitud de tupla     = 7
Index del elemento 12 = 0

>>>
                                                        Ln: 13  Col: 0
```

```python
*tupla_Index_count_len.py - C:\Users\Administrador\Desktop\backup_OEA\LPE_Di...
File  Edit  Format  Run  Options  Window  Help

print("")
print(" Métodos: count,index(),len()")
print("")
print("Tupla=(12,['Luis,12,34'],{100:12,200:14},('María',20),15,16.9,())")
print(" -------------------------------------------------------------------")
tupla=(12,['Luis,12,34'], {100:12,200:14},('María',20),15,16.9,())
print(" ")
print(" Contar elementos     = ",tupla.count(12))
print(" Longitud de tupla    = ",len(tupla))
print(" Index del elemento 12 = ", tupla.index(12))
print("")
                                                        Ln: 11  Col: 51
```

Ejemplo:

Diseñar un programa que permita inicializar una tupla = (1, 2, 3, 4, 5, 6). Después, convertir a lista y viceversa. Finalmente, encontrar los elementos menor y mayor.

Solución:

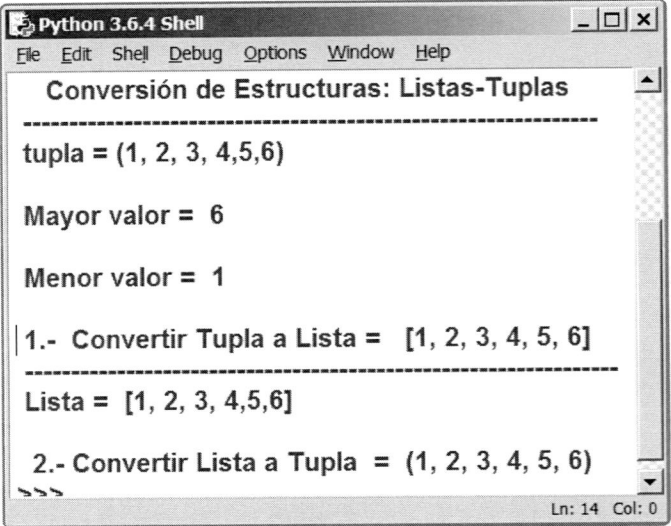

```
      Conversión de Estructuras: Listas-Tuplas
------------------------------------------------------------
tupla = (1, 2, 3, 4,5,6)

Mayor valor =  6

Menor valor =  1

1.- Convertir Tupla a Lista =   [1, 2, 3, 4, 5, 6]
------------------------------------------------------------
Lista =  [1, 2, 3, 4,5,6]

 2.- Convertir Lista a Tupla  = (1, 2, 3, 4, 5, 6)
>>>
```

```python
print("    Conversión de Estructuras: Listas-Tuplas")
print(" ------------------------------------------------------------")
print(" tupla = (1, 2, 3, 4,5,6) ")
tupla = (1, 2, 3, 4,5,6)
maximo=max(tupla)
print("")
print(" Mayor valor = ",maximo )
print("")
minimo=min(tupla)
print(" Menor valor = ",minimo )

print("")
print(" 1.- Convertir Tupla a Lista =  " ,list(tupla) )
print(" ------------------------------------------------------------")

print(" Lista =  [1, 2, 3, 4,5,6] ")
print("")
Lista = [1, 2, 3, 4,5,6]

print(" 2.- Convertir Lista a Tupla  = ", tuple(Lista) )
```

Ejemplo:

Diseñar un programa que permita crear una lista con n notas (n>1 y n<10) y notas en el rango [0..20]. Considerar que n es leído desde el teclado. Después, mostrar lo siguiente:

a. Lista ordenada de forma descendente.

b. Formar una tupla con la mayor y menor nota. Asimismo, usando variables simples, mostrar la menor y mayor nota.

Solución:

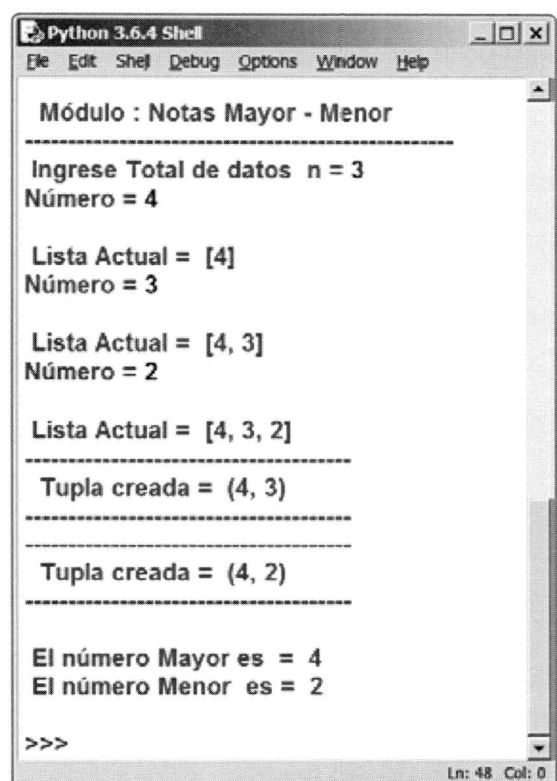

```
Módulo : Notas Mayor - Menor
----------------------------------------------
 Ingrese Total de datos  n = 3
Número = 4

 Lista Actual =  [4]
Número = 3

 Lista Actual =  [4, 3]
Número = 2

 Lista Actual =  [4, 3, 2]
--------------------------------------
 Tupla creada =  (4, 3)
--------------------------------------
--------------------------------------
 Tupla creada =  (4, 2)
--------------------------------------

 El número Mayor es  =  4
 El número Menor  es =  2

>>>
```

```python
def CrearL():
    global n
    lista=[]
    n=int(input(" Ingrese Total de datos  n = "))
    for i in range(n):
        n=int(input("Número = "))
        lista.append(n)
        print (" ")
        print (" Lista Actual = ",lista)
    return lista
print("------------------------------------------")

def ordenar(lista):

    mayor=lista[0]
    menor=lista[0]
    for i in range(n+1):
        if lista[i]>mayor:
            mayor=lista[i]
        else:
            if lista[i]<menor:
                menor=lista[i]
                tupla=(mayor, menor)
```

Ejemplo:

Diseñar un programa que permita gestionar el Sistema de Mantenimiento de Alumnos FIIS, para lo cual el usuario debe introducir el total a procesar. Los alumnos son identificados por código (único) y, si ya existe, el sistema no lo acepta. Solo son válidas las entradas de tres dígitos, apellidos y edad. Después, hacer las siguientes consultas:

a. Con la información, crear una tupla y mostrarla.

b. Listado de alumnos por código y apellido.

c. Alumno con mayor edad por código y posición.

d. Insertar k alumnos, siendo k introducido por el usuario.

e. Eliminar al alumno de menor edad.

Solución:

```
Python 3.6.4 Shell                                                    _ □ ×
File  Edit  Shell  Debug  Options  Window  Help

Sistema de Mantenimiento Alumnos FIIS
-----------------------------------------------
Total alumnos =  3
Cantidad  aceptada, continuar...

Alumno  1:
Código  = 100
Apellido = Salas
Edad = 33
Registro  2 :
 Código  = 200
 Apellido = Cortez
Edad = 22
Registro  3 :
 Código  = 300
 Apellido = Espejo
Edad = 36
(((100, 'Salas', 33), (200, 'Cortez', 22)), (300, 'Espejo', 36))

Tupla Actual =  (((100, 'Salas', 33), (200, 'Cortez', 22)), (300, 'Espejo', 36))

a) Listado de Alumnos por código y apellidos
-----------------------------------------------------------
Código  Apellido
  300      Espejo
  200      Cortez
  100      Salas

b) Alumnos que tienen mayor edad: indicar código, apellido y posición
Código  Apellido  Posición
  300      Espejo    3

c) Insertar Alumnos
 Total a insertar = 1
Valor aceptado, continuar...

Registro  4 :
 Código  = 400
 Apellido = Cordova
 Edad = 65
 Usted ingresó  1  Alumnos :
 Tupla(Nueva)  =  ((((100, 'Salas', 33), (200, 'Cortez', 22)), (300, 'Espejo', 36)), (400,
'Cordova', 65))
d)  Eliminar Alumno  de menor edad

Se eliminaron 1 alumno de menor edad
 Tupla(Nueva )  =  (((100, 'Salas', 33), (300, 'Espejo', 36)), (400
, 'Cordova', 65))
                                                              Ln: 51  Col: 36
```

```
func_tupla022.py - F:/cap_VI_Tuplas/func_tupla022.py (3.6.4)
File  Edit  Format  Run  Options  Window  Help
                              print("----------------------------------------")
                              print("   Tupla creada = ",tupla)
                              print("----------------------------------------")
                return tupla
print("")
print(" Creando Listas-Tuplas")
print("")
print("   Módulo : Notas Mayor - Menor ")
print("-------------------------------------------------")
global  n
datos=CrearL()
mayor, menor = ordenar(datos)
print("")
print (" El número Mayor es  = ",mayor)
print (" El número Menor  es = ",menor)
print("")
                                                              Ln: 37  Col: 39
```

```
tupla_alumnos.py - F:/cap_VI_Tuplas/tupla_alumnos.py (3.6.4)
File  Edit  Format  Run  Options  Window  Help
print(" ")
print(" Sistema de Mantenimiento Alumnos FIIS")
print("----------------------------------------------------------")
while True:
    n=int(input(" Total alumnos =  "))
    if(n>=0 and n<=100):
        print(" Cantidad  aceptada, continuar...")
        break
    else:
        print(" Cantidad  no admitida, intente nuevamente...")
print("")
auxn=n
vcod=[]
print(" Alumno  1: ")
while True:
        cod=int(input(" Código  = "))
        if(cod>=100 and cod<=999):
           break
       else:
            print(" Código fuera de rango, intente nuevamente...")
vcod.append(cod)
apell=input(" Apellido = ")
edad=int(input(" Edad = "))
tupla=(cod, apell, edad)
tuplaAnid=tupla
for i in range(n-1):
   print("Registro ",i+2,":")
    while True:
        cod=int(input(" Código  = "))
        if(cod>=100 and cod<=999):
           break
```

```
                break
            else:
                print("Código fuera de rango, intente nuevamente...")
    codCorrecto=False
    while(codCorrecto==False):
        codCorrecto=True
        for j in range(len(vcod)):
            if(cod==vcod[j]):
                codCorrecto=False
                print("Código ya existente, intente nuevamente...")
                while True:
                    cod=int(input(" Código = "))
                    if(cod>=100 and cod<=999):
                        break
                    else:
                        print("Código fuera de rango, intente nuevamente...")
    vcod.append(cod)
    apell=input(" Apellido = ")
```

Ln: 40 Col: 0

tupla_alumnos.py - F:/cap_VI_Tuplas/tupla_alumnos.py (3.6.4)

File Edit Format Run Options Window Help

```
    apell=input(" Apellido = ")
    edad=int(input("Edad = "))
    tupla=(cod, apell, edad)
    tuplaAnid=tuplaAnid,tupla
tuplaAux=tuplaAnid
print(tuplaAnid)
print("")
print(" Tupla Actual = ",tuplaAnid)

#DESEMPAQUETAMIENTO DE LA TUPLA ANIDADA
vcodigos=[]
vapellidos=[]
vedades=[]
vposicion=[]
pos=n
for i in range(n-1):
    des=a,b=tuplaAnid
    tuplaAnid=a
    vcodigos.append(b[0])
    vapellidos.append(b[1])
    vedades.append(b[2])
    vposicion.append(pos)
    pos=pos-1
vcodigos.append(a[0])
vapellidos.append(a[1])
vedades.append(a[2])
vposicion.append(1)

print("")
print(" a) Listado de Alumnos por código y apellidos")
print(" ---------------------------------------------------------")
print(" Código \tApellido")
for i in range(n):
    print("   ",vcodigos[i]," \t",vapellidos[i])
```

```
print("")
print(" a) Listado de Alumnos por código y apellidos")
print(" =================================================")
print(" Código \tApellido")
for i in range(n):
    print("   ",vcodigos[i]," \t",vapellidos[i])
print("")
print(" b) Alumnos que tienen mayor edad: indicar código, apellido y posición")
j=1
for i in range(n):
    for j in range(n):
        if(vedades[i]>vedades[j]):
            aux=vedades[i];aux1=vcodigos[i];aux2=vapellidos[i];aux3=vposicion[i]
            vedades[i]=vedades[j];vcodigos[i]=vcodigos[j];vapellidos[i]=vapellidos[j]
            vposicion[i]=vposicion[j]
            vedades[j]=aux;vcodigos[j]=aux1;vapellidos[j]=aux2;vposicion[j]=aux3
print(" Código \tApellido \tPosición")
mayor=vedades[0]
for i in range(n):
    if(vedades[i]==mayor):
```

Ln: 82   Col: 0

tupla_alumnos.py - F:/cap_VI_Tuplas/tupla_alumnos.py (3.6.4)

File   Edit   Format   Run   Options   Window   Help

```
        print("   ",vcodigos[i]," \t",vapellidos[i]," \t",vposicion[i])
print("")
print("c) Insertar Alumnos ")
while True:
    m=int(input(" Total a insertar = "))
    if(m>=0 and m<=100):
        print("Valor aceptado, continuar...")
        break
    else:
        print("Valor no admitido, intente nuevamente...")
print("")
tuplaAnid=tuplaAux
for i in range(m):
    print("Registro ",n+1,":")
    while True:
        cod=int(input(" Código = "))
        if(cod>=100 and cod<=999):
            break
        else:
            print("Código fuera de rango, intente nuevamente...")
    codCorrecto=False
    while(codCorrecto==False):
        codCorrecto=True
        for j in range(len(vcod)):
            if(cod==vcod[j]):
                codCorrecto=False
                print(" Código ya existente, intente nuevamente...")
                while True:
                    cod=int(input(" Código = "))
                    if(cod>=100 and cod<=999):
                        break
```

```
                else:
                    print(" Código fuera de rango, intente nuevamente...")
        vcod.append(cod)
        apell=input(" Apellido = ")
        edad=int(input(" Edad = "))
        tupla=(cod, apell, edad)
        tuplaAnid=tuplaAnid,tupla
        n=n+1
print(" Usted ingresó ",m," Alumnos : ")
print(" Tupla(Nueva)  = ",tuplaAnid)
print("")
print("d)  Eliminar Alumno  de menor edad ")
#DESEMPAQUETAMIENTO DE LA NUEVA TUPLA ANIDADA PARA ORDENAMIEN
vcodigos=[]
vapellidos=[]
vedades=[]
```

Ln: 109 Col: 0

tupla_alumnos.py - F:/cap_VI_Tuplas/tupla_alumnos.py (3.6.4)

File   Edit   Format   Run   Options   Window   Help

```
vposicion=[]
n=auxn
pos=n
for i in range(n+m-1):
    des=a,b=tuplaAnid
    tuplaAnid=a
    vcodigos.append(b[0])
    vapellidos.append(b[1])
    vedades.append(b[2])
    vposicion.append(pos)
    pos=pos-1
vcodigos.append(a[0])
vapellidos.append(a[1])
vedades.append(a[2])
vposicion.append(1)
j=1
for i in range(n+m):
    for j in range(n+m):
        if(vedades[i]<vedades[j]):
            aux=vedades[i];aux1=vcodigos[i];aux2=vapellidos[i];aux3=vposicion[i]
            vedades[i]=vedades[j];vcodigos[i]=vcodigos[j];vapellidos[i]=vapellidos[j]
            vposicion[i]=vposicion[j]
            vedades[j]=aux;vcodigos[j]=aux1;vapellidos[j]=aux2;vposicion[j]=aux3
menor=vedades[0]
vcodigos1=[]
vapellidos1=[]
vedades1=[]
cont=0
for i in range(n+m):
    if(vedades[i]!=menor):
        vcodigos1.append(vcodigos[i])
        vapellidos1.append(vapellidos[i])
        vedades1.append(vedades[i])
```

```
    else:
        cont=cont+1
cod=vcodigos1[0]
apell=vapellidos1[0]
edad=vedades1[0]
tupla=(cod, apell, edad)
tuplaAnid=tupla
for i in range(n+m-cont-1):
    cod=vcodigos1[i+1]
    apell=vapellidos1[i+1]
    edad=vedades1[i+1]
    tupla=(cod, apell, edad)
    tuplaAnid=tuplaAnid,tupla
print("Se eliminaron,cont," alumno de menor edad")
print(" Tupla(Nueva ) = ",tuplaAnid)
```

Ln: 184   Col: 22

Usando la técnica de programación modular

```
*registro mediante una TUPLA.py - C:\Users\Administrador\Desktop\Recuperado-dev_18692\N...
File  Edit  Format  Run  Options  Window  Help
print("SISTEMA ACADÉMICO -FIIS")
print("-------------------------------------")
print("")
def tupla(x):
    tup= tuple(x)
    return tup
def main():
    n=int(input("Ingrese cantidad de alumnos a registrar: "))
    lista=[];   listam=[];   edad=[];   maxi=0;   mini=9000
    for i in range(n):
        print("\tIngrese datos del alumno ",i+1)
        print("")
        cod=int(input("Ingrese Código: "))
        apel=str(input("Ingrese Apellido: "))
        eda=int(input("Ingrese Edad:" ))
        edad.append(eda)
        if(maxi<eda):
            maxi=eda;          a=apel
        if mini>eda:
            mini=eda;b=apel;reg=cod,apel,eda;lista.append(reg); listam.append(reg)
        print("")
    print("**************************************************")
    print("El reporte final es: ")
    for i in range(n):
        print("Alumno: ",lista[j])
    print("")
    print("**************************************************")
    print("")
    print("Registro con mayor edad: ",maxi," Perteneciente a:
        ","\"",a,"\""," En la posición: ",edad.index(maxi)," del registro final")
    print("")
    print("**************************************************")
```

```python
        print("\tRegistro final.......")
        print("")
        print("***************************************************")
        l=tuple(lista)
        print(l)
        print("***************************************************")
        print("")
        print("Registro sin la menor edad")
        a=edad.index(mini)
        del listam[a]
        r=tuple(listam)
        print(r)
main()
```
Ln: 40 Col: 0

Ejemplo:

Diseñar un programa que permita realizar los procesos de los empleados por nombre y sueldo usando los siguientes módulos:

a. carga_empleado().- Permite leer el nombre de un empleado y su sueldo. Debe retornar una tupla con dichos valores.

b. sueldoMayor(empleado1, empleado2).- Función que recibe como parámetro dos tuplas con los nombres y sueldos de los empleados y, asimismo, muestra el nombre del empleado con mayor sueldo.

Solución:

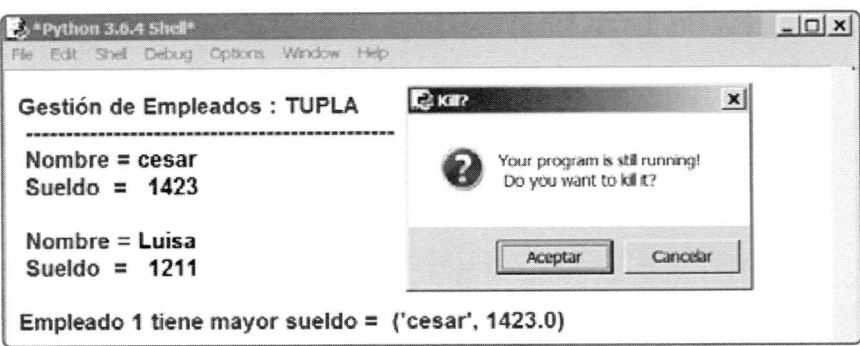

Ejemplo:

Diseñar un programa que permita gestionar los datos de n alumnos identificados por código, apellido y edad. Después, listar al alumno de mayor edad y su posición en forma de tupla.

Solución:

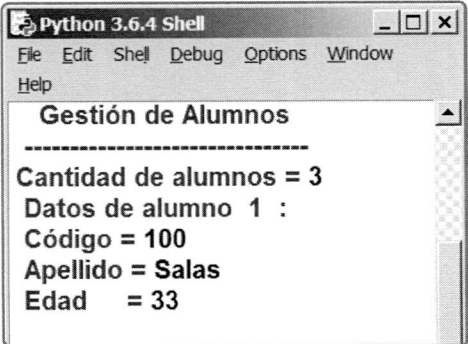
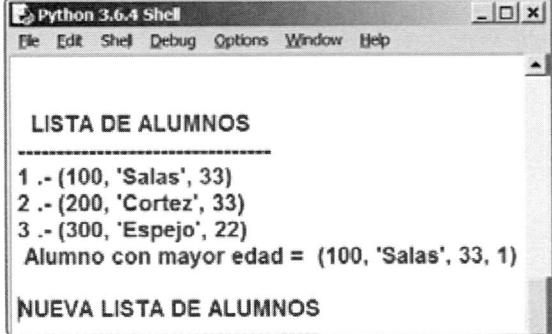

```
Datos de alumno  2 :
Código = 200
Apellido = Cortez
Edad    = 33

Datos de alumno  3 :
Código = 300
Apellido = Espejo
Edad    = 22
                        Ln: 20  Col: 0
```

```
NUEVA LISTA DE ALUMNOS
----------------------------------------
(' ', 1) .- (100, 'Salas', 33)
(' ', 2) .- (200, 'Cortez', 33)
>>>
                        Ln: 32  Col: 0
```

Tupla 1_Al.py - F:/cap_VI_Tuplas/Tupla 1_Al.py (3.6.4)

File Edit Format Run Options Window Hep

```
maxi=0
for i in range(n):
    if (ed[i]>maxi):
          maxi=ed[i]
          if (maxi==ed[i]):
              posx=i+1
              tuplamax=(cod[i],apell[i],ed[i],posx)
print("")
print("  LISTA DE ALUMNOS")
print("--------------------------------")
for i in range(n):
    print((i+1),".-",tupla[i])
print(" Alumno con mayor edad = ",tuplamax)
print("")
for i in range(n-1):
      for j in range(1,n):
          if (ed[i]<ed[j]):
              aux=tupla[j]
              tupla[j]=tupla[i]
              tupla[i]=aux
print("NUEVA LISTA DE ALUMNOS")
print("----------------------------------")
for i in range(n-1):
    print((" ", i+1),".- ",tupla[i])
                        Ln: 37  Col: 0
```

3.4. Función unzip

La función zip agrupa las estructuras iterables partiendo por la que tiene menor cantidad de elementos.

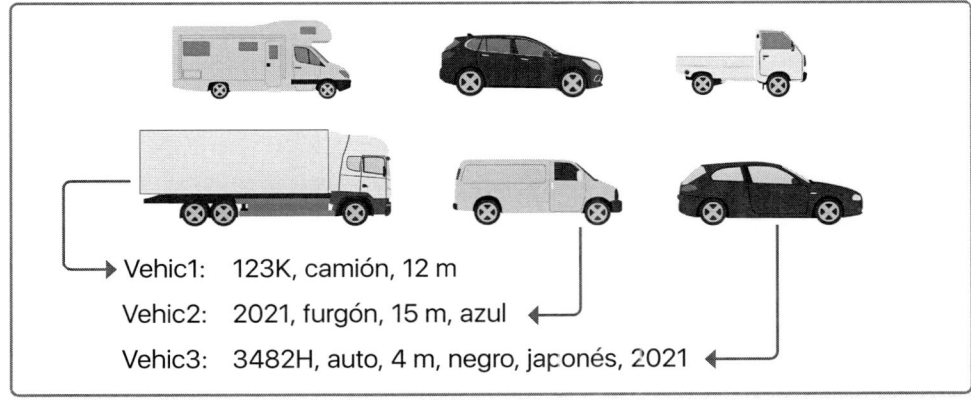

Vehic1:   123K, camión, 12 m
Vehic2:   2021, furgón, 15 m, azul
Vehic3:   3482H, auto, 4 m, negro, japonés, 2021

Ejemplo:

Se tiene un listado de tres personas, cada una con datos de forma heterogénea. Aplicar la función unzip.

Solución:

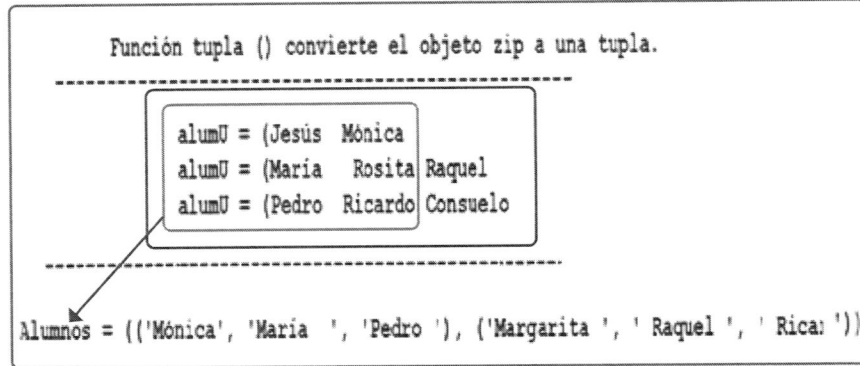

Entonces, unzip consiste en diseñar tuplas de la misma longitud.

Ejemplo:

Convertir el objeto zip a una tupla usando la siguiente información.

Solución:

```
ZIP_ok.py - C:/Users/User/Desktop/ciclo_2021_2/Clases_2021_II/ZIP_ok.py (3.9.7)        —   □   ×
File  Edit  Format  Run  Options  Window  Help

print("\n\tFFunción tupla()convierte el objeto zip a una tupla.")
print("-"*50 )
print("alumU = (Jesús , Mónica, Roquess )")
print("alumU = (María ,Rosita, Raquel  )")
print("alumU = (Pedro  ,Ricardo,Consuelo )")
print("-"*50 )
print()

alumU = ("Jesús ", "Mónica",    "Roquess")
alumV = ("María  ", "Rosita", "Raquel")
alumW= ("Pedro ", "Ricardo", "Consuelo")

alumnos = zip(alumU, alumV, alumW)

print()
print("Alumnos =",tuple(alumnos))

                                                            Lne 11  Col 0
```

3.5. Inserción

Inserta elementos a una tupla cuando esta tiene listas dentro de sus elementos.

Alumno= (100,["Ana","Salas"],[12,13,11],20)

Ejemplo:

Diseñar un programa para mostrar el proceso de inserción en una tupla.

Solución:

```
            <L> Leer Nota
            <I> Insertar nota a curso
            <S> Salir
    _____

  Ingrese opción = L
  ---------------------------------
            curso 1.-  [LP, 12]
            curso  2 .- [Qu]
  ---------------------------------

tIngrese nota = 20
 A qué curso  =3

            Menú Principal
    _____

            <L> Leer Nota
            <I> Insertar nota a curso
            <S> Salir
    _____

  Ingrese opción = I

            Tuplas: Inserción
Tupla=(Ana,  [LP, 12],X,  [Qu] W,11)
-----------------------------------

Tupla = ('Ana', ['LP', 12], 'X', ['Qu', 20], 'W')
```

```
def leerT():
    global nta
    global  cur
    print("-" *30)
    print("\n\tcurso 1.-  [LP, 12]")
    print("\tcurso  2 .- [Qu]")
    print("-" *30)
    nta=int(input("\ntIngrese nota = "))
    cur= int(input("  A qué curso  ="))
    return
def insert(nta,cur):
    global tupla
    print("\n\t Tuplas: Inserción ")
    print("-" *30)
    print("")
    print("Tupla=(Ana, [LP, 12],X, [Qu],W,11)")
    print("-" *35)
    print()
    tupla = ("Ana", ["LP", 12],'X', ['Qu'],'W')
    tupla[cur].append(nta)
    print(" Tupla =",tupla)
    return
def salir():
    exit
```

3.6. Diccionario

Sintaxis:

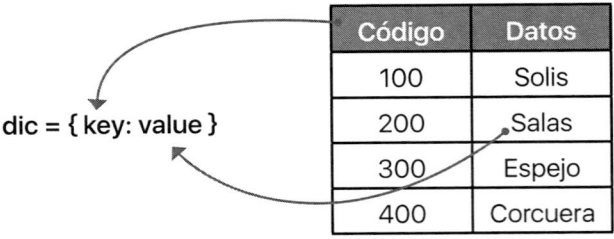

Código	Datos
100	Solis
200	Salas
300	Espejo
400	Corcuera

dic = { key: value }

dic = {código: Datos}

Un diccionario es una estructura de datos que permite almacenar cualquier tipo de valores. Un diccionario está compuesto por:

a. **Claves.-** Pueden ser de diferentes tipos.

b. **Valores.-** Pueden ser de diferentes tipos, inclusive listas o tuplas. No se pueden modificar las claves, pero sí se pueden modificar los valores que están asociados a las claves.

Representación:

a. Alumnos = { }

b. Alumnos = dict()

Diccionario= { clave valor, clave: valor, clave: valor,...}

Reglas:

1.- Las claves deben ser de tipo inmutable, los valores pueden ser de cualquier tipo.

```
vehic = {
    1000 : [ T, rojo],
    2000 : [ H, verde],
    3000 : [ T, azul],
    4000 : [...]
}
```

2.- Los diccionarios no poseen índices.

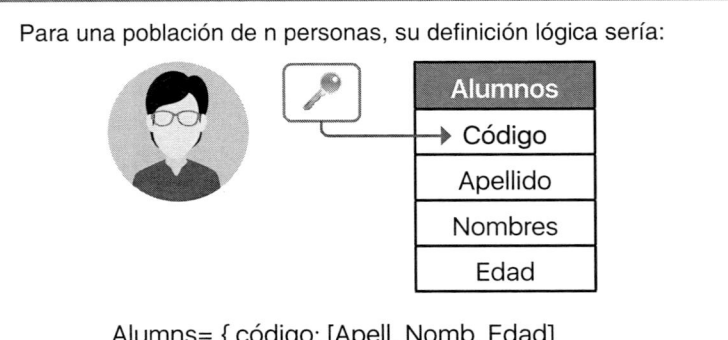

Para una población de n personas, su definición lógica sería:

Alumnos
Código
Apellido
Nombres
Edad

Alumns= { código: [Apell, Nomb, Edad]

Ejemplos:

a. Alumnos = {100 : Luis, 200 : Pedro, 300 : Luis }

b. Ciudadano = {123 : Pedro, 111 : Luis, 145 : César}

c. Semana = {1 : lunes, 2 : martes, 3 : miércoles, 4 : jueves, 5 : viernes...}

d. Notas = { 100 : [12,5,11], 200 : 15, 300 : 3, 400 : [12,11,18,9] }

3.7. Acceder y modificar elementos

Se puede acceder a sus elementos con:

a. [key] o

b. get(key)

Ejemplo:

Diseñar un programa que use datos del diccionario p:

Alumnos={100:['Salas','Maria',20],200:['Solis','Juan',30]}

El programa debe ser interactivo con el usuario.

Solución:

```
IDLE Shell 3.9.7                                       –   □   ×
File  Edit  Shell  Debug  Options  Window  Help

                        Busca Nro.: 1

        Módulo : Buscar por clave:
_____

Ingrese código =200

        1.-Valores =  ['Solis', 'Juan', 30]

        2.-Valores =  ['Solis', 'Juan', 30]

        Desea seguir buscando..?(S/N)==>S

                        Busca Nro.: 2

        Módulo : Buscar por clave:
_____

Ingrese código =200

        1.-Valores =  ['Solis', 'Juan', 30]

        2.-Valores =  ['Solis', 'Juan', 30]

        Desea seguir buscando..?(S/N)==>
                                            Ln: 8  Col: 0
```

```
dicc_accede.py - C:/Users/User/Desktop/ciclo_2021_2/Clases_2021_II/dicc_accede.py (3.9.7)      —  □  ×
File  Edit  Format  Run  Options  Window  Help
def buscar():
    print(" \n\tMódulo : Buscar por clave:")
    print("_"*30)
    Alumnos={100:['Salas','María',20],200:['Solis','Juan',30]}
    clave=int(input("\n Ingrese código ="))

    print("\n\t1.-Valores = ",Alumnos[clave])
    print("\n\t2.-Valores = ",Alumnos.get(clave))
    return
resp='S'
nv=0
while resp=='S':
    nv=nv+1
    print("\n\t\t\t Busca Nro.:",nv)
    buscar()
    resp=input(" \n\tDesea seguir buscando..?(S/N)==>")
                                                                         Ln: 11  Col: 0
```

Para modificar un elemento basta con usar una lista [ ] con la clave (key) y asignar el nuevo valor o valores.

Casos:

a. Alumnos[100] = "Luisa"

b. Alumnos['100] =["Luisa","Solis",12,11.1]

   print(alumnos)

Ejemplo:

Diseñar un programa que permita reemplazar estos datos del alumno de código 100:
Alumnos={100:['Salas','Maria',20],200:['Solis','Juan',30]}

Por estos nuevos datos: Alumnos[100] = ['Espejo','Beto',31].
Se debe leer la clave y el programa debe ser interactivo.

Solución:

```
IDLE Shell 3.9.7                                                          —  □  ×
File  Edit  Shell  Debug  Options  Window  Help
== RESTART: C:/Users/User/Desktop/ciclo_2021_2/Clases_2021_II/dicc_Cambiar.py ==

                       Reemplazo Nro.: 1

        Módulo : Reemplazar Valores  :
_____

        Diccionario: Alumnos={100:['Salas','María',20],200:['Solis','Juan',30]}

Ingrese código =100

        Reemplazaré valores del código :     100
_____

        Reemplazaré por estos valores :Alumnos[]=[Espejo,Beto,31]

        Nuevo Diccionario =   {100: ['Espejo', 'Beto', 31], 200: ['Solis', 'Juan', 30]}

    1.-Nuevos Valores =   ['Espejo', 'Beto', 31]

    2.-Nuevos Valores =   ['Espejo', 'Beto', 31]

        Desea seguir Reemplazando..?(S/N)==>
                                                                         Ln: 22  Col: 0
```

```
def Reemplazar():
    print(" \n\tMódulo : Reemplazar Valores   :")
    print("_"*50)
    Alumnos={100:['Salas','María',20],200:['Solis','Juan',30]}
    print("\n\tDiccionario: Alumnos={100:['Salas','María',20],200:['Solis','Juan',30]} ")
    print("")
    clave=int(input(" Ingrese código ="))
    print("\n\tReemplazaré valores del código :   ",clave)
    print("_"*70)

    Alumnos[clave] =  ['Espejo','Beto',31]
    print(" \n\tReemplazaré por estos valores :Alumnos[]=[Espejo,Beto,31]")
    print("\n\t Nuevo Diccionario = ",Alumnos)


    print("\n\t1.-Nuevos Valores = ",Alumnos[clave])
    print("\n\t2.-Nuevos Valores = ",Alumnos.get(clave))
    return
resp='S'
nv=0
while resp=='S':
    nv=nv+1
    print("\n\t\t\t Reemplazo Nro.:",nv)
    Reemplazar
    resp=input(" \n\tDesea seguir Reemplazando..?(S/N)==>")
```

Ejemplo:

Diseñar un programa que permita definir, mediante cuatro formas, los diccionarios de tipo vacíos y, después, crearlos y hacer un informe.

Solución:

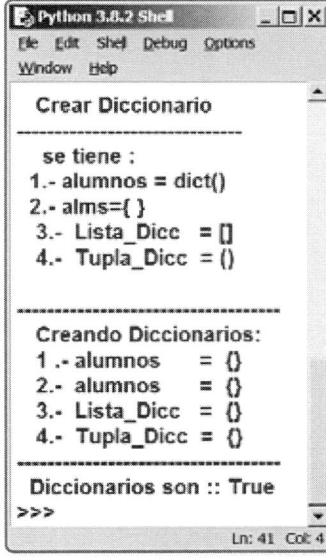

```
print(" Crear Diccionario ")
print("-"*30)
print("   se tiene :")
print(" 1.- alumnos = dict()")
print(" 2.- alms={ }")
print(" 3.- Lista_Dicc  = [] ")
print(" 4.- Tupla_Dicc  = () ")
print()
alumnos=dict()
alms={}
lista= dict( [] )
tupla=dict(())
print("-"*35)
print(" Creando Diccionarios:")
print(" 1 .- alumnos      = ",alumnos)
print(" 2.- alumnos      = ",alms)
print(" 3.- Lista_Dicc  = ",lista)
print(" 4.- Tupla_Dicc  = ",tupla)
print("-"*35)
if alumnos ==alms:
    print(" Diccionarios son ::",alumnos ==alms)
else:
    print(" son desiguales")
```

Ejemplo:

Diseñar un programa que permita inicializar un listado de alumnos en un diccionario y, después, realizar un informe mostrando las claves y los valores.

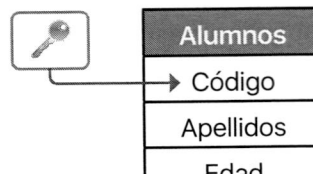

Alumnos
→ Código
Apellidos
Edad

Solución:

```
        Nro. Claves      Valores
  _____

         1 .- 100.- Salas
         2 .- 200.- Solis
         3 .- 300.- Salas
         4 .- 400.- Luyo
         5 .- 500.- Espejo
         6 .- 600.- Castillo
         7 .- 700.- Olaya
         8 .- 800.- Páucar
         9 .- 900.- Pérez
        10 .- 950.- Ramos
  _____

2.- Claves=
dict_keys([100, 200, 300, 400, 500, 600, 700, 800, 900, 950])
  _____

3.- Cantidad de claves: 10

4.- Valores =
dict_values(['Salas ', 'Solis', 'Salas', 'Luyo', 'Espejo', 'Castillo', 'Olaya', 'Páucar', 'P
érez', 'Ramos'])
  _____
 5.- Registros =  dict_items([(100, 'Salas '), (200, 'Solis'), (300, 'Salas'), (400, 'Luyo')
, (500, 'Espejo'), (600, 'Castillo'), (700, 'Olaya'), (800, 'Páucar'), (900, 'Pérez'), (950,
'Ramos')])
>>>
```

```python
print("\n\tMódulo: Inicialización de un Diccionario ")
print("-" * 60)
Alumnos = {
    100 : "Salas ", 200 : "Solis",
    300 : "Salas", 400  : "Luyo",
    500 : "Espejo",600  : "Castillo",
    700 : "Olaya",800 : "Páucar",
    900 : "Pérez", 950 : "Ramos",
}
print("\n\t1.- Listado de Alumnos")
print("_" *30)
i=0
print("\t Nro. Claves     Valores ")
print("_" *60)
for k,v in Alumnos.items():
    i=i+1
    print ("\t",i,".-","%d.- %s"%(k,v))
print("_" *60)
keys = Alumnos.keys()
print ("\n2.- Claves=\n%s"%keys)
print("_" *70)
totalkey = len(Alumnos)
print("\n3.- Cantidad de claves: {}".format(totalkey))
values = Alumnos.values()
print ("4.- Valores =\n%s" %values)
print("_" *70)
registro = Alumnos.items()
print(" 5.- Registros = ",registro)
```

Ejemplo:

Diseñar un programa para leer n alumnos por código y apellidos, c cursos y p notas. Después, mostrar los promedios y el estado de aprobado o suspenso. Asimismo, crear un diccionario y hacer los informes calculando su promedio e indicando su estado en cada curso, incluyendo tres prácticas.

Solución:

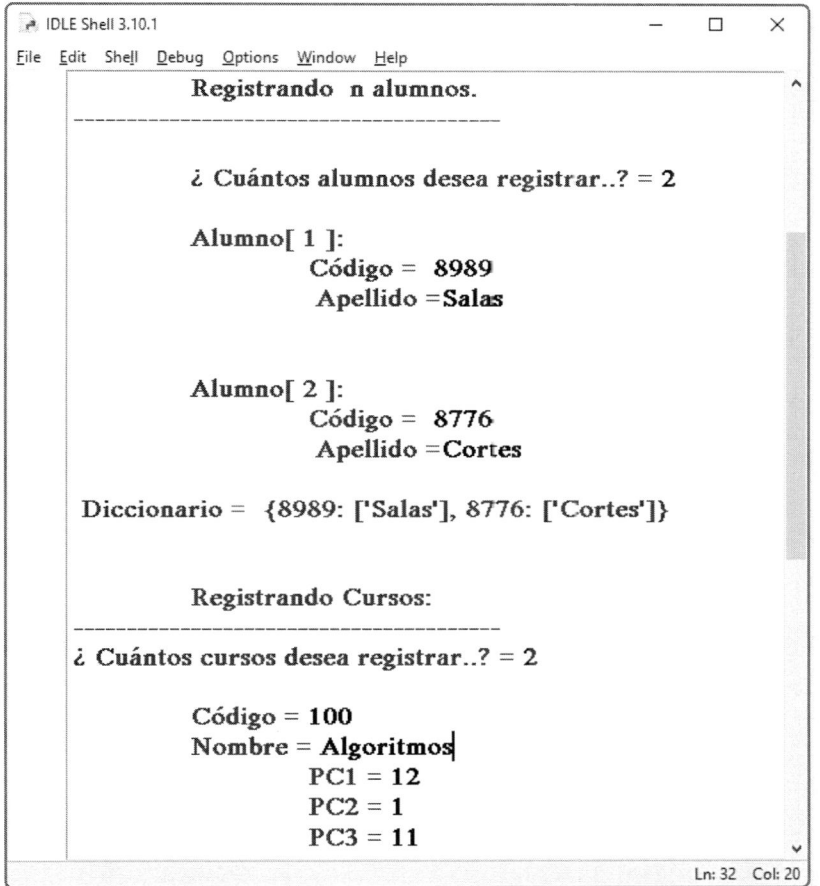

```
                    Registrando  n alumnos.
    -------------------------------------------

            ¿ Cuántos alumnos desea registrar..? = 2

            Alumno[ 1 ]:
                    Código =  8989
                     Apellido =Salas


            Alumno[ 2 ]:
                    Código =  8776
                     Apellido =Cortes

    Diccionario =  {8989: ['Salas'], 8776: ['Cortes']}


            Registrando Cursos:
    -------------------------------------------
    ¿ Cuántos cursos desea registrar..? = 2

            Código = 100
            Nombre = Algoritmos
                    PC1 = 12
                    PC2 = 1
                    PC3 = 11
```

```
            Código = 200
            Nombre = Fisica
                    PC1 = 13
                    PC2 = 12
                    PC3 = 11

 Diccionario2 =  {0: [100, 'Algoritmos', 12, 1, 11, 11.5, 'Aprobado'], 1: [200, 'Física', 13, 12, 1
1, 12.5, 'Aprobado']}

        Listado de sistema Académico
    -------------------------------------------
Código    Curso      PC1    PC2  PC3   Promedio  Observación
==============================================================
   100     Algoritmos      12     1       11      11.5     Aprobado

   200     Física  13      12     11      12.5    Aprobado
>>>
```

```
*diccionarioAlumnos.py - C:\Users\User\Desktop\Taller_2022_1\Taller 2022-1\dic...   —   □   ×
File  Edit  Format  Run  Options  Window  Help

print("\n\tSistema de Gestión Académica ")
print("-"*40)
dic1 = {}; dic2 = {}
lista=list()
print()
print("\n\tRegistrando  n alumnos.")
print("-"*40)
n = int(input("\n\t¿ Cuántos alumnos desea registrar..? = "))
for i in range(n):
    print("\n\tAlumno[",i+1,"]=")
    cod = int(input("\t\tCódigo =  "))
    if cod < 1000 or cod >= 10000:
        print("Error, el código debe ser de 4 cifras.")
        exit()
    apellido = input("\t\t Apellido =")
    print()
    lista = [cod, [apellido]]
print(" Diccionario = ",dic1)
print()
print("\n\tRegistrando Cursos:")
print("-"*40)
m = int(input("¿ Cuántos cursos desea registrar..? = "))
for i in range(m):
    cod = int(input("\n\tCódigo = "))
    curso = input("\tNombre = ")
    pc1 = int(input("\t\tPC1 = "))
    pc2 = int(input("\t\tPC2 = "))
    pc3 = int(input("\t\tPC3 = " ))
    if pc1 > 20 or pc2 > 20 or pc3 > 20:
                                                               Ln: 15   Col: 0
```

```
*diccionarioAlumnos.py - C:\Users\User\Desktop\Taller_2022_1\Taller 2022-1\diccionari...   —   □   ×
File  Edit  Format  Run  Options  Window  Help

    if pc1 > 20 or pc2 > 20 or pc3 > 20:
        print("Error, las notas no pueden ser mayores a 20.")
        exit()
    men = min(pc1, pc2, pc3)
    prom = (pc1 + pc2 + pc3 - men)/2
    if prom >= 10:
        cond = "Aprobado"
    else:
        cond = "Desaprobado"
    print()
    lista = [i, [cod, curso, pc1, pc2, pc3, prom, cond]]
    dic2.update([lista])
print(" Diccionario2 = ",dic2)
    print("\n\tListado de sistema Académico")
print("-"*40)
print("Código    Curso       PC1   PC2  PC3   Promedio  Observ
print("="*70)
for l in range(m):
    print("  ",dic2[l][0], end="\t")
    print("  ",dic2[l][1], end ="\t")
    print("",dic2[l][2], end="\t")
    print("",dic2[l][3], end="\t")
    print("",dic2[l][4], end ="\t")
    print("",dic2[l][5], end="\t")
    print("",dic2[l][6], end="\t")
    print("\n")
                                                               Ln: 48   Col: 0
```

Ejemplo:

Diseñar un programa que permita crear dos diccionarios:

a. Dicc1 = key + lista de valores.

b. Dicc2 = key + tupla con sus valores.

La información corresponde a un alumno identificado por un código, unos apellidos, unos nombres y una edad. Finalmente, hacer un informe.

Solución:

```
          Módulo : crea Diccionario Lista.,Tupla
       _____
     Crear 2 tipos de Diccionarios: lista ,Tupla
     -----------------------------------------------------
     Código   = 100
     Apellido = Salas
     Nombre   = Ana
     Edad     = 34
     -----------------------------------------------------

          1.-Diccionario con Lista =  {100: ['Salas', 'Ana', 34]}

          2.-Diccionario con Tupla =  {100: ('Salas', 'Ana', 34)}
          -----------------------------------------------------
```

```python
print("\n\tMódulo : crea Diccionario Lista.,Tupla")
print("_"*60)

print(" Crear 2 tipos de Diccionarios: lista ,Tupla ")
print("-"*60)
cod=int(input(" Código   = "))
apell=input(" Apellido = ")
nomb=input(" Nombre   = ")
edad=int(input(" Edad     = "))
dicc_Al_Lista ={cod:[apell,nomb,edad] }
dicc_Al_Tupla ={cod:(apell,nomb,edad) }
print("-"*56)
print("\n\t1.-Diccionario con Lista = ",dicc_Al_Lista)
print("\n\t2.-Diccionario con Tupla = ",dicc_Al_Tupla)
print("-"*56)

print()
```

Ejemplo:

Diseñar un programa para crear un diccionario que guarde n alumnos.

Solución:

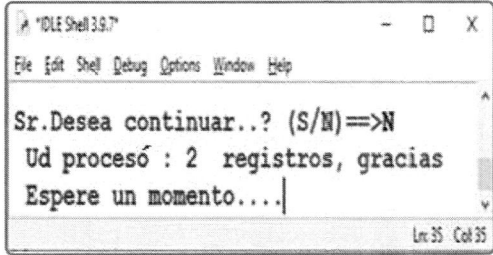

```
    Módulo:  Crear Diccionario con Registro:update()
    ------------------------------------------------------
1.- Registro [0] = {}
2.-Agregar nuevos Registros
    ------------------------------------------------------


Registro[1] :
        Código   = 100
        Apellidos=Salas
        Nombre   = Ana
        Sexo     = F
        Edad     = 22
--------------------------------------------------------------
3.-  Registro[2]= {100: ['Salas', 'Ana', 'F', '22']}
--------------------------------------------------------------
              Ud tiene 1  registros

 Ingrese datos registro[ 2 ]:
        Código   = 200
        Apellidos=Cortes
        Nombre   = Cesar
        Sexo     = M
        Edad     =24
 Lista =  [200, ['Cortés', 'César', 'M', '24']]

 Diccionario =  {100: ['Salas', 'Ana', 'F', '22'], 200: ['Cortés', 'César', 'M', '24']}

Sr.Desea continuar..? (S/N)==>
```

```python
print("\n     Módulo:  Crear Diccionario con Registro:update()")
print( "   -------------------------------------------------------")
print(" 1.- Registro [0] = {}")
print(" 2.-Agregar nuevos Registros ")
print( "   -------------------------------------------------------")

Diccionario = { }
print("\n Registro[1] : ")
cod=int(input("\tCódigo    = "))
apell=input("\tApellidos=")
nomb=input("\tNombre    = ")
sex=input("\tSexo      = ")
edad=input("\tEdad      = ")
dato=[cod,[apell,nomb,sex,edad]]
Diccionario.update([dato])
print("-"*70)
print(" 3.-  Registro[2]=",Diccionario)
print("-"*70)
n=1
resp='S'
while(resp=='S'):
        print(" \t\tUd tiene",n," registros ")
        n=n+1
        Diccionario.update([dato])
```

```python
Diccionario.update([dato])
print("")
print(" Ingrese datos registro[",n,"]: ")
cod=int(input("\tCódigo   = "))
apell=input("\tApellidos=")
nomb=input("\tNombre   = ")
sex=input("\tSexo     = ")
edad=input("\tEdad     =")
lista=list()
lista=[cod,[apell,nomb,sex,edad]]
print(" Lista = ",lista)
Diccionario.update([lista])
print("")
print(" Diccionario = ",Diccionario)
print("")
resp=input("Sr.Desea continuar..? (S/N)==>")
if resp=='N':
        print(" Ud procesó :",n, " registros,gracias ")
        input(" Espere un momento....")
        exit()
```

Ejemplo:

Diseñar un programa para acceder a los valores de unas personas por medio de su clave.

Solución:

```
              Módulo:   Acceder a   valores p: por Clave
   -----------------------------------------------------------------
   Diccionario={100:['Luisa',22],200:['César'18],300:,['Yakelin',16]}
   -----------------------------------------------------------------
   Buscar por clave:

Ingrese clave = 200
       Valores =  ['César', 18]

Sr. desea continuar..? (S/N)==>S
Ingrese clave = 300
       Valores =  [' Yakelin', 16]

Sr. desea continuar..? (S/N)==>
```

```
dicc_buscar.py - C:/Users/User/Desktop/ciclo_2021_2/dicc_buscar.py (3.9.0)          —  □  ×
File  Edit  Format  Run  Options  Window  Help

print("")
print("              Módulo:  Acceder a  valores p: por Clave  ")
print( "  ------------------------------------------------------------")
print("   Diccionario={100:['Luisa',22],200:['César'18],300:,['Yakelin',16]}")

print( "  ------------------------------------------------------------")
print("  Buscar por clave:")
print()
resp='S'
Diccionario={100:['Luisa', 22], 200:['César',18],300:[' Yakelin',16]}
resp='S'
while resp=='S':
        codigoB=int(input(" Ingrese clave = "))
        print( "  \tValores = ",Diccionario[codigoB] )
        print()
        resp=input(" Sr. desea continuar..? (S/N)==>")
                                                                    Ln: 12  Col: 8
```

Ejemplo:

Diseñar una función que permita crear un diccionario de n alumnos identificados por código, apellido, nombre y edad. Los códigos deben ser de tres cifras y ninguno debe repetirse. Si ocurre esto, el sistema debe enviar un mensaje que indique que se debe volver a leer el código.

Solución:

```
IDLE Shell 3.9.7                                                    —  □  ×
File  Edit  Shell  Debug  Options  Window  Help

Los códigos solo son de 3 cifras,no se repiten
----------------------------------------
 Alumno 1:
        Código    = 100
        Apellido = Salas
        Nombre   = Ana
        Edad     = 23

Alumno  2 :
        código    = 100
                       Código existente,volver a  ingresar..
        código    = 100
                       Código existente,volver a  ingresar..
        código    = 200
        Apellido = Espejo
        Nombre   = Maria
        Edad     = 23
Alumno  3 :
        código    = 200
                       Código existente,volver a  ingresar..
        código    = 300
        Apellido = Cortes
        Nombre   = Pedro
        Edad     = 34

Alumnos =  {100: ['Salas', 'Ana', 23], 200: ['Espejo', 'María', 23], 300: ['Cortés', 'Pedro', 34])

>>>
                                                                    Ln: 25  Col: 0
```

```
*dicc_valida.py - C:/Users/User/Desktop/ciclo_2021_2/Clases_2021_II/dicc_valida.py (3.9.7)*    —  □  ×
File  Edit  Format  Run  Options  Window  Help

print("\n\t Módulo: Crear Tabla Alumnos máximo 100 ")
print("---------------------------------------------------")
print("")
while True:
    n=int(input("Ingrese total = "))
    if(n>=0 and n<=100):
        print(" Código Correcto,continuar.....")
        break
    else:
        print(" Dato incorrecto, volver a intentar: ")
print("")
print("\nLos códigos solo son de 3 cifras,no se repiten")
print("-" * 40)
print(" Alumno 1:")
while True:
        cod=int(input("\tCódigo   = "))
        if(cod>=100 and cod<=999):
            break
        else:
            print("Código fuera de rango...")
apell=input("\tApellido = ")
nomb=input("\t Nombre  = ")
edad=int(input("\t Edad    = "))
print("")
diccionarioAl={cod:[apell,nomb,edad]}
for i in range(n-1):
    print("Alumno ",i+2,":")
    while True:
        cod=int(input("\tcódigo    = "))
        codExiste=(cod in diccionarioAl)
```

Ejemplo:

Considerando la siguiente información de los alumnos y cursos que se tiene, diseñar un programa para mostrar un informe tal como se ilustra en la siguiente imagen.

Solución:

Alumnos

Nro.	Código	Apellidos
1.-	1000	Salas
2.-	2000	Solis
3.-	3000	Cáceres

Cursos

Nro.	Código	Nombre	pc1	pc2	pc3
1.-	1111	Física	12	2	11
2.-	2222	Inglés	10	11	14
3.-	3333	Matemáticas I	7	7	1

Registrar tal información y hacer un informe de los cursos tal como la siguiente figura:

```
        Listado de sistema Académico

-----------------------------------------

Código   Curso      PC1   PC2   PC3   Promedio  Observación
=========================================================

  1111   Física     12    14    11     13.0    Aprobado

  3333   Inglés     13     2     4      8.5    Desaprobado
```

```
IDLE Shell 3.10.1                                           —   □   ×
File  Edit  Shell  Debug  Options  Window  Help

                Sistema de Gestión Académica
        -------------------------------------------


            Registrando  n alumnos.
        -------------------------------------------

            ¿ Cuántos alumnos desea registrar..? = 3

            Alumno[ 1 ]:
                    Código =  1212
                     Apellido =Salas


            Alumno[ 2 ]:
                    Código =  1234
                     Apellido =Cortes


            Alumno[ 3 ]:
                    Código =  1122
                     Apellido =Solis

        {1212: ['Salas'], 1234: ['Cortés'], 1122: ['Solís']}

                                                    Ln: 22  Col: 0
```

```
IDLE Shell 3.10.1                                           —   □   ×
File  Edit  Shell  Debug  Options  Window  Help

            Registrando Cursos:
    -------------------------------------------
    ¿ Cuántos cursos desea registrar..? = 2

            Código = 1111
            Nombre = Física
                    PC1 = 12
                    PC2 = 14
                    PC3 = 11


            Código = 3333
            Nombre = Inglés
                    PC1 = 13
                    PC2 = 2
                    PC3 = 4


            Listado de sistema Académico
    -------------------------------------------
    Código    Curso       PC1    PC2    PC3    Promedio  Observación
    ================================================================
       1111   Física       12     14     11     13.0    Aprobado

       3333   Inglés       13      2      4      8.5    Desaprobado

                                                    Ln: 50  Col: 0
```

```
🖺 "diccionarioAlumnos.py - C:/Users/User/Desktop/Taller 2022-1/diccionarioAlumnos.py (3.10.1)"       —    □    ×
File  Edit  Format  Run  Options  Window  Help
dic1 = {}; dic2 = {}
lista=list()
print()
print("\n\tRegistrando  n alumnos.")
print("-"*40)
n = int(input("\n\t¿ Cuántos alumnos desea registrar..? = "))
for i in range(n):
    print("\n\tAlumno[",i+1,"]:")
    cod = int(input("\t\tCódigo =  "))
    if cod < 1000 or cod >= 10000:
        print("Error, el código debe ser de 4 cifras.")
        exit()
    apellido = input("\t\t Apellido =")
    print()
    lista = [cod, [apellido]]
    dic1.update([lista])
    """
    En el Diccionario de Python , el update () método actualiza el diccionario
    con los elementos del otro objeto de diccionario o de un iterable de pares
    """
print(" Diccionario = ",dic1)
print()
print("\n\tRegistrando Cursos:")
print("-"*40)
m = int(input("¿ Cuántos cursos desea registrar..? = "))
for i in range(m):
    cod = int(input("\n\tCódigo = "))

    '''for j in range(n):
                                                                          Ln: 25  Col: 0
```

Ejemplo:

Sistema de Matrícula 2022-2

3 tablas: Alumnos, Cursos y Notas

Alumno 300: Está matriculado en el curso 111, y sus notas son:

    N1=12

    N2=11

Alumno 500: Está matriculado en el curso 222 y sus notas son:

    PC1=1

    PC2=13

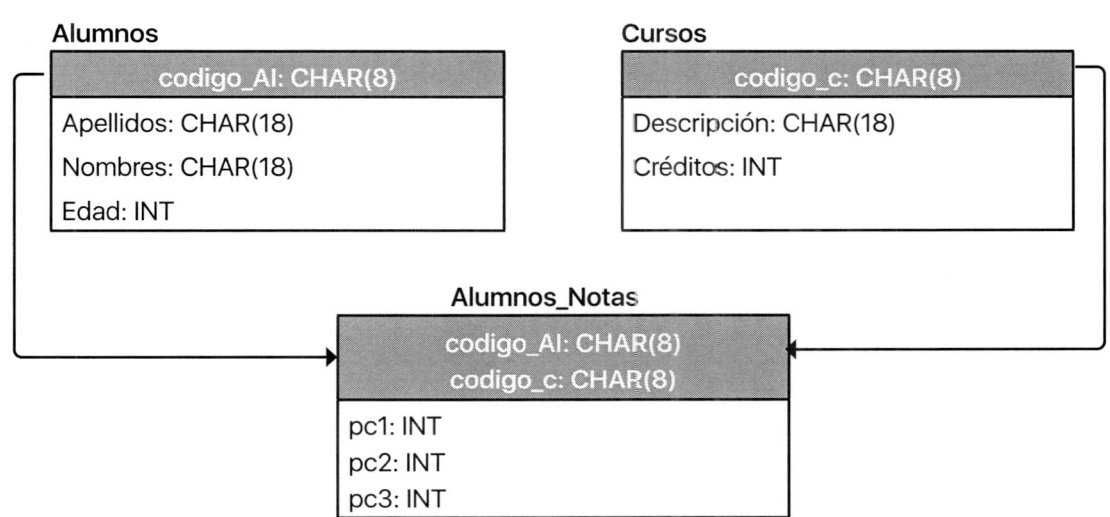

Diseñar un programa para procesar las diferentes consultas al modelo relacional. Ver las siguientes interfaces.

Solución:

```
*IDLE Shell 3.9.8*                                                    —  □  ×
File  Edit  Shell  Debug  Options  Window  Help

 Diccionario: Modelo  Relacional  de 3  Tablas
-------------------------------------------------------------

 Procesando Alumnos
Ingrese total = 2
 Correcto..

 Alumno 1:
Ingrese código(100,999) = 100
 Apellido   = Salas
 Nombre  = Ana
 Edad    = 23

Alumno  2 :
Ingrese código (100,999) = 200
 Apellido = Cortes
Nombre  = Pedro
 Edad      = 22

Alumnos =  {100: ['Salas', 'Ana', 23], 200: ['Cortés', 'Pedro', 22]}

 Ingrese total  curso = 2
 Dato correcto , continuar...
                                                             Ln: 69  Col: 0
```

```
*IDLE Shell 3.9.8*                                                    —  □  ×
File  Edit  Shell  Debug  Options  Window  Help
Curso 1:
 Ingrese código(200,500) = 201
    Nombre  = LP
  créditos = 3
 Área            = sistemas

 Curso  2 :
Ingrese código (200,500) = 301
 Curso        = Microcomp
 Créditos = 2
 Área            = Industriales

CURSOS =  {201: ['LP', 3, 'sistemas'], 301: ['Microcomp', 2, 'Industriales']}

 Sistema de Matrícula 2018
 ----------------------------------------

¿ El Alumno  100  lleva el curso  201 ....? (S/N) =
S
 Ingrese notas del Alumno  100  del Curso   201
 Nota =  12
 Nota = 11
 Nota = 12
 Nota = 11
                                                             Ln: 69  Col: 0
```

```
¿ El Alumno   100   lleva el curso   201 ....? (S/N) =
S
 Ingrese notas del Alumno   100   del Curso    201
 Nota =  12
 Nota = 11
 Nota = 12
 Nota = 11
¿ El Alumno   100   lleva el curso   301 ....? (S/N) =
S
 Ingrese notas del Alumno   100   del Curso    301
 Nota =  11
 Nota = 111
 Nota = 11
 Nota = 11
¿ El Alumno   200   lleva el curso   201 ....? (S/N) =
S
 Ingrese notas del Alumno   200   del Curso    201
 Nota =   3
 Nota = 12
 Nota = 14
 Nota = 1
¿ El Alumno   200   lleva el curso   301 ....? (S/N) =
```

```
¿ El Alumno   200   lleva el curso   301 ....? (S/N) =
N
 1.- Notas =  [[[100, 201], [[12, 11, 12, 11], 11.5, 'A']], [[100, 301], [[11, 111, 11, 11], 36.0,
 'A']], [[200, 201], [[3, 12, 14, 1], 7.5, 'D']]]
-----------------------------------------------------------------------------
-------------------------------------------------
2.- Listar alumnos por código, sus cursos por código, su promedio total y total aprobados/desaprob
ados
   Código    Nro. Cursos   Prom.       Aprobados      Desaprobados
     100         2                     23.75          2                    0
     200         1                     7.5            0                              1
-----------------------------------------------------------------------------
---------------

 3.- Listar alumnos por Código, Apellidos, Notas, Cursos

    Código       Apellidos     Promedios       Cursos
     100          Salas                        11.5    36.0          201    301    |
     200          Pedro                        7.5                   201
-----------------------------------------------------------------------------
---------------
4.- Código de alumno, apellido y su promedio más alto

    Código       Apellido              Mayor Promedio
     100          Salas        Salas                 36.0
     200          Cortés                             7.5
```

```
*dicciona3_taclas.py - H:/LP_2022_OCT/dicciona3_taclas.py (3.10.1)*        —   □   ✕
File  Edit  Format  Run  Options  Window  Help

print("-"*50)
while True:
    print(" Procesando Alumnos ")
    n=int(input("Ingrese total = "))
    if(n>=0 and n<=100):
        print(" Correcto..")
        break
    else:
        print(" Dato incorrecto, volver a intentar: ")
print("")
print(" Alumno 1:")
while True:
        cod=int(input("Ingrese código(100,999) = "))
        if(cod>=100 and cod<=999):
            break
        else:
            print("Código fuera de rango...")
apell=input(" Apellido  = ")
nomb=input(" Nombre  = ")
edad=int(input(" Edad    = "))
print("")
diccionarioAl={cod:[apell,nomb,edad]}
for i in range(n-1):
    print("Alumno ",i+2,":")
    while True:
        cod=int(input("Ingrese código (100,999) = "))
        codExiste=(cod in diccionarioAl)
        if(cod>=100 and cod<=999 and codExiste==False):

                                                      Ln: 27  Col: 0
```

```
*dicciona3_taclas.py - H:/LP_2022_OCT/dicciona3_taclas.py (3.10.1)*        —   □   ✕
File  Edit  Format  Run  Options  Window  Help

        if(cod>=100 and cod<=999 and codExiste==False):
            break
        else:
            if(cod<100 or cod>999):
                print("Código fuera de rango..")
            if(codExiste==True):
                print("Código ya existente,volver a  ingresar..")
    apell=input(" Apellido = ")
    nomb=input("Nombre  = ")
    edad=int(input(" Edad      = "))
    lista=[cod,[apell,nomb,edad]]
    diccionarioAl.update([lista])
nAl=n
print("")
print("Alumnos = ",diccionarioAl)
print("")
while True:
    n=int(input(" Ingrese total  curso = "))
```

```
    if(n>=0 and n<=100):
        print(" Dato correcto , continuar...")
        break
    else:
        print(" Dato  no admitido...")
print("")
print("Curso 1: ")
while True:
    cod=int(input(" Ingrese código(200,500) = "))
    if(cod>=200 and cod<=500):
```
Ln: 50   Col: 0

---

dicciona3_taclas.py - H:/LP_2022_OCT/dicciona3_taclas.py (3.10.1)   — □ ✕
File Edit Format Run Options Window Help

```
    if(cod>=200 and cod<=500):
        break
    else:
        print("Código fuera de rango, volver a ingresar...")
nomb=input("   Nombre  = ")
cred=int(input("  créditos = "))
area=input("  Área        = ")
diccionarioCu={cod:[nomb,cred,area]}
for i in range(n-1):
    print("")
    print(" Curso ",i+2,":")
```
Ln: 66   Col: 0

---

dicciona3_taclas.py - H:/LP_2022_OCT/dicciona3_taclas.py (3.10.1)   — □ ✕
File Edit Format Run Options Window Help

```
    while True:
        cod=int(input("Ingrese código (200,500) = "))
        codExiste=(cod in diccionarioCu)
        if(cod>=200 and cod<=500 and codExiste==False):
            break
        else:
            if(cod<200 or cod>500):
                print("Código fuera de rango, volver a ingresar..")
            if(codExiste==True):
                print("Código ya existente, volver a ingresar....")
    nomb=input(" Curso       = ")
    cred=int(input(" Créditos = "))
    area=input(" Área        = ")
    lista=[cod,[nomb,cred,area]]
    diccionarioCu.update([lista])
nCu=n
print("")
print("CURSOS = ",diccionarioCu)
clavesAl=diccionarioAl.keys()
clavesCu=diccionarioCu.keys()
codigosAl=list(clavesAl)
codigosCu=list(clavesCu)
```

```
print("")
print(" Sistema de Matrícula 2018")
print(" ———————————————————————————————————")
print("")
vnotas=[]
vnotxalum=[]
vcxalum=[]
```
Ln: 87 Col: 0

De este modo se puede continuar

```
el=int(input("Ingrese código de CURSO a eliminar = "))
if(el>=100 and el<=999 and (el in diccionarioCu)==True):
    break
else:
    if(el<100 or el>999):
        print(" Código fuera de rango, intente nuevamente...")
    if((el in diccionarioCu)==False):
        print(" Código no existente, intente nuevamente...")
del diccionarioCu[el]
print("Cursos Actualizados = ",diccionarioCu)
exit()
```
dicciona3_taclas.py - H:/LP_2022_OCT/dicciona3_taclas.py (3.10.1)
File Edit Format Run Options Window Help
Ln: 266 Col: 29

3.8. Método get()

Recibe como parámetro una clave y devuelve el valor de la clave. Si no lo encuentra, devuelve un objeto none.

Diccionario.get(clave)

Ejemplo:

Diccionario = {100: 'Luisa', 200: 'Luisa', 300: 'Yakelin',16]}
busca= Diccionario.get (100)
'Luisa'

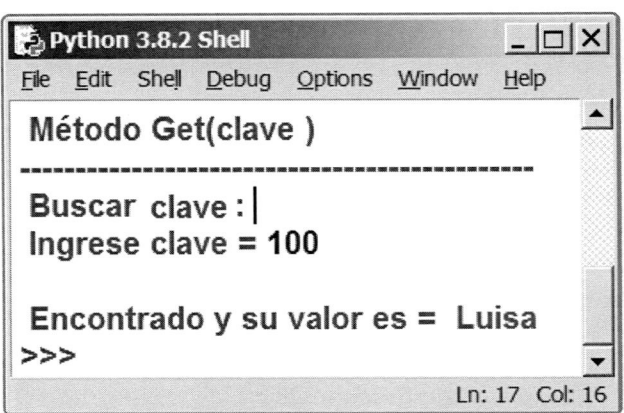

```
*dicc_get.py - C:/Users/Administrador/Desktop/ciclo_2020_I/LP/Dic...  _ □ ×
File  Edit  Format  Run  Options  Window  Help

print()
print(" Método Get(clave )")
print("-"*46)
Diccionario={ 100: 'Luisa', 200: 'Luisa', 300: 'Yakelin' }
print(" Buscar clave : ")
clave=int(input(" Ingrese clave = "))

print()
print(" Encontrado y su valor es = ", Diccionario.get(clave))
                                                   Ln: 6  Col: 54
```

3.9. Método setdefault()

Funciona de dos formas.

a. Como get.

Ejemplo:

> **Diccionario={100: 'Luisa', 200: 'Luisa', 300: 'Yakelin' }**
> **valor = dic.setdefault(100)**
> **valor → 'Luisa'**

b. Para agregar un nuevo elemento al diccionario.

> **agregar el valor = setdefault(300: 'Yakelin')**
>
> **Diccionario.Setdefault(300: 'Yakelin')**

```
Python 3.9.0 Shell                                           — □ ×
File  Edit  Shell  Debug  Options  Window  Help

 Método setdefault()
├-----------------------------------------------
Diccionario={ 100: 'Luisa', 200: 'Luisa', 300: 'Yakelin' }
-------------------------------
 1.- como get permite ver valor de diccionario al usar clave:
-------------------------------------------------
 Ingrese clave = 100
 su valor es =  Luisa

 2-.- agregar nuevo elemento a nuestro diccionario
-------------------------------------------------
 Diccionario={100: Luisa, 200: Luisa, 300: Yakelin }
 Agregar el valor = setdefault(400: 'Ana')

 Nuevo Diccionario =  {100: 'Luisa', 200: 'Luisa', 300: 'Yakelin', 400: 'Ana'}
>>>
                                                      Ln 8  Col 0
```

```
dicc_setdefault.py - C:/Users/User/AppData/Local/Programs/Python/Python39/dicc_setdefault.py (3.9.0)    —    □    ×
File  Edit  Format  Run  Options  Window  Help

print()
print("\n Método setdefault()")
print("-"*46)
print("Diccionario={ 100: 'Luisa', 200: 'Luisa', 300: 'Yakelin' }")
print("-" *30)

print(" 1.- como get permite ver valor de diccionario al usar clave: ")
print("-"*46)
Diccionario={100: 'Luisa', 200: 'Luisa', 300: 'Yakelin' }
clave=int(input(" Ingrese clave = "))
buscar = Diccionario.setdefault(clave)
print(" su valor es = ",buscar)
print()
print(" 2-.- agregar nuevo elemento a nuestro diccionario")
print("-"*50)
print(" Diccionario={100: Luisa, 200: Luisa, 300: Yakelin }")
print(" Agregar el valor = setdefault(400: 'Ana')")
print()
Diccionario .setdefault(400, 'Ana')
print(" Nuevo Diccionario = ",Diccionario )
                                                                    Ln: 12  Col: 32
```

3.10. Método sorted(): ordenar datos

Al aplicar el método sorted() a un diccionario se obtendrán las claves ordenadas. Si se desea que el método sorted() devuelva una lista, en lugar de solamente las claves, es necesario utilizar los ítems.

Sintaxis:

ord = dict(sorted(valores.items()))

```
Python 3.9.0 Shell                                                  —    □    ×
File  Edit  Shell  Debug  Options  Window  Help

= RESTART: C:/Users/User/AppData/Local/Programs/Python/Pytho
n39/dicc_ordenar.py


 Ordenar método sorted(valores.items()
------------------------------------------------
valores = {100:12, 200:10, 400:5,1:2,300:7}

 ordenado =   {100: 12, 200: 10, 300: 7, 400: 5, 666: 2}
>>> |
                                                                    Ln: 32  Col: 4
```

```
dicc_ordenar.py - C:/Users/User/AppData/Local/Programs/Python/Python39/dicc_ordenar.py (3.9.0)    —    □    ×
File  Edit  Format  Run  Options  Window  Help

print()
print("\n Ordenar método sorted(valores.items()")
print("-"*46)

print("valores = {100:12, 200:10, 400:5,1:2,300:7}")
valores = {100:12, 200:10, 400:5,666:2,300:7}
print()
valores_ord = dict(sorted(valores.items()))
print(" ordenado = ",valores_ord)
                                                                    Ln: 5  Col: 18
```

3.11. Procesando diccionarios

a. Manual

b. Iterando

```
Python 3.8.2 Shell
File Edit Shell Debug Options Window Help

Diccionario = {100: ['Luisa', 22], 200: ['César', 18], 300: ['Yakelin',16] }

1.-  Listado de claves :
Claves= dict_keys([100, 200, 300])

2.- Listar  valores
Valores =  dict_values([['Luisa', 22], ['César', 18], ['Yakelin', 16]])

3.- Buscar Nombre y su Edad , según código

a .-Nombre del código 100 = Luisa
a.- Edad de Luisa=  22
b.- Nombre del código 200 =  César
b.- Edad de César = 18

4.-  Listado de registros
 Nro     Código        Datos
----------------------------------------------
  1 .-     100          ['Luisa', 22]
  2 .-     200          ['César', 18]
  3 .-     300          ['Yakelin', 16]
>>>
                                          Ln: 12  Col: 35
```

```python
*dicc_metod_indsex.py - C:\Users\Administrador\Desktop\ciclo_2020_I\LP\Diccionarios_2020\dicc_...
File Edit Format Run Options Window Help
print("         Método ítems - values() ")
print(" ------------------------------------------------")
print("   Diccionario = {100: ['Luisa', 22], 200: ['César', 18], 300: ['Yakelin',16] }")
print(" ------------------------------------------------")
Diccionario = {100: ['Luisa', 22,], 200: ['César', 18], 300: ['Yakelin',16]}
print(" 1.-   Listado de claves :")
keys=Diccionario.keys()
print(" Claves=",keys)
print(" 2.- Listar  valores")
values = Diccionario.values()
print(" Valores = ",values)
print(" 3.- Buscar Nombre y su Edad , según código ")
print(" a .- nombre del código 100 =", Diccionario[100][0])
print(" a.- Edad de Luisa= ", Diccionario[100][1])
print(" b.- Nombre del código 200 = ", Diccionario[200][0])
print(" b.- Edad de César =", Diccionario[200][1])
print(" 4.-  Listado de registros")
nro=0
n=len( Diccionario)
print("  Nro    Código        Datos")
print("-"*46)
for i in Diccionario:
        nro=nro+1
        print("  ",nro," .-    ",i ,"        ", Diccionario[i])
                                          Ln: 12  Col: 0
```

Ejemplo:

Diseñar un programa que permita registrar un grupo de alumnos identificados por código, apellido, nombre y edad. Ver tabla.

Cabe recordar que el código se denominará clave primaria o key y, por lo tanto, si se intenta repetir, el sistema enviará un mensaje que indica que ya existe y que, por lo tanto, se debe volver a introducir. Finalmente, hacer un informe de los alumnos en un diccionario.

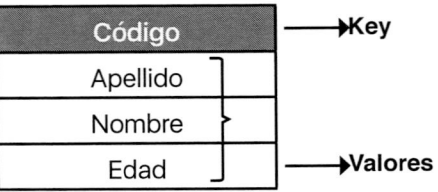

Solución:

```
Python 3.9.0 Shell                                    —  □  ×
File  Edit  Shell  Debug  Options  Window  Help
            Sistema Informático vía Diccionarios
-------------------------------------------------


 Ingrese n = 3
 Correcto..

 Alumno 1:
Ingrese código de 3 cifras = 100
        Apellido= Salas
        Nombre  = Ana
        Edad    = 23

 Alumno registrado =  {100: ['Salas', 'Ana', 23]}

Alumno  2 :
Ingrese código de 3 cifras = 2002
Código fuera de rango..
Ingrese código de 3 cifras = 200
        Apellido= Cortes
        Nombre  = Luis
        Edad    = 22
Alumno  3 :
Ingrese código de 3 cifras = 300
        Apellido= Ruiz
        Nombre  = Cesar
        Edad    = 34
                                            Ln: 25  Col: 0
```

```
Python 3.9.0 Shell                                                                        —  □  ×
File  Edit  Shell  Debug  Options  Window  Help
Diccionario =  {100: ['Salas', 'Ana', 23], 200: ['Cortés', 'Luis', 22], 300: ['Ruiz', 'César', 34]}
 Total alumnos =  3

 Técnica 1.- Listado de claves
clave[ 1  ] =   100
clave[ 2  ] =   200
clave[ 3  ] =   300

 Técnica 2.- Listado de claves
clave [ 1 ] =   100
clave [ 2 ] =   200
clave [ 3 ] =   300

  valores del Diccionario
 Valores [ 1 ] =  ['Salas', 'Ana', 23]
 Valores [ 2 ] =  ['Cortés', 'Luis', 22]
 Valores [ 3 ] =  ['Ruiz', 'César', 34]

 Listado de Alumnos
-------------------------------------------------
    Nro.      Clave         Datos
-------------------------------------------------
 Alumno[ 1 ] =  100 : ['Salas', 'Ana', 23]
 Alumno[ 2 ] =  200 : ['Cortés', 'Luis', 22]
 Alumno[ 3 ] =  300 : ['Ruiz', 'César', 34]
>>>
                                                                                    Ln: 55  Col: 0
```

```
*dicc_2021.py - C:/Users/User/AppData/Local/Programs/Python/Python39/dicc_2021.py (3.9.0)*          —   □   ×
File  Edit  Format  Run  Options  Window  Help
print("\tSistema Informático vía Diccionarios ")
print("-"*46)
print("")
while True:
        n=int(input(" Ingrese n = "))
        if(n>=0 and n<=100):
                print(" Correcto..")
                break
        else:
                print(" Dato incorrecto, volver a intentar=  ")
print("")
print(" Alumno 1:")
while True :
        cod=int(input("Ingrese código de 3 cifras = "))
        if(cod>=100 and cod<=999):
            break
        else:
            print("Código fuera de rango...")
apell=input("\tApellido= ")
nomb=input("\tNombre   = ")
edad=int(input("\tEdad     = "))
print("")
diccionarioAl={cod:[apell,nomb,edad]}
print(" Alumnos registrados = ",diccionarioAl)
print()
for i in range(n-1):

    print("Alumno ",i+2,":")
                                                              Ln: 13  Col: 0
```

```
*dicc_2021.py - C:/Users/User/AppData/Local/Programs/Python/Python39/dicc_2021.py (3.9.0)*          —   □   ×
File  Edit  Format  Run  Options  Window  Help
    while True:
        cod=int(input("Ingrese código de 3 cifras = "))
        codExiste=(cod in diccionarioAl)
        if(cod>=100 and cod<=999 and codExiste==False):
            break
##          """ salta a leer datos de alumno"""
        else:
##              """ 2 posibilidades: fuera de rango y que se
            if(cod<100 or cod>999):  |
                print("Código fuera de rango..")
            if(codExiste==True):
                print("Código ya existente,volver a  ingresar..
    apell=input("\tApellido= ")
    nomb=input("\tNombre   = ")
    edad=int(input("\tEdad     = "))
    lista=[cod,[apell,nomb,edad]]
    diccionarioAl.update([lista])
nAl=n
print("")
print("Alumnos registrados:")
print("\nDiccionario = ",diccionarioAl)
print(" Total alumnos = ",n)
print("")
m=0
print(" Técnica 1.- Listado de claves")
                                                              Ln: 37  Col: 37
```

```
*dicc_2021.py - C:/Users/User/AppData/Local/Programs/Python/Python39/dicc_2021.py (3.9.0)*    —  □  ×
File  Edit  Format  Run  Options  Window  Help

print(" Técnica 1.- Listado de claves")
for k in diccionarioA1:
        m=m+1
        print("clave[",m," ] = ",k)
print()
p=0
print(" Técnica 2.- Listado de claves")
for d in diccionarioA1.keys():
        p=p+1
        print( "clave [",p,"] = ",d)
print()
print("  valores del Diccionario ")
cv=0
for v in diccionarioA1.values():
        cv=cv+1
        print(" Valores [",cv,"] = ",v)
print()
print(" Listado de Alumnos")
print("-"*46)
a=0
print("     Nro.     Clave          Datos ")
print("-"*56)

for clave in  diccionarioA1:
        a=a+1
        print(" Alumno[",a,"] = ",clave,":" ,diccionarioA1[clave])
                                                              Ln: 69  Col: 0
```

Ejercicios:

1. Para los siguientes modelos relacionales, implementar las consultas según sus propuestas.

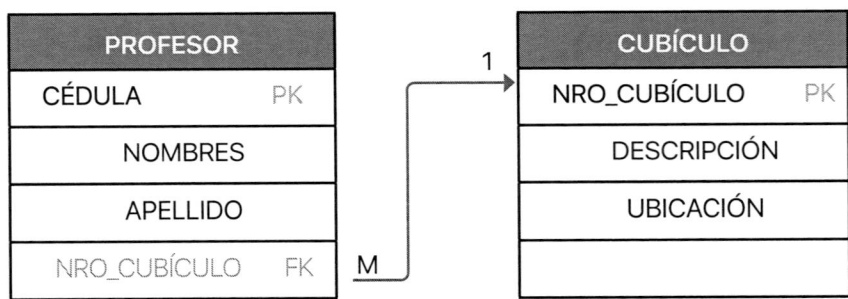

2. Se deben conocer las relaciones de 1:1, 1:n.

En la siguiente imagen:

a. 1 significa uno o una.

b. Infinito significa muchos o muchas.

c. Si existe n:m, significa de muchos a muchos. En este caso se debe rechazar o romper la relación y formar otra.

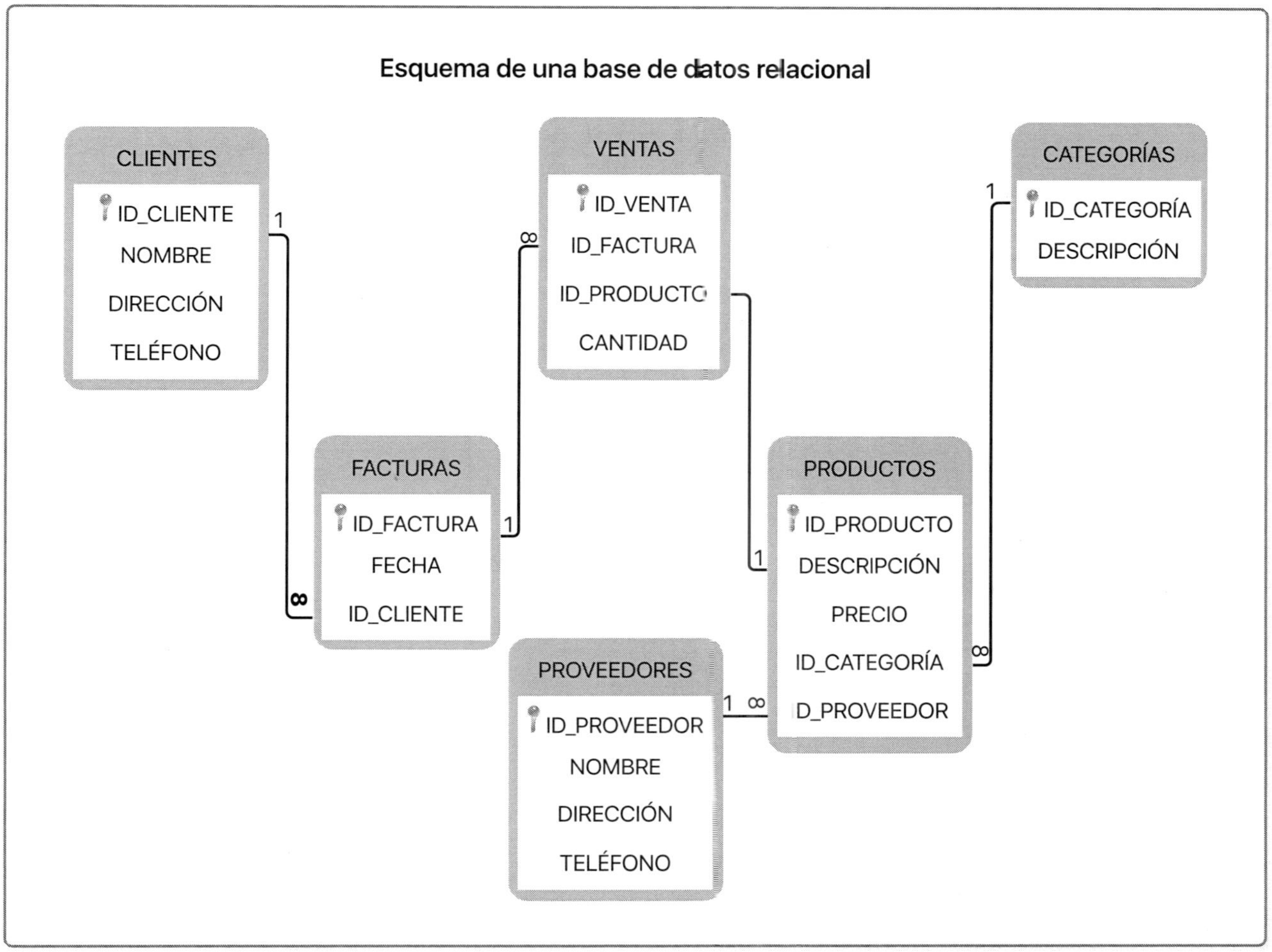

Esquema de una base de datos relacional

CLIENTES
- 🔑 ID_CLIENTE
- NOMBRE
- DIRECCIÓN
- TELÉFONO

VENTAS
- 🔑 ID_VENTA
- ID_FACTURA
- ID_PRODUCTO
- CANTIDAD

CATEGORÍAS
- 🔑 ID_CATEGORÍA
- DESCRIPCIÓN

FACTURAS
- 🔑 ID_FACTURA
- FECHA
- ID_CLIENTE

PRODUCTOS
- 🔑 ID_PRODUCTO
- DESCRIPCIÓN
- PRECIO
- ID_CATEGORÍA
- ID_PROVEEDOR

PROVEEDORES
- 🔑 ID_PROVEEDOR
- NOMBRE
- DIRECCIÓN
- TELÉFONO

3.

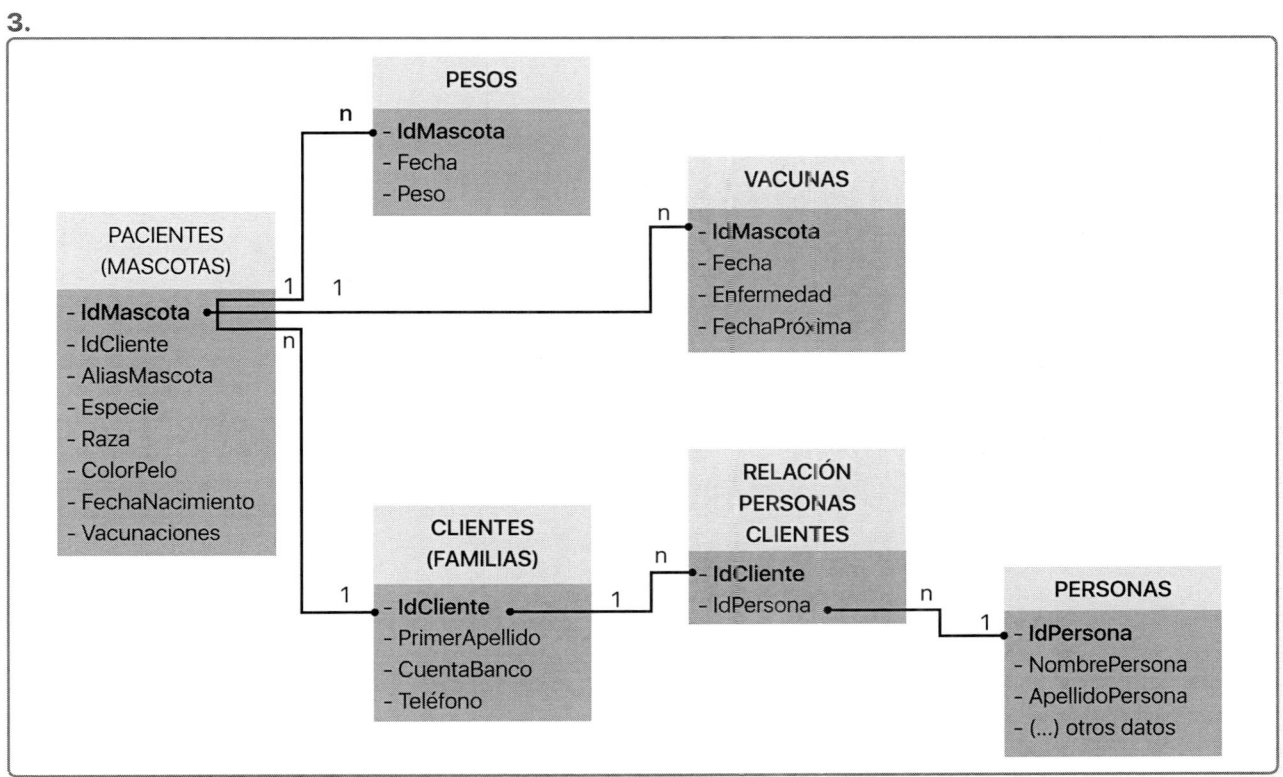

4.

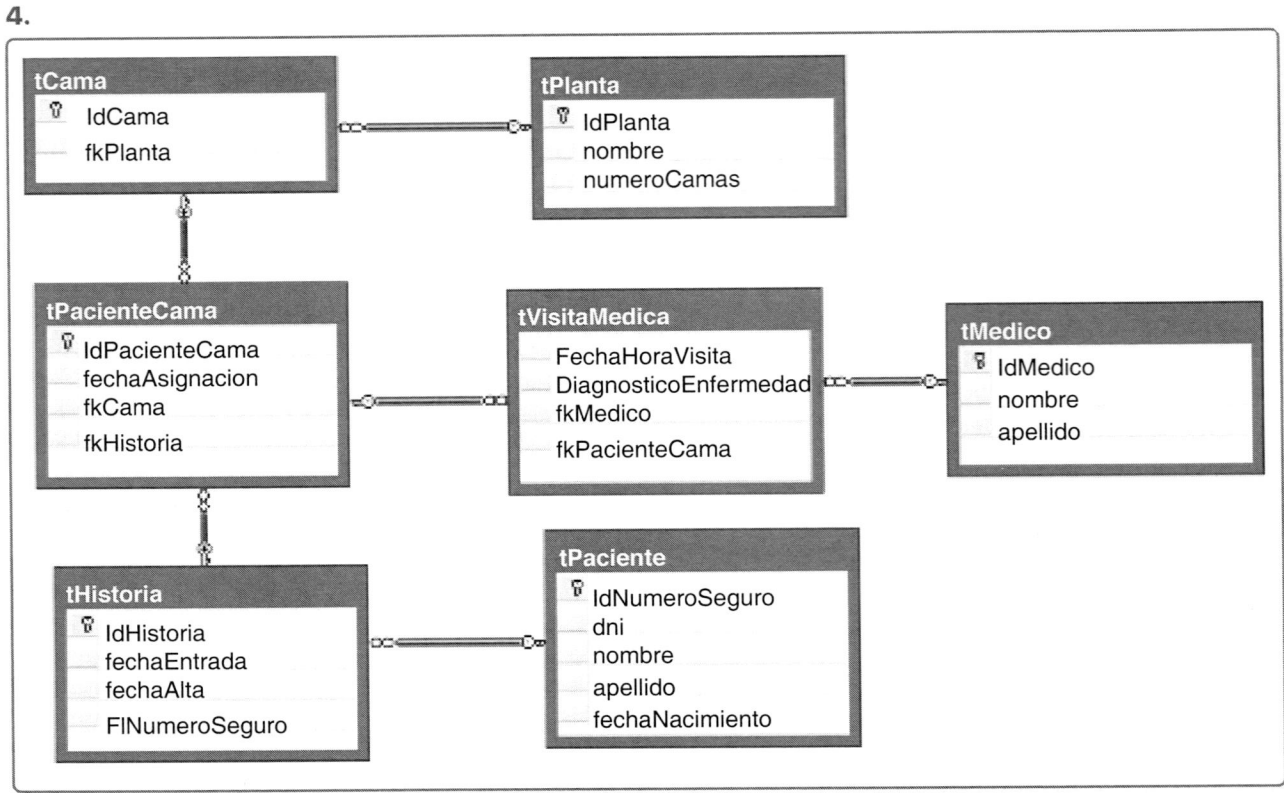

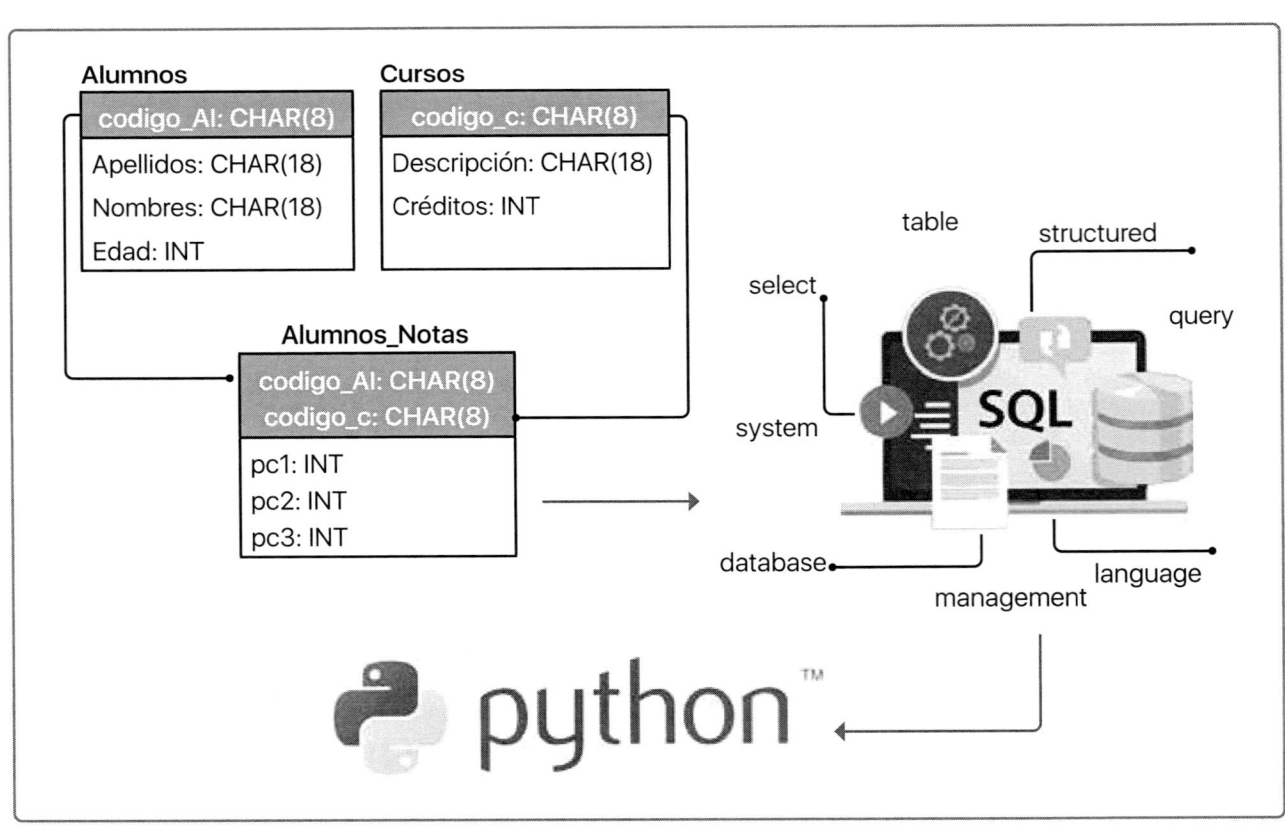